Hans Haferkamp (Hrsg.)
Der Wohlfahrtsstaat und seine Politik des Strafen

Beiträge zur sozialwissenschaftlichen Forschung

Band 104

Westdeutscher Verlag

Hans Haferkamp (Hrsg.)

Der Wohlfahrtsstaat
und seine Politik des Strafens

Westdeutscher Verlag

CIP-Titelaufnahme der Deutschen Bibliothek

Der **Wohlfahrtsstaat und seine Politik des
Strafens** / Hans Haferkamp (Hrsg.). —
Opladen: Westdt. Verl., 1990
  (Beiträge zur sozialwissenschaftlichen
  Forschung; Bd. 104)
  ISBN 978-3-531-11899-4   ISBN 978-3-322-93570-0 (eBook)
  DOI 10.1007/978-3-322-93570-0
NE: Haferkamp [Hrsg.]; GT

Der Westdeutsche Verlag ist ein Unternehmen der Verlagsgruppe Bertelsmann International.

Umschlaggestaltung: Hanswerner Klein, Opladen

ISSN 0175-615 x
ISBN 978-3-531-11899-4

Inhalt

VORWORT

Die in diesem Band vereinigten Beiträge zur Strafrechtssoziologie entstanden aus der Zusammenarbeit von Peter Brühl, Hans-
Günther Heiland, Christian Lüdemann, Joachim Savelsberg und
mir im Forschungsschwerpunkt Soziale Probleme: Kontrolle und
Kompensation, der seit 1978 an der Universität Bremen besteht.
Wir fanden schon vor Jahren, daß Theoriebildung und empirische
Forschung zum Strafrecht, insbesondere zu seiner Entstehung
und Anwendung, im deutschen Sprachraum vernachlässigt wurden,
und sie werden es immer noch - ganz im Gegenteil zur Untersuchung des Tatbestandes, auf den das Strafrecht ausgerichtet
ist, nämlich: Kriminalität. Die Etablierung einer anerkannten
speziellen Soziologie der Kriminalität ist nicht zu übersehen,
und auch von uns wurden dazu Beiträge erbracht, wie die Untersuchung von "Kriminellen Karrieren", von "Wohlstand und Diebstahl" und von "Wohlfahrtsstaat und sozialen Problemen".
Der theoretische Bezugsrahmen der Projekte, über deren Ergebnisse in den hier vereinigten Beiträgen berichtet wird, war
meine Theorie der Herrschaft im Wohlfahrtsstaat, die 1983 in
"Soziologie der Herrschaft" und 1984 gerafft in "Wohlfahrtsstaat und soziale Probleme" vorgestellt wurde. In diesem Ansatz wird die zentrale These verfolgt, daß sich die gesellschaftlichen Leistungsverhältnisse seit Bestehen von Nati-
onalgesellschaften geändert haben: Die relativen Leistungswer-
te der gesellschaftlichen Eliten haben abgenommen, während
gleichzeitig die Bedeutung der Leistungen der Massen von abhängigen Akteuren zunahm. Die wichtige Folge dieser Entwicklung war und ist noch immer der langsame, aber langfristige
Trend zur Angleichung von Klassen, Schichten und Berufsgruppen
im Wohlfahrtsstaat. Dieser Prozeß hat unvermeidbare Konsequenzen in vielen Bereichen, darunter eine Politik des Strafens,
die im Strafrecht und seiner Anwendung ihren Ausdruck findet.
Milderung von Strafgesetzen und Verzicht auf Sanktionen sind
da unübersehbar, wo Strafgesetze typische Handlungsmuster bedeutender Leistungsträger des Wohlfahrtsstaates berühren, wie
den großen Bereich der Bagatellkriminalität. Wo Teile der
neuen Leistungsschichten soziale Bewegungen bilden, werden ihre speziellen Abschaffungsforderungen zum Strafrecht zügig ver-

2

wirklicht oder Reformrücknahmen verhindert. Daß die Frauenbe-
wegung in der Auseinandersetzung um die weitgehende Milderung
des Abtreibungsverbotes so erfolgreich war, ist insbesondere
auf die Wichtigkeit der berufstätigen Frauen als Leistungsträger zurückzuführen. Diese Politik des Sanktionsverzichts wird
verallgemeinert und begünstigt andere und wesentlich kleinere
Gruppen, wenn diese - wie z.b. zu lebenslänglicher Freiheitsstrafe Verurteilte - der wohlfahrtsstaatlichen Leistungsbilanz
nicht schaden. Neues Strafen und neue soziale Kontrolle sind
nach der Theorie nur als partikulare Ereignisse und aufgrund
sehr unterschiedlicher Konstellationen zu erwarten. Die kleinen Herren des Wohlfahrtsstaates vermögen jene Akteure oder
Gruppen weiterhin zu sanktionieren oder verstärkt zu bestra-
fen, die die Leistungsbilanz tatsächlich oder mutmaßlich negativ beeinflussen. So werden gegen die kleinen Gruppen terroristischer Gewalttäter oder gegen Drogenhändler einerseits ebenso
strafverschärfende Gesetze beschlossen wie andererseits gegen
"Hacker",die sich unerlaubt Zutritt zu Computersystemen verschaffen. Die kleinen Herren sind auch noch erfolgreich, wenn
es um den Schutz ihrer Herrschaftsbefugnisse durch Ausweitung
von Kontrollkompetenzen geht. Wo die Parteien oder Bewegungen
der stärker gewordenen Akteure unten dazu übergehen wollen,
auch die Kriminalität der kleinen Herren strafgesetzlich zu
sanktionieren, da reicht die Restherrschaft oben noch aus,
derartige Kriminalisierungsforderungen von Parteien der Herrschaftsunterworfenen leerlaufen zu lassen (z.B. die Forderung
nach der Einführung eines Straftatbestandes des Submissionsbetruges) oder Strafbarkeitsverlangen der neuen Ökologiebewe-
gung zu eher symbolischen Strafgesetzen (z.B. im Umweltstraf-
recht) verkommen zu lassen.
Im ganzen ergibt sich ein Bild vom milden Wohlfahrtsstaat, der
Devianzen unten wie oben duldet und nur vereinzelt Sanktionen
erhält oder erhöht. Dieser Befund paßt weder zu den verbreite-
ten sozialwissenschaftlichen Verschärfungstheorien über die
neue soziale Kontrolle des starken Staates noch zur Vorstellung von der ausgleichenden Stabilität des Strafrechts, das
Strafjuristen pflegen.
Gegenstandsbereiche der empirischen Prüfung dieses theoretischen Ansatzes sind im ersten Teil Entwicklungen der Krimina-

lität und des Strafens in den modernen Gesellschaften Westeuropas (Heiland) und darüber hinaus der USA und Japans (Haferkamp). In diesen Beiträgen wird eine Fülle von massenstatisti-
schen Daten und gesetzlichen Regelungen zum ersten Mal zusam-
mengetragen, systematisiert, verglichen und bewertet. Im zweiten Teil wird in Fallstudien die Auseinandersetzung um das 2.
Gesetz zur Bekämpfung der Wirtschaftskriminalität (Savelsberg),
insbesondere aber der Einfluß der Wirtschaftsverbände auf dieses Gesetz (Brühl) und die Gesetzgebung zur Strafaussetzung
für "Lebenslängliche" (Lüdemann) analysiert. Bei der Untersuchung des ersten Gesetzes finden wir, daß Kriminalität der
Akteure oben immer noch nicht sanktionsbeschwert werden kann,
da das Machtgewicht der Akteure unten dazu nicht ausreicht.
Die Arbeiten über das andere Gesetz zeigen, daß im Windschat-
ten von Milderungstendenzen gegenüber den Devianzen von
machtgewinnenden Akteuren unten auch für jene Handelnde Stra-
fenabbau abfällt, die selbst keine Leistungsträger sind, aber
fast ausschließlich der Schicht entstammen, deren Aufstieg
den generellen Sanktionsverzicht nach sich zog. In diesen
Fallanalysen werden - anders als im ersten Teil - selbstpro-
duzierte Daten ausgewertet, die aus der schwierigen Erforschung
von Eliten stammen, d.h. aus Aktenanalysen von Wirtschaftsverbänden und aus Interviews von Ministern, Bundestagsabgeordneten und Spitzenbeamten. An dieser Datenproduktion läßt sich
ein wichtiger Nebeneffekt empirischer Strafrechtssoziologie
belegen: Während die kriminalsoziologische Forschung überwiegend Daten von Akteuren aus der unteren Unterschicht produ-
ziert, zwingt die empirische Strafrechtssoziologie zur Erforschung jener Gruppen, die sonst eher vor empirischer Sozial-
forschung geschützt sind. Dabei sind die praktischen Schwierigkeiten durchaus vergleichbar. Die Probleme des Zugangs zu
den kleinen Herren, ihren Handlungen und Handlungsresultaten
sind nicht geringer als bei der Feldforschung in abweichenden
Subkulturen.
Die Universität Bremen hat alle, die Deutsche Forschungsgemein-
schaft einige der Forschungsvorhaben, über die hier berichtet
wird, gefördert.
Anne Dreyer hat mich bei den redaktionellen Arbeiten unterstützt. Angela Meyer und Sigrid Lück schrieben zusammen mit

4

anderen Sekretärinnen des Fachbereichs 8 der Universität
Bremen das Manuskript und sorgten für ein gleichmäßiges Aus-
sehen der Beiträge.

Bremen, im November 1985   Hans Haferkamp†

Anfang 1986 reichte Hans Haferkamp das vorliegende Buchmanu-
skript beim Westdeutschen Verlag ein. Die schwierigen Entschei-
dungswege beim Verlag und vor allem der plötzlich Tod Hans
Haferkamps im Juni 1987 führten zu erheblichen Verzögerungen
dieser Publikation. Wir sind deshalb heute außerordentlich
froh und dem Westdeutschen Verlag dankbar, daß er auch nach
dem Tod Hans Haferkamps an der Realisierung dieses Buchpro-
jektes festhielt. Trotz der nunmehr fast vierjährigen Ver-
spätung glauben wir, daß die einzelnen Beiträge keineswegs an
Aktualität eingebüßt haben. Sie erscheinen in der Form, in der
Hans Haferkamp plante, sie zu veröffentlichen. Die einzelnen
Beiträge repräsentieren verschiedene Forschungsprojekte, die
von 1982 bis 1985 unter seiner Leitung an der Universität
Bremen durchgeführt und abgeschlossen wurden. Hans Haferkamp
beabsichtigte, die vielen Teilergebnisse dieser Projekte im
Bezugsrahmen einer herrschaftssoziologischen Erklärung der
Entwicklung von Wohlfahrtsstaaten weiterzuentwickeln. Ihm ging
es dabei weniger um den originären Neuentwurf einer Theorie,
sondern um die effiziente und umfassende Analyse des Gegenstandsbereichs. Jede Theorie muß empirisch überprüfbar sein
und (möglichst) systematisch überprüft werden. Er sah dabei
in den unterschiedlichen Resultaten der einzelnen Beiträge
dieses Sammelbandes für sich eine echte Herausforderung, einen
adäquaten Theorierahmen zu entwickeln, so daß eine durchlaufende Perspektive von theoretischen Begriffen bis hin zu empirischen Operationalisierungen wieder möglich wird. Ihm
blieb es jedoch versagt, diesen theoretischen Erklärungsrahmen
im Detail auszuarbeiten. Die hier vereinigten Beiträge haben
für sich genommen jedoch genügend Substanz, um die Diskussion
um die "Politik des Strafens im Wohlfahrtsstaat" zu beleben.

Bremen, im Juni 1989   Hans-Günther Heiland
                                        Christian Lüdemann

TEIL I: ANALYSEN DER WOHLFAHRTSSTAATLICHEN STRAFENPOLITIK IN
         MODERNEN GESELLSCHAFTEN

LEISTUNGSANGLEICHUNG UND INDIVIDUALISIERUNG - UNBEGRIFFENE URSACHEN DER KRIMINALITÄT UND DES STRAFENS IN MODERNEN WOHLFAHRTSSTAATEN[*]

Hans Haferkamp

Rüdiger Lautmann zum 50. Geburtstag

1. Entwicklung der Kriminalität und des Strafens in Westeuropa, U.S.A. und Japan - das Erklärungsproblem

1.1 Kriminalitätsentwicklungen

In den letzten zwanzig bis dreißig Jahren hat sich die Kriminalität in Westeuropa, U.S.A. und Japan sehr unterschiedlich entwickelt. In den Ländern, die in dieser Arbeit Westeuropa repräsentieren, nämlich in der Bundesrepublik Deutschland, in England und Wales und in Frankreich, ist den polizeilichen Kriminalstatistiken ein starker Anstieg der Kriminalität zu entnehmen. Die Häufigkeitszahl für Mord und Totschlag unter Einschluß von Versuchshandlungen stieg in der Bundesrepublik Deutschland von 2,2 im Jahre 1960 auf 4,4 im Jahre 1980. In England und Wales kletterte die Zahl im selben Zeitraum von 1,1 auf 1,6. Sie fiel nur in Frankreich von 5,9 auf 3,9 (1). In allen drei Ländern nahm sie in den letzten Jahren weiter oder wieder zu. Für Diebstahl vergrößerten sich die Häufigkeitszahlen für die Bundesrepublik Deutschland, England und Wales um das Zweieinhalbfache und für Frankreich um das Vierfache (2). Die speziellen Häufigkeitszahlen für Kraftfahrzeug- und Einbruchsdiebstahl stiegen im Zeitraum von 1977 bis 1982, für den wir für diese Delikte vergleichbare Häufigkeitszahlen haben, ebenfalls in allen drei westeuropäischen Ländern (3). - Die Zahlen für die Gesamtgröße Kriminalität zeigen die gleiche Tendenz. - Ein Sinken der Häufigkeitszahlen konnte nur in sehr wenigen Jahren festgestellt werden, und der Rückgang war stets nur gering und sehr kurzfristig, so daß der Anstieg der Kriminalität in Westeuropa von 1960 bis 1982 - mit Ausnahme der Entwicklung der Mordkriminalität in Frankreich - als Gesamtergebnis unbestreitbar ist.

In den U.S.A. finden wir bei Betrachtung der offiziell regi-
strierten Kriminalität ebenfalls einen Anstieg der Häufigkeitszahlen. Sie entwickelten sich für vollendeten Mord und Totschlag von 1960 bis 1980 von 5,1 auf 10,0, für Diebstahl ver-
sechsfachten sie sich nahezu. Steigende Tendenzen zeigen auch
die Häufigkeitszahlen für Kraftfahrzeug- und Einbruchsdiebstahl von 1977 bis 1982 (4). Im Zeitraum von 1960 bis 1981 wurde fast stets ein Anstieg der Häufigkeitszahlen, bezogen auf
den Total Crime Index und den Index für Property Crime, beobachtet. Nur 1972, 1976/77 und 1981 gingen diese Häufigkeitszahlen
leicht zurück. Der Violent Crime Index nahm 1976, 1980 und 1981
sehr geringfügig ab (5). Aber diese Rückgänge waren bisher nur
sehr kurze Einbrüche in einen ständig steigenden Trend, so daß
die nahezu kontinuierliche Zunahme von Kriminalität in den
U.S.A. nicht bezweifelt werden kann.

Im Gegensatz zum fast ständigen Ansteigen der Kriminalität in
Westeuropa und U.S.A., bei der nur die Häufigkeitszahl für Mord
und Totschlag in Frankreich eine Ausnahme bildet, beobachtet
man in Japan im großen und ganzen Stabilität der Kriminalität.
Die Häufigkeitszahl für Mord und Totschlag unter Einschluß von
Versuchshandlungen sank von 2,8 (1960) auf 1,4 (1980). Sie fiel
für Diebstahl um ein Zehntel. Für 1982 stiegen sowohl die Häufigkeitszahlen für Mord und Totschlag als auch für Diebstahl
leicht an. Bei den Vermögensdelikten ist der ansteigende Trend
bisher nicht gebrochen (6). Von 1977 bis 1982 blieben die Häufigkeitszahlen für Kraftfahrzeugdiebstahl konstant, sie fielen
für Einbruchsdiebstahl (7). Diese Bewegungen lassen sich auch
in den japanischen Großstädten feststellen. Detailliertere Untersuchungen zeigen leichte Wellenbewegungen, sie ändern aber
an dem Bild einer relativ stabilen Trendlinie nichts.

Die Beschreibungen der Entwicklungen in diesen Gesellschaften
sind nicht einfach als fehlerhafte Statistiken abzutun oder auf
Änderungen der Altersstruktur der Bevölkerung zurückzuführen. - Unbestreitbar ist die Zuverlässigkeit und Gültigkeit der statistischen Daten

immer ein zentrales Problem: Statistiken sind nicht nur nicht
fehlerfrei, sie sind von vornherein als Konstrukte zu betrachten. Dies gilt keineswegs allein für die Kriminalstatistik. Sie
wird bekanntlich vom Anzeigeverhalten der Bevölkerung, von Änderungen der Verfolgungsstrategien der Polizei, von Erledi-
gungsweisen der Staatsanwaltschaft und der Strafgerichte und
von vielen anderen Faktoren beeinflußt. Aber auch die Statistiken über mögliche Kausalfaktoren, wie ökonomische Bedingungen
oder politische Ursachen, sind nicht viel besser. Das führen uns
gegenwärtige Debatten über die Dunkelziffer der Arbeitslosen-
oder Armutsstatistik und über die Ungenauigkeit von zentralen
Aussagen der Bevölkerungsstatistik nachdrücklich vor Augen.
Cicourel (8) und Strauss (9) zeigen nach zum Teil jahrzehnte-
langer Forschung überzeugend am Beispiel von medizinischen Statistiken, daß der abschließenden Beurteilung und Bezifferung
eines jeden Falles Verhandlungen von Akteuren zugrunde liegen,
die darüber entscheiden, welche Merkmale ein Fall hat. Aus der
großen Zahl der Fälle wird dann die Statistik gebildet. Es
fehlt daher eine über gelegentliche kritische Bemerkungen hinausgehende systematische "Kritik der Statistik", die es uns ermöglicht, die Größe des Zuverlässigkeitsfehlers genau abzu-
schätzen, und die es uns gestattet, statistische Zahlen richtig
einzuordnen und vernünftig zu relativieren. Unsystematisch
zwar, aber dennoch zuverlässig sind Einschätzungen der Kri-
minalitätsdaten heute nur durch Dunkelfeldbeobachtungen
und anschließende Hochrechnungen möglich (10). Aus praktischen
Gründen sind derartige Beobachtungen aber nur für einzelne Kri-
minalitätsformen zu leisten; für die Vielfalt der Kriminali-
tätsformen kommen anonyme Täter- und Opferbefragungen durch neu-
trale Institutionen und anschließende Hochrechnungen dem Zu-
verlässigkeitsideal am nächsten.
Zieht man Dunkelfelduntersuchungen für Westeuropa und die U.S.A.
heran, findet man, daß insbesondere Mord und Totschlag, Kraft-
fahrzeug- und Einbruchsdiebstahl ein relativ kleines Dunkelfeld haben (11). Vergleichende Studien für Japan kommen zu dem
Ergebnis, daß dort zwar auch ein bedeutendes Dunkelfeld besteht, es ist aber doch kleiner als in Westeuropa, und man
findet auch eine Abnahme der Dunkelfeldkriminalität in der

Zeit, in der die Kriminalität nach der offiziellen Statistik
ebenfalls sinkt (12). - Sicherlich ist auch die Zuverlässigkeit
von Dunkelfeldforschung zu prüfen. So ist in Japan bedeutsam,
daß man dort wegen der sehr hoch zu veranschlagenden Gruppenso-
lidarität mit einer nur geringen Auskunftsbereitschaft von Pri-
vatpersonen gegenüber Sozialforschern zu rechnen hat (13).
Die Entwicklung der Kriminalität in Westeuropa, U.S.A. und Japan ist im wesentlichen auch nicht auf Veränderungen der Altersstruktur, zum Beispiel auf die Zunahme des Anteils der
Heranwachsenden oder der 20- bis 29-jährigen, die in besonders
starkem Maße an kriminellen Akten beteiligt sind, zurückzuführen. In der Bundesrepublik Deutschland haben sich die Anteile
der vier in der polizeilichen Kriminalstatistik unterschiedenen Altersgruppen von Erwachsenen, Heranwachsenden, Jugendlichen und Kindern (von zehn bis dreizehn Jahren) von 1955 bis
1982 nicht so stark verändert, daß ein Fallen oder Ansteigen
des Anteils der Heranwachsenden, als der Altersgruppe, die besonders stark an kriminellen Handlungen beteiligt ist, die
Kriminalitätsentwicklung erklären würde (14). Betrachtet man
dagegen einzelne Altersgruppen, so findet man im Laufe des
hier betrachteten Zeitraumes ebenfalls einen Anstieg der Krimi-
nalitätsbelastungszahl. Sie weist in der Bundesrepublik
Deutschland zum Beispiel für Jugendliche und Heranwachsende
seit 1965 eine steigende Tendenz mit Rückgängen in der Zeit
von 1972 bis 1974 auf (15). In den U.S.A. stieg die Zahl der
Kinder und Jugendliche zwischen zehn und siebzehn Jahren von
1966 bis 1974 um etwa ein Zehntel, die Delinquenz nahm aber um
fast das Siebenfache zu (16). Das heißt, auch in den U.S.A.
ist der Einfluß der Altersvariable gering. Auch in Japan ist
keine Korrelation von Änderungen der Altersstruktur und
Variationen der Delinquenzzahlen zu registrieren (17). Wo die
Kriminalitätsbelastungszahlen in dem hier beobachteten Zeitraum leicht sinken, ist auch in Japan der leichte Rückgang der
Kriminalität nicht durch geringer werdende Anteile bestimmter
Altersgruppen zu erklären, sondern durch ein leichtes Abnehmen
der Kriminalität überhaupt.

Mit Blick auf die Ergebnisse der Dunkelfeldforschung ist fest-

zustellen, daß die Häufigkeitszahlen in ihrem Wert sicherlich
falsch sind. In Wirklichkeit ist das Ausmaß der Kriminalität
in Westeuropa und U.S.A. noch höher, am höchsten ist die un-
bekannte Kriminalität jedoch in Japan (18), aber, wie ebenfalls die Dunkelfelduntersuchungen zeigen, die Häufigkeitszahlen beschreiben die Trendrichtung zuverlässig: Kriminalität ist
in Westeuropa stark und in den U.S.A. noch stärker gestiegen,
in Japan blieb sie stabil. Sehr viel genauere Feststellungen
als diese lassen sich für die Kriminalitätsentwicklung weder für
den ganzen Zeitraum noch für einzelne Jahre treffen. Auch die
Entwicklung der Maßzahlen für andere Phänomene soll hier nur dazu dienen, ihre Ausprägung als klein, mittel oder groß zu kennzeichnen und steigende, stabile oder fallende Tendenzen zu mar-
kieren. Das bedeutet auch, daß in der folgenden Erklärung und
ihrer empirischen Absicherung bei der Anwendung von statistischen
Verfahren in der Datenanalyse große Zurückhaltung ausgeübt wird.
Zum Beispiel sind Errechnungen von Korrelations- oder Pfadkoeffi-
zienten angesichts dieser Datenqualität problematisch, und wo sie
von anderen errechnet und hier in die Interpretation einbezogen
werden, sollen sie lediglich das Verhältnis von Entwicklungsver-
läufen kennzeichnen. Im ganzen scheinen qualitative Analysen auch
im Rahmen einer Kausalanalyse durchaus angemessen zu sein (19).

1.2 Entwicklung des Strafens

1.2.1 Milderungstendenzen in Westeuropa

Wendet man sich der Entwicklung des Strafrechts und seiner Anwendung zu, so kommt man für die Bundesrepublik Deutschland zu
dem Ergebnis, daß der bereits 1931 von Franz Exner (20) für
das Deutsche Reich festgestellte "Zug zur Milde" auch die Entwicklung der Strafgesetzgebung und -anwendung in der Bundesrepublik Deutschland kennzeichnet, trotz einiger gegenläufiger
Bewegungen, die aber in der Bilanz nicht durchschlagen (21).
Während die Milderung bei den Straftatbeständen nicht so her-
vorsticht, fällt sie insbesondere bei den Sanktionen aufgrund
der Abschaffung der Todesstrafe und des Zuchthauses, des Rück-

gangs der kurzen Freiheitsstrafen und der Ausweitung von Be-
währungs- und Geldstrafen sofort auf (22).

Der Zug zur Milde wird immer noch von vielen Strafjuristen,
Strafrechts- und Kriminalsoziologen übersehen. Sie vertreten
entweder eine Position der Konstanz des Strafens - hier Milderung, dort Schärfung und viel Bestand -, eine Position, die
bei Strafjuristen verbreitet ist, oder eine grundsätzlich pes-
simistische Sicht, wie sie bei den strafrechts- und kriminalsoziologischen Abolitionisten anzutreffen ist. Danach wird alles schlechter. Der "Überwachungsstaat" habe zu allen abgeschafften Strafen funktionale Äquivalente entwickelt: Zur Todesstrafe die Vollstreckung der lebenslänglichen Freiheitsstrafe, den legalen Todesschuß oder Lebensbedingungen von
Haftanstalten, die zum Selbstmord treiben (23).- Demgegenüber
wird hier die Abschaffung der Todesstrafe in Westeuropa als
bedeutende Milderung nachdrücklich hervorgehoben. Eine Bagatel-
lisierung dieser Entscheidungen in einzelnen westeuropäischen
Gesellschaften, wie sie von einigen Abolitionisten durch den
Verweis auf funktionale Äquivalente (24) für sinnvoll gehalten
wird, ist ebenso verfehlt, wie es vorher die vernichtende Kritik der Abolitionisten am behandlungsorientierten Strafvollzug
war. Einmal ist die Abwertung der Abschaffung der Todesstrafe
gegen die innere Logik des Abolitionismus. Er will ja gerade
Abschaffungen von bestimmten sozialen Tatsachen, die er - zum
Teil, wie die Todesstrafe, vollkommen zu recht - attackiert.
Zum andern ist die Herabstufung der Todesstrafe zur Nebensäch-
lichkeit ein Fehlurteil über Schmerz und Leiden der hingerichte-
ten Menschen (25). Die Abschaffung der Todesstrafe hat auch eine
solide parlamentarische Basis. Selbst in Zeiten, als Befürworter der Todesstrafe Justizminister waren (Richard Jäger) oder
der Terrorismus die Anhänger der Strafenmilderung auf eine
harte Probe stellte, war die parlamentarische Mehrheit für die
Wiedereinführung der Todesstrafe in der Bundesrepublik Deutschland nie zu erreichen.

Weiter kann man auch zeigen, daß die Argumentation mit funktionalen Äquivalenten empirisch falsch ist. Betrachtet man die
schärfste verbliebene Sanktion in der Bundesrepublik Deutschland, so ist die absolute Zahl der Verurteilungen zur lebenslangen Haftstrafe durch starke Schwankungen gekennzeichnet. Im
Zeitraum von 1971 bis 1982 variiert sie zwischen 46 (1972) und
85 (1974). 1982 sprachen Richter 70 Verurteilungen zu lebenslanger Freiheitsstrafe aus (26). Bedenkt man, daß in der Zeit
von 1971 bis 1982 die Zahl der Fälle von Mord und Totschlag in
der polizeilichen Kriminalstatistik wellenförmig anstieg und
daß auch nach Abzug aller nicht mit lebenslanger Freiheitsstrafe bedrohten Delikte immer noch ein Anstieg übrig bleiben
dürfte,und berücksichtigt man ferner, daß mittlerweile die
bedingte Strafrestaussetzung auch bei der schärfsten Sanktion
Gesetz geworden ist, dann ist die Argumentation mit dem funktionalen Äquivalent "lebenslange Freiheitsstrafe" falsch.

Dagegen stiegen die absoluten Zahlen der Verurteilung zu zeitiger Freiheitsstrafe über ein Jahr in der Zeit von 1971 bis
1982 um 50 % an (27). Auch die absoluten Gefangenenzahlen
nahmen in der Bundesrepublik Deutschland zu. Es ist allerdings unbedingt erforderlich, die Zahl der Verurteilungen zur
Freiheitsstrafe oder die Zahl der Gefängnisinsassen auf die
Zahl der kriminellen Handlungen zu beziehen. Sie stieg von
1971 bis 1982 stärker. Betrachtet man die Delikte, die ein
geringes Dunkelfeld haben, so findet man für Raub, räuberi-
sche Erpressung und räuberischen Angriff auf Kraftfahrer
im selben Zeitraum eine Steigerung auf fast das Doppelte.
Auch Diebstahl unter erschwerenden Umständen stieg fast auf
die zweifache Zahl. Das bedeutet also, daß das Freiheitsstrafenrisiko pro ausgeführter Tat im selben Zeitraum deutlich gesunken ist. - Für eine Milderung des Strafens spricht auch,
daß der Anteil an Bewährungsstrafen weiter zugenommen hat.
Eine gegenläufige Tendenz zur Milderung ist im Ausbau der sozialen Kontrolle zu sehen. So nahm die Zahl der Beschäftigten
in allen Instanzen der sozialen Kontrolle zu. Betrachten wir
zum Beispiel die Polizei,so stieg die Polizeidichte (= Zahl
der Polizeibeamten pro 100000 der Bevölkerung) in der Bundes-

republik Deutschland in elf repräsentativen Großstädten von
254 im Jahre 1963 auf 349 im Jahre 1980 an (28). Das ist ein
Anstieg um mehr als ein Drittel. Da die Hauptaktivitäten der
Polizei, nämlich mehr als 50%, Patrouillen- und Hilfsaktionen
und weniger als ein Fünftel der Verfolgung von kriminellen Akten gewidmet werden (29), ist es falsch, die Erhöhung der Polizeidichte als Schritt in den Weg zum Überwachungsstaat zu be-
zeichnen, wenn auch zweifellos das Potential zur Kontrolle abweichenden Handelns vergrößert wurde.
Die Erhöhung der Dichte der Polizei und anderer Instanzen sozialer Kontrolle, die wenigen neuen Straftatbestände und sehr wenigen Strafverschärfungen sind nur Abweichungen vom "Zug zur
Milde". Sie lassen kein anderes Trendbild entstehen.

In England und Wales wurde ein neuer "Theft Act" 1968 erlassen.
Ansonsten änderten sich Strafgesetze nur wenig. Immerhin wurden
einige Tatbestände entkriminalisiert (30). Von den Strafsankti-
onen wurde in England und Wales 1956 die Möglichkeit der Verhängung der Todesstrafe stark eingeschränkt. Nur noch fünf Delikte, darunter Polizistenmord und Hochverrat, konnten mit dieser Strafe belegt werden. 1965 wurde die Todesstrafe praktisch
abgeschafft. Sie ist gegenwärtig nur noch für Hochverrat in
Kraft, und ihre Anwendung dürfte, wenn überhaupt, nur im Kriegs-
fall zu erwarten sein. Noch am 13. 7. 1983 wurde ein Antrag
"that this house favours the restoration of the death penalty
for murder" im Unterhaus mit 368 gegen 223 Stimmen ebenso abgelehnt, wie zahlreiche Spezifizierungen auf einzelne, besonders
schwerwiegende Mordtatbestände (30a).
Auch für andere Straftaten ist ein Wandel in der Strafrechtsanwendung auffallend. Ein Trend weg von der Gefängnisstrafe ist
zu beobachten. Die wesentlichen Änderungen in diesem Zusammenhang waren die Einführung von Arbeitsauflagen zugunsten von Ge-
meinden Anfang der siebziger Jahre, die Einführung der Aussetzung der Gefängnisstrafe in den sechziger Jahren und die
Schaffung der Möglichkeit der Aussetzung eines Strafteils nach
1980 (31). Dennoch stiegen auch in England und Wales die Raten
der verurteilten Gefängnisinsassen von 1961 bis 1983 (32). Vergleicht man den Anstieg der Gefängnisrate mit den Änderungen

der Häufigkeitszahl für Kraftfahrzeugdiebstahl oder Einbruchsdiebstahl in ein Wohnhaus für den Zeitraum von 1969 bis 1983
(33), dann gilt auch für England und Wales ein fallendes Freiheitsstrafenrisiko.
Auch Verschärfung sozialer Kontrolle ist zu registrieren.
"Because of terrorist activity, police have the power, since
the Prevention of Terrorism Act 1974, to deport suspected
persons, without trial, to Ireland and (more recently) to other
countries. There has also been a move to more central organisation, to facilitate police reaction to events such as terrorism,
street riots such as those in 1981 in areas with high immigrant
concentration, and industrial disputes such as in the early
1970's and in 1984" (34). Die Polizeidichte betrug 1950 142,8.
Sie stieg bis 1983 kontinuierlich auf 240,8 (35). Auch in anderen Instanzen der sozialen Kontrolle gab es eine Personalver-
mehrung.
In der Bilanz ist festzuhalten, daß eine Milderungstendenz auch
für England und Wales zu beobachten ist, wenn sie auch schwächer
ausfiel als in der Bundesrepublik Deutschland.

In Frankreich ist das System des Strafens eher von Stabilität
gekennzeichnet. Das Strafgesetzbuch von 1810 erfuhr nur wenig
Änderungen,und seit 1832 nahm die Zahl der Änderungen noch einmal stark ab. Erst nach dem Zweiten Weltkrieg wurde den Strafgesetzen eine stärker repressive Tendenz gegeben. Sie äußerte
sich in der Gesetzgebung zur Staatssicherheit und zur Wirtschaftskriminalität. Ab 1958, mit de Gaulles Gründung der
Fünften Republik, fällt eine Kriminalpolitik der Prävention
und Protektion auf, insbesondere in Verbindung mit Jugenddelinquenz. In den siebziger Jahren manifestieren sich erneut
Repressionsintentionen, insbesondere im Zusammenhang mit Ge-
walt- und Drogenkriminalität. Auf der anderen Seite wurden ein
mildes Jugendstrafgesetz und auf breiter Front Bewährungsstrafen eingeführt.
Im Sanktionswesen finden wir dagegen vergleichbare Entwicklungen wie in der Bundesrepublik Deutschland und in England und
Wales. Die Todesstrafe wurde 1981 abgeschafft. Diese Entscheidung wurde 1984 eindrucksvoll und mit allem Nachdruck vom

französischen Justizminister Badinter bekräftigt (36).
Die absolute Zahl der Verurteilungen zur Gefängnisstrafe stieg
von 1960 bis 1978 noch einmal um die Hälfte. Gleichzeitig fiel
der Anteil der zu einer Gefängnisstrafe Verurteilten um etwa
ein Drittel, während insbesondere Verurteilungen mit einer Aussetzung der Gefängnisstrafe ohne gleichzeitige Bewährungsaufsicht leicht anstiegen. Da gleichzeitig der Kraftfahrzeugdiebstahl um fast das 15-fache und der Einbruchsdiebstahl auf mehr
als das Doppelte anstiegen (37), kann auch in Frankreich ein
fallendes Freiheitsstrafenrisiko festgestellt werden. - Die
Polizeidichte stieg kontinuierlich an, zum Beispiel von 1968
bis 1982 um fast ein Drittel (38).
In der Bilanz ist die Entwicklung des Strafens und der sozialen Kontrolle auch in Frankreich von einer Milderungstendenz
gekennzeichnet, wenn diese auch im Vergleich zur Bundesrepublik Deutschland und zu England und Wales am schwächsten aus-
fällt.

1.2.2 Pendelrückschlag zur Sanktionsverschärfung in den U.S.A.

Anders als in den westeuropäischen Gesellschaften ist in den
U.S.A. keine Milderungstendenz als durchgehender Zug zu erkennen, sondern eine Wellenbewegung. Vom hohen Kontrollniveau be-
wegte sich die Strafgesetzgebung und Strafrechtsanwendung bis
um das Jahr 1972 herum zu einer erheblichen Milderung, um dann
stetig zur Schärfung der Sanktion zurückzukehren. Dabei lag
der Höhepunkt der Milderung je nach Strafenart in verschiedenen
Jahren.

Die Todesstrafe wurde seit 1967 für einen Zeitraum von zehn
Jahren nicht mehr vollstreckt, da der Supreme Court 1967 die
statistisch belegbare Ungerechtigkeit in der Verhängung der
Todesstrafe, zumal für Schwarze, moniert hatte. Noch 1972 setzte
das Oberste Bundesgericht jeden weiteren Vollzug der Todesstrafe
aus. Das änderte aber nichts daran, daß die Zahl der verhängten Todesstrafen anstieg, insbesondere ab 1974. 1975 wurden
wieder 285 Todesurteile verhängt. In dieser Zeit war der Supreme
Court umbesetzt worden, und 1976 waren die Todesstrafe und

ihr Vollzug in 38 von 50 Bundesstaaten wieder zugelassen. Das
Oberste Bundesgericht erklärte die Verhängung und Exekution
der Todesstrafe für gesetzmäßig, wenn Geschworene nach standar-
disierten Entscheidungshilfen bei der Sanktionswahl vorgingen.
1977 wurde ein, 1979 wurden zwei Todesurteile vollstreckt (39). In
großem Umfang setzten Exekutionen ab 1982 ein, in der Mitte der
ersten Amtszeit von Präsident Reagan, der auch sonst für ein
Ende der liberalen Rechtsprechung sorgte. Ende 1984 warteten
mehr als 1400 Häftlinge in amerikanischen Todeszellen auf ihre
Hinrichtung (40). Von 1981 bis Ende 1984 wurden mindestens 28
Todesurteile vollstreckt (41). Die in den Todeszellen Inhaftierten sind zwar nur 3 % der 33526 im Jahre 1983 wegen Mordes
verurteilten, in Zuchthäusern einsitzenden Kriminellen, aber
die hohe Zahl läßt viele Beobachter der U.S.A. eine Hinrich-
tungswelle erwarten, und zwar bis zu drei Vollstreckungen in
einer Woche (42). In der 44. Woche des Jahres 1984 wurde diese
Zahl bereits erreicht (43). - Die Todesstrafe ist wieder populär in den U.S.A. Während 1953, zur Zeit der Administration
Eisenhower, knapp 70 % der Bevölkerung sich für die Todesstrafe
aussprachen, sank die Zahl der Befürworter bis 1966, zur Zeit
der Johnson-Administration, auf gut 40 %. Sie stieg dann kontinuierlich an und lag 1981, in der ersten Amtszeit Reagans, wieder bei knapp 70 % - eine Entwicklung, die sich auch von 1976
bis 1980 während der Carter-Administration nicht wesentlich geändert
hatte (44). Neben Protesten gegen die Vollstreckung einer Todesstrafe gibt es daher immer wieder vor den Gefängnistoren
Jubel, wenn die Nachricht von einer gerade vollzogenen Vollstreckung nach außen dringt.

"Um zwei Uhr morgens ertönen schrille Hurrarufe von jenseits
der Straße. Befürworter der Todesstrafe haben sich dort aufgebaut. Sie halten Plakate hoch:"Gott segne die Opfer" und "Gesetz ist Gesetz". Es ist nur ein kleines Häuflein, das den Tod
Velma Barfields mit Beifall begleitet" (45).

Es ist daher festzuhalten, daß in den U.S.A. im Sanktionswesen
mit der Wiederanwendung der Todesstrafe nach zehnjähriger Aussetzung eine bedeutende Verschärfung zu registrieren ist. Die
Einmaligkeit dieser Entwicklung wird dann deutlich, wenn man
im Auge behält, daß von allen großen westlichen Demokratien
nur die U.S.A. die Todesstrafe verhängen und vollziehen.

Die Zahl der Strafgefangenen in Staats- und Bundesgefängnissen
stieg von 1945 bis 1961 ständig an. Sie fiel bis 1968 und noch-
mals 1970. Seit 1971 stieg sie erneut. Betrachtet man die
Strafgefangenenrate (auf 100000 der Bevölkerung),so stieg diese
bis auf die Zeit von 1961 bis 1968 und 1969 bis 1972. Sie ist
mit Abstand die höchste westlicher Gesellschaften. Ende 1982 be-
fanden sich 412303 Gefangene in Bundes- und Staatsgefängnissen
in den U.S.A. Im selben Jahr stieg die Zahl der Gefängnissin-
sassen um 43000, der höchste Anstieg seit dem Beginn der Samm-
lung derartiger Zahlen im Jahre 1925 (46). Man rechnet mit
weiterer Zunahme der Zahl der Gefängnisinsassen (47). Ein wichtiger Grund für die ansteigenden Zahlen besteht darin, daß von
1976 bis 1981 in 37 Staaten bestimmte Strafen für bestimmte Delikte festgesetzt wurden und 11 Staaten Gesetze erließen, die
für einen Bereich von Delikten Strafaussetzung verboten (48).
Auch 1982 wurden weitere gesetzliche Vorschriften mit fester
Strafe erlassen, während die Möglichkeit, Strafen zur Bewährung
auszusetzen,weiter abnahm.
In der Strafgesetzgebung stößt man auf einzelne strafverschärfende Gesetze, zum Beispiel gegen das Fahren von Kraftfahrzeu-
gen unter Rausch. In allen Justizbehörden ist ein "Zug zur
Härte" zu beobachten, der vom Druck der öffentlichen Meinung
gefördert wird (49).
In das Bild zunehmender Kontrolle paßt nahtlos auch der Anstieg
der Zahl der Beschäftigten in der Strafjustiz im weitesten Sinn.
Dabei stiegen im Verhältnis zur Polizei die Anstellungen im en-
geren Bereich der Justiz überdurchschnittlich (50). Weiter ist
festzustellen, daß in den Vereinigten Staaten die Zahl der
von privaten Firmen angebotenen Sicherheitskräfte stark zunahm (51).

So wie wir in Westeuropa neben Milderungs- auch Schärfungsten-
denzen beobachten, so registrieren wir auch in den U.S.A. Milderungstendenzen.
Überblickt man sehr lange Zeiträume, kann man auch für die Todesstrafe noch zu einer anderen Bewertung als der hier vorge-
nommenen kommen. Das zeigt die folgende Tabelle.

Tabelle: Vollzogene Todesstrafen in den U.S.A. (52)

Zeitraum	Vollstreckte Todesstrafen	Jahresdurch-schnitt
1930-34	776	155
1935-39	891	178
1940-44	645	129
1945-49	639	128
1950-54	413	83
1955-59	304	61
1960-64	181	36
1965-69	10	2
1970-74	0	0
1975-79	3	<1

Nachdem für 1984 und die folgenden Jahre wegen der zu erwartenden hohen Zahl an Exekutionen, die wahrscheinlich die Zahlen von 1960 bis 1964 übertreffen werden, ein Anstieg zu prognostizieren ist, ist zu vermuten, daß später der Trend von 1935 bis 1959 sich wieder fortsetzen wird. Als einem entschiedenen Gegner der Todesstrafe fällt es dem Autor angesichts rapide steigender Hinrichtungszahlen für 1984 gegenwärtig schwer zu schreiben, was er dennoch langfristig erwartet: Die U.S.A. wird zur Milderung des Strafens, und das heißt zuerst zu einem Trend zur Abschaffung der Todesstrafe, in den 90er Jahren dann wieder zurückkehren, wenn die politischen und ökonomischen Ursachen, die wir für den Sanktionsverzicht im nächsten Kapitel anführen werden, sich auch in den U.S.A. wieder Geltung verschaffen.

Als Milderungstendenz ist festzuhalten, daß es auch bei Kapitalverbrechen immer noch kurze effektive Freiheitsstrafen gibt. Der Trend zur bestimmten Strafe in den U.S.A. ist auch so zu verstehen, daß Strafrestaussetzung in einem Maß verbreitet war, wie dies für Westeuropa gar nicht vorstellbar ist. So waren in extremen Einzelfällen Mörder nach zwei Jahren bereits wieder frei. - Auch die Ausgestaltung der Freiheitsstrafe änderte sich. Ende der 60er und Anfang der 70er Jahre begannen Bundesrichter, die Rechtsstellung von Strafgefangenen zu verbessern. Gefängnisinsassen wurde Religionsfreiheit zugestanden, die Briefzensur wurde eingeschränkt, die Verhängung von Hausstrafen wurde geregelt und insbesondere wurden Sonderbehandlungen verboten (53). Zusätzliche Verbesserungen waren nach Richard Singer auf die Beteiligung weiterer Angehöriger der juristischen Profession und anderer Berufe zurückzuführen. Sie erreichten eine Institutionalisierung von Beschwerdemechanismen in den Gefäng-

nissen, Verbesserung der Kommunikationsmöglichkeiten mit der
Außenwelt, die Abschaffung von Beruhigungszellen und die Schaf-
fung neuer Rechtsmittel (54). Allerdings sind auch in diesem
Bereich Rückschläge seit Anfang der 80er Jahre zu verzeichnen:
"There has been a marked change in the attitude of the Justice
Department under the Reagan Administration toward prison
lawsuits. The federal government is unlikely to support pris-
oners' rights" (55).

Die Gesamtentwicklung wird von einigen Beobachtern trotz Wiederanwendung der Todesstrafe, trotz erhöhter Gefangenenraten,
trotz fester Strafen als Milderung betrachtet. Dem können wir
uns hier nicht anschließen. Unsere Einschätzung ist vielmehr so, daß es in den U.S.A. mehr Oszillation um den langfristigen Trend gibt und daß dort gegenwärtig wieder eine Verschärfung des Strafrechts, insbesondere seiner Anwendung, zu
verzeichnen ist. Manifestationen dieser Abweichung von einem
auch in den U.S.A. feststellbaren langfristigen Milderungs-
trend sind 1. die Wiederanwendung der Todesstrafe, 2. der Anstieg der Gefängnispopulation, 3. die Einführung der strikt
bemessenen Vergeltungsstrafe und 4. neue Pönalisierungen von
Verhaltensweisen (56).

1.2.3 Anhaltend hohes Niveau sozialer Kontrolle in Japan

Im Gegensatz zur Milderungstendenz in Westeuropa und Wellenbewegung zu mehr Kontrolle in den U.S.A. ist in Japan eher Stabilität oder leichte Verschärfung der sozialen Kontrolle zu
registrieren. In der Strafgesetzgebung wurden 1974 zwanzig neue
Straftatbestände zum bestehenden Strafgesetzbuch hinzugefügt (57).
So besteht derzeit in Japan eine besonders harte Strafgesetzgebung im Zusammenhang mit dem Drogenkonsum und -handel.

Die Todesstrafe wird in Japan verhängt und auch vollzogen;
allerdings wird beachtliche Zurückhaltung geübt. "Seit Ende
des zweiten Weltkriegs ist ca. jedes dritte Todesurteil
nicht vollstreckt worden" (58). Leider sind die zugängli-
chen Daten spärlich, aber die Tatsache, daß zum Beispiel 1976

nur zwei Todesurteile für Mord unter erschwerenden Umständen
und Raubmord verhängt wurden, kennzeichnet die Reserviertheit
gegenüber dieser Strafe.
Weitere Strafen sind Freiheitsentzug mit Arbeit (1976 wurden
69702 Personen dazu verurteilt, das waren 2,9 % aller Verurteilungen), Freiheitsentzug ohne Arbeit (1976:6008 Verurteilungen
= 0,2 %), Geldstrafen (1976: 2339579 = 95,8 %) und einige weitere selten angewandte Strafarten, wie Strafhaft und kleine
Geldstrafen. Betrachtet man nur Verurteilungen nach dem Strafgesetzbuch, dann sind auch in den 80er Jahren Freiheitsstrafen
am meisten verbreitet (58a). Bei lebenslanger Freiheitsstrafe
kann die Strafe bereits nach zehn Jahren zur Bewährung ausgesetzt werden (59).
Die Strafverfolgungsbehörden haben große Entscheidungsspielräume. So ist der Staatsanwalt "in keiner Weise gehalten, bei
hinreichendem Tatverdacht auch anzuklagen. Vielmehr gibt ihm
§ 248 jap. StPO weitesten Raum, um aus Opportunitätsgründen die
Anklage zu unterlassen"(60). Dies gilt auch für sehr schwere
Delikte.

Das hohe Maß an sozialer Kontrolle, das dennoch besteht, wird
deutlich, wenn man sich Größe und Arbeitsweise der anderen Instanzen sozialer Kontrolle vergegenwärtigt. Die Polizeidichte
in Japan war 1977 mit 1:585 wesentlich geringer als in der Bundesrepublik, in der ein Polizeibeamter 368 Einwohner zu kontrollieren hatte (61), so daß von einer deutlich weiteren Spanne
der formellen sozialen Kontrolle ausgegangen werden muß. Aber
diese geringe Zahl an Polizeibeamten wird in Japan besser eingesetzt: "Ganz Japan ist überzogen mit einer Vielzahl von
kleinen Schutzpolizeistationen, die rund um die Uhr eine polizeiliche Betreuung des gesamten Landes,in kleinere, überschau-
bare Gebiete aufgeteilt,ermöglichen"(62). Polizeibeamte führen
bis zu zweimal im Jahr in jeder Familie Hausbesuche durch.
Solche Besuche sind normal und kein Anlaß zu Protest (63). Das
Handeln der Polizeibeamten wird von Beobachtern als nicht ag-
gressiv beschrieben,und die Polizei kann mit einer hohen Aufklärungsrate, zum Beispiel bei Mord und Totschlag, aufwarten.
- Auch neben der Polizei besteht im Nahbereich strenge Kontrol-

le: Es "existieren heute in Japan ca. eine halbe Million Nach-
barschaftsorganisationen, deren ausdrückliches Ziel die Verhinderung und Bekämpfung von Kriminalität in ihrem Wohngebiet
ist. Die .. Gemeinschaften zur Verhinderung von Straftaten
stehen in enger Verbindung zur Polizei" (64). Ferner werden
auch kleinere Devianzen von Familie und Betrieb geahndet.

Auf der anderen Seite gibt es auch in Japan Milderungsprozesse.
Sie sind einmal grundsätzlich begründet in der japanischen To-
leranz, der religiös fundierten Bereitschaft zum Vergeben. Die
Entkriminalisierung von Bagatelldelikten wurde auch in Japan
durchgeführt. Von den Strafen steht Strafhaft zur Abschaffung
an.
Im Ergebnis ändern diese vereinzelten Milderungen aber nichts
am Befund stabiler sozialer Kontrolle.

1.3 Trends

Zusammenfassend und stark vereinfacht lassen sich unter Berücksichtigung der mäßigen Datengüte die Aussagen über die Entwicklung der Kriminalität und die Trends in der Entwicklung des
Strafens, reduziert man den Wert von Änderungen über den ganzen
von uns beobachteten Zeitraum auf Zu- oder Abnahmen oder Konstanz, so darstellen:

Schaubild 1: Kriminalitätsentwicklung

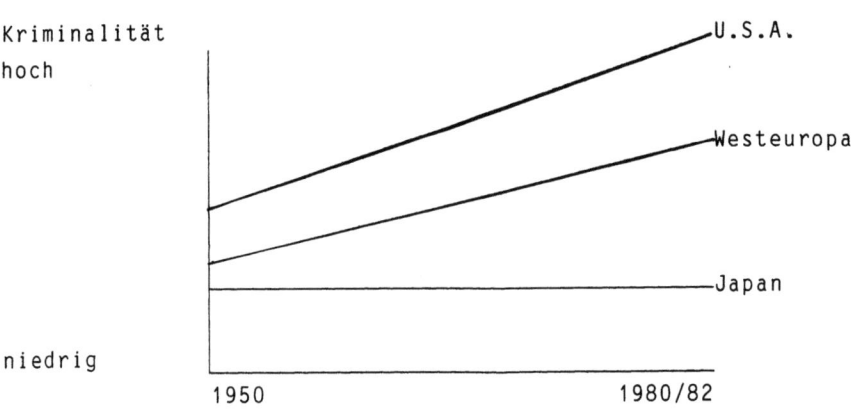

Schaubild 2: Entwicklung von Sanktionen

Art des Strafens

scharfe Sanktionen

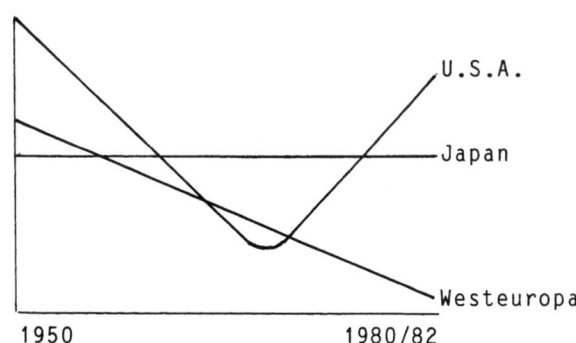

milde Sanktionen

1950   1980/82

2. Strukturmerkmale der Moderne: Leistungsangleichung und Individualisierung - Ansatzpunkte von Erklärungen

Wie sind die unterschiedlichen Entwicklungen der Kriminalität
und des Strafens in Westeuropa, U.S.A. und Japan zu erklären?
Zwei der Wandlungsprozesse in der Entwicklung zur Moderne sind
in Westeuropa, U.S.A. und Japan in unterschiedlichem Maß entfaltet. Es sind die Trends, die die Entwicklung zur Moderne
kennzeichnen. Sie verursachen und begründen in unterschiedlichem Maße in den drei untersuchten Kulturräumen die Entwicklung
der Kriminalität und des Strafens:
- ein Trend zur Leistungsangleichung,
- ein Trend zum Individualismus.

2.1 Trend zur Leistungsangleichung

Zunehmende Rationalisierung von allen Handlungszusammenhängen
führt zu einer Leistungssteigerung und zu besseren Ergebnissen
von Prozessen der Arbeit, Verwaltung, Sozialisation, Sinnstif-
tung, Verteidigung oder Verwahrung. Voraussetzung ist allerdings, daß leitende Akteure oben und ausführende Handelnde unten über die Bereitschaft und Fähigkeit zur Leistung verfügen
und diese auch erbringen. Für die Akteure oben wie unten hat
Leisten auch eine unbedachte Konsequenz: Wer mehr leistet, der
wird auch wichtiger; wer wichtig ist, den hört man auch an,
dessen Vorschläge, Wünsche und Verlangen werden beachtet, und

damit haben diese Akteure auch Einfluß. Das gilt in mehrfacher
Hinsicht. Einmal oben: Wer überhaupt Situationen anbietet, in
denen Leistungen von anderen erbracht werden können, hat schon
Einfluß. Unternehmer und Parteiführer, die Initiatoren von sozialen Bewegungen und Kirchenfürsten schaffen Handlungszusammen-
hänge, in denen Leistungen erbracht werden können. Das begründet auch ihre Macht. Unten,am Fuße der Herrschaftspyramide, wurden die Beherrschten in modernen Gesellschaften, nachdem einmal Großorganisationen entstanden waren, die arbeitsteilig ihre
jeweiligen Produkte herstellten, unentbehrlich. Die These ist
nun, daß der Leistungsschub seine Träger in unterschiedlichen
Herrschaftslagen fand. In den Gesellschaften der Moderne nahm
in Industrie, Politik, öffentlicher Verwaltung, Erziehung und
Bildung die Bedeutung der Leistungen oben in einem langen Prozeß, dessen Geschwindigkeit sich beschleunigt hat, permanent
ab. Dagegen nahm die Relevanz der Leistungen unten immer mehr
zu. Das ist die Grundlage dafür, daß sich in der Moderne Herrschaft immer mehr wegbewegt von einseitigen Befehls- und Ge-
horsamsverhältnissen hin zur Machtangleichung (65). Diese Folge und ihre weiteren Konsequenzen betrachten wir im anschlie-
ßenden Abschnitt.

Leistungsangleichung hat eine weitere wichtige Auswirkung: Mit
der Bedeutungszunahme der Beherrschten geht ihre erfolgreiche
Beanspruchung eines größeren Anteils an den Arbeitsprodukten
einher. Dieser Anspruch trifft sich mit dem sich allmählich
ausbildenden Wissen der Herrschenden, daß auch für sie das An-
gebot von Leistungen ein wirkungsvolleres Mittel zur Handlungs-
kontrolle ist als das Versprechen, auf an und für sich mögliche Schädigungen oder Verletzungen durch Gewalteinsätze zu verzichten (65a). Das ist der Grund, warum Macht und Herrschaft in modernen Gesellschaften mehr auf den Leistungen von Akteuren für
andere als auf der Sanktionsfähigkeit und dem Drohpotential
beruhen. Die Auswirkungen von Leistungsangleichungen auf Teilhabe am gesellschaftlich Produzierten und deren Auswirkungen
auf Kriminalität und Kontrolle untersuchen wir im Teil 2.1.2.

Mit dieser Entwicklung verschob sich in der Moderne das Ver-

hältnis von positiver und negativer Macht. Liegt positive Macht
vor, dann erhält ein Akteur für seine Unterwerfung Dienste oder
Güter von einem anderen Akteur; besteht dagegen negative Macht,
dann ist der mächtige Akteur fähig, den anderen Akteur von Handlungen oder Ressourcen abzuhalten (66). Während Akteure in Herr-
schaftspositionen meist über positive wie negative Macht verfügen, da sie sowohl durch Erbringung wie Verweigerung von Leistungen von anderen erwas verlangen können, verfügten Herrschaftsun-
terworfene lange Zeit über keine, später nur über negative Macht:
Sie konnten dann durch Zurückhalten eigener Leistungen andere zu
bestimmten Handlungen veranlassen. Positive Macht wird aber in
der Moderne immer bedeutender, weil von den Akteuren unten so
viele wichtige Leistungen erbracht werden.

2.1.1 Politische Partizipation, Konflikt und Kriminalität

Der Trend zur Leistungsangleichung hat als erste Folge einen
Trend zur politischen Teilnahme. Wo die Akteure mehr Macht er-
werben, da verlangen sie auch mehr Teilnahme an Entscheidungen.
Man beobachtet daher in der Moderne vielfältige Partizipati-
onsverlangen, die von politischen Institutionen nicht mehr ver-
arbeitet werden können. Im Zusammenhang mit der Abnahme des
Leistungsniveaus und der relativen Wichtigkeit oben gehen notwendige Einflußeinbußen und Machtverzichte einher, einfach
weil Herrschaftsinhaber nicht mehr genügend Leistungen erbringen, um von den Herrschaftsunterworfenen im Gegenzug Gehorsam
verlangen zu können. Die positive Macht der Herren nimmt ab.
Mit der Aufgabe von Herrschaftsansprüchen oben und mit der Zunahme von Macht und Beteiligungsverlangen unten tritt bei den
Herrschaftsunterworfenen mehr Verlangen nach Selbstverwirklichung auf, das, konfrontiert mit den verbliebenen Ansprüchen
von Herrschaftsinhabern auf Handlungssteuerung, zu mehr Konflikten führt. Es tritt gehäuft Protest, teils als Devianz bis
hin zur Kriminalität, auf. Dabei wird hier keineswegs die Ansicht vertreten, die Handlungsfreiheit der Akteure führe stets
zur Kriminalität. Akteure können auch ganz anders auf diese

Situation reagieren. Aber die Übertretung von Normen, die an
alle Akteure gerichtet sind, die Akteure also gleichstellen,
ist immer dann eine Handlungsalternative, wenn Akteure sich in
einer Situation stark und mächtig genug fühlen, um unter Um-
gehung von Normen unmittelbar begehrte Handlungsziele zu erreichen: Kriminelles Handeln ist dann als instrumentelles Handeln
von unabhängigen Akteuren zu verstehen.
Gegenüber zunehmendem Protest und gestiegener Kriminalität reagieren die Herrschenden aufgrund von Machtverlust mit einer Politik der Milderung und des Sanktionsverzichts, trotz aller Be-
kundungen des Gegenteils und ganz im Gegensatz zu allen Warnun-
gen vor wahrgenommenen repressiven Tendenzen des Staates.
Diese Trends sind in Westeuropa, U.S.A. und Japan unterschiedlich weit entwickelt.

2.1.1.1 Neues Leistungskonzept in Schlüsselindustrien und Ar-
        beitslosigkeit, Kriminalitätsanstieg und Strafenmilde-
        rung in Westeuropa

Für die westeuropäischen Gesellschaften ist die Bedeutungsabnah-
me von Steuerungsleistungen oben vielfach belegt worden. Die
Klage über mangelnde Initiative und Führungsfähigkeit, Weit-
sicht und Entschlußkraft von Unternehmern und Politikern an der
Spitze ist verbreitet (67). In Frankreich ist Planwirtschaft
gang und gäbe, und die staatliche Intervention geschieht auf der
Grundlage direkter staatlicher Beteiligung am Eigentum großer
Firmen. In Großbritannien sind ganze Bereiche verstaatlicht. Die
geringe Effizienz der meisten Staatsbetriebe ist bekannt. Dennoch ist ein folgenreicher Unterschied zwischen der Bundesrepublik Deutschland, Großbritannien und Frankreich nicht zu erkennen.

Auf der anderen Seite werden die Leistungen der Akteure unten
in den Schlüsselindustrien immer wichtiger. Kern und Schumann
zeigen für die Bundesrepublik Deutschland, daß in der Automo-
bilindustrie,dem Werkzeugmaschinenbau und in der chemischen
Industrie eine "wachsende Wertschätzung von Qualifikation und
fachlicher Souveränität" (68) zu registrieren ist. "Es klingt
paradox: Gerade zu jenem historischen Zeitpunkt, zu dem die

technischen Möglichkeiten zur Substitution menschlicher Funktionen geradezu explodieren,steigt gleichzeitig das Bewußtsein für die qualitative Bedeutung menschlicher Arbeitsleistung; steigt die
Wertschätzung der besonderen Qualitäten lebendiger Arbeit" (69).
Dieser Wandel ist nun an den beteiligten Akteuren keineswegs
unbemerkt vorbeigegangen. Es ist nicht nur das Kapital, die den
Arbeitern gegenübergestellte Seite, die die Erfahrung machen
muß, daß sie auf Qualifikation und fachliche Souveränität der
Arbeiter angewiesen ist, sondern für die Beschäftigten eröffnet
sich die "Möglichkeit, den Druck auf die Arbeitskonditionen einschließlich der Arbeitsplatzsicherheit abzufangen. Weil der Unternehmer mit den Arbeitern modernisieren will, muß er auch
etwas bieten! Deswegen können die Belegschaften und ihre Ver-
tretungen auch einen Preis fürs Mitspielen im betrieblichen
Prozeß der Modernisierung fordern" (70). Und wo die Herrschaftsunterworfenen dazu in Frankreich und in der Bundesrepublik
Deutschland in der Lage sind, da will die Mehrheit von ihnen
im Betrieb"Anordnungen nur nach Überzeugung befolgen" (71).
Es gibt eine Zunahme des Bedürfnisses nach Beteiligung. Wo
dieses Bedürfnis nicht verwirklicht werden kann, wird am Arbeitsplatz sachzwanghafte Kommandowirtschaft (72) wahrgenommen
und abgelehnt. Kern und Schumann ziehen durchaus herrschafts-
soziologische Folgerungen aus ihren Untersuchungen über Lei-
stungsverschiebungen. Sie beschränken diese Konsequenzen aber
auf den Betrieb. Das ist unzureichend. So wie die politische
Gleichstellung immer wieder Forderungen nach Demokratisierung
im Betrieb, ja der Betriebe, nach sich zog, und in der Bundesrepublik Deutschland zweifellos den Gang der Gesetzgebung zur
betrieblichen und überbetrieblichen Mitbestimmung beeinflußte,
so hat auch eine starke Stellung der Arbeitnehmer im Betrieb
nicht nur Rückwirkungen auf den Politikbereich, sondern zugleich neue Auswirkungen auf ganz andere Bereiche, wie die
private Sphäre und dem Blick der Öffentlichkeit entzogenes Handeln. Diese weitreichende Bedeutung von innerbetrieblicher
Stärke wird von Kern und Schumann nicht thematisiert.

Was die Auswirkungen auf die Politik angeht, so werden diese
vom Organisationsgrad der abhängig Beschäftigten stark geför-

dert. Der gewerkschaftliche Organisationsgrad betrug 1975 in
der Bundesrepublik Deutschland 40, in Großbritannien 50 und in
Frankreich 22 % (73). Er ist lediglich für Frankreich gering.
Die Parteien der Abhängigen, "linke" Parteien,erhielten zwi-
schen 1973 und 1976, in dem Zeitraum, für den wir über ver-
gleichbare Daten verfügen, in der Bundesrepublik 48, in Groß-
britannien 46 und in Frankreich 45 % der Wählerstimmen (74).
Sie stellten in den drei Ländern immer wieder für längere
Zeiträume auch die politische Spitze, die zudem intensiv die
Abstimmung mit den Gewerkschaften suchte. Darin äußert sich un-
übersehbar Machtgewinn, ja Machtwechsel zugunsten der bisher
Abhängigen.

Wenn man weiter in Betracht zieht, was politische Spitzen, auch
von der Rechten gestellte, derzeit von protestierenden Machtunterworfenen ihrer Gesellschaft hinnehmen müssen, und zwar bis
in die Reihen des eigenen Personals hinein, wie zum Beispiel
vom öffentlichen Dienst in der Bundesrepublik Deutschland oder
von Polizeibeamten in Frankreich gegenüber dem eigenen Minister,
dann kann man auch von den Akteuren, die abweichendes Handeln
in Betracht ziehen, nicht aus Furcht vor Zugriffen des Herr-
schaftspersonals Konformität erwarten. Machtgewinn führt zu einer Zunahme von Handlungsfreiheiten, zunehmende Handlungsfreiheiten führen aber in westeuropäischen Gesellschaften zu mehr
Konflikten zwischen den Akteuren,die Handlungsfreiheiten wahrnehmen, und denen, die Konformität fordern. Die Akteure, die
Macht gewonnen haben, probieren Macht auch aus, unternehmen Ma-
növer zur Erhöhung ihres Handlungsspielraums. Konformität ist
nicht mehr so zwingend wie vordem. Devianz nimmt zu.

Aber es gibt auch andere Bereiche, in denen ebenfalls eine Zunahme der Bedürfnisse nach Beteiligung zu registrieren ist, wo
aber die Wirklichkeit sehr anders aussieht. Die Diskrepanz
zwischen Wunsch und Realität ist dort sehr groß, Leidensdruck
resultiert. Kern und Schumann unterscheiden deshalb vier Gruppen von abhängig Beschäftigten: Produktionsfacharbeiter und In-
standhaltungsspezialisten im Kernsektor, die Machtgewinne verzeichnen, Akteure, die als Arbeiter auf traditionellen Plätzen

im Kernsektor Rationalisierungsdulder sind, Arbeiter in Krisenbranchen und Dauerarbeitslose, die Verlierer sind. Kern und
Schumann sehen daher eine starke Differenzierung und Segmentie-
rung der Arbeiterschaft: "In dem Maße, in dem auf der Grundlage
der neuen Produktionskonzepte die Modernisierung der industriellen Kernsektoren gelingt, werden diese Bereiche zu ökonomischen Machtzentren, aus denen für jeden etwas abfällt, der zu
ihnen Zugang hat" (75). Letzten Endes sehen sie die von ihnen
vorausgesehene Neoindustrialisierung in die sogenannte Zwei-
Drittel-Gesellschaft einmünden (76). Immerhin, für diese große
Mehrheit der Gesellschaft gibt es auch nach Kern und Schumann
Machtgewinn oder -erhalt.

Wenden wir uns dem anderen Drittel zu, dann sprechen wir
von den Beschäftigten in Krisenbranchen und von Dauerarbeitslo-
sen. Auch dort zeigt sich der Zusammenhang von Leistung und
Macht. Wo Betriebe sich in der Krisensituation befinden, da
stößt man auf eine "grundlegende, kaum aufzulösende Defensivpo-
sition der Belegschaft... um es drastisch zu formulieren: Wenn
keine Aufträge mehr da sind, kann selbst das härteste Mittel,
die Arbeitsniederlegung, nichts mehr austragen - jedenfalls gegenüber dem Unternehmen" (77). Wo die Akteure oben aufgrund von
Leistungszurückhaltung (Streik) von unten keinerlei Nachteile
haben, da hat sich negative Macht aufgelöst, auch wenn Leistungsfähigkeit und -bereitschaft noch bestehen. Hier verschiebt
sich "die Machtasymmetrie... weiter zugunsten der Unternehmen"
(78). Industriesoziologen sprechen daher vom Bedeutungsverlust
der Gewerkschaft in der ökonomischen Krise und von der derzeit
generellen Rückzugsposition der Arbeitnehmerschaft in der Bundesrepublik. Sie meinen, diese Position sei durchgehend defen-
siv: "Die Arbeiter haben weder den Eindruck, daß die Herrschenden sie nicht mehr regieren können, noch die Vorstellung,
es selbst übernehmen zu wollen. Umbruch ist darin nicht gerade
angezeigt" (79).

Betrachten wir die Wirkung von eingetretener oder drohender Arbeitslosigkeit. Sie führt zu starken Einflußeinbußen, sowohl individuell wie für ganze gesellschaftliche Gruppen und ihre Re-

präsentanten, wie Gewerkschaften und sozialistische Parteien.
In Westeuropa gab es eine ähnliche Entwicklung der Arbeitslosigkeit in den drei von uns betrachteten Ländern. Die Arbeitslosenrate in der Bundesrepublik war niedrig bis etwa 1966 und
wieder von 1969 bis 1973. Sie schnellte hoch ab etwa 1973. In
England und Wales war sie ebenfalls bis 1966 gering. Sie stieg
dann bis 1974 mäßig an und nahm seitdem dramatisch zu (80). In
Frankreich war die Arbeitslosigkeit von 1954 bis 1966 nicht bedeutend, sie hatte mittlere Ausmaße von 1967 bis 1974 und stieg
dann ebenfalls von 1975 an sehr stark. Auf der Grundlage dieser
Daten und verschiedener Kriminalitätsindikatoren fand Heiland
1984 für die drei Gesellschaften einen schwachen negativen Effekt der Arbeitslosigkeit auf die Kriminalität, insbesondere
wenn Kriminalität mit zuverlässigen Kriminalitätsindikatoren,
wie dem Kraftfahrzeugdiebstahl, gemessen wurde. Auch wenn man
die Einflüsse der sozialen Kontrolle berücksichtigt, führt der
Anstieg der Arbeitslosigkeit makrosozial geringfügig zu weniger Kriminalität (81), d.h. bezogen auf eine Gesellschaft führen hohe Arbeitslosenanteile nicht zu einer Erhöhung der Kriminalität,sondern zu einem leichten Absinken. Steigt zur Zeit wachsender Arbeitslosigkeit dennoch die Kriminalität weiter, sind die Ursachen
in anderen Sachverhalten zu suchen.zu erklären ist dieser schwach negative Zusammenhang von Arbeitslosigkeit und Kriminalität durch
den starken Konformitätsdruck, unter dem Akteure von Gesellschaften mit hoher Arbeitslosigkeit stehen. Nimmt die gesellschaftliche Stärke der Abhängigen ab, dann sinkt auch ihre Bereitschaft, Kriminalität als Handlungsalternative in Betracht
zu ziehen.

Für die einzelnen Arbeitslosen selbst ergibt sich ein doppelter,
aber gegensätzlicher Druck. Einmal sind die einzelnen Akteure
sich ihrer Machteinbuße bewußt. Das zeigen viele empirische Untersuchungen. Andererseits drängt die objektive Mängelsituation,
in der die Akteure leben, zu existenzsichernden Handlungen, auch
wenn diese gegen Normen verstoßen. Mikrosozial, d.h. auf den Akteur bezogen, drängt Arbeitslosigkeit eher zur Kriminalität als
zur Konformität (82). - Für die vielen einzelnen nicht arbeitslosen Akteure stellt sich die Situation so dar: Wenn sie in der

sie umgebenden Gesellschaft die Zunahme von Arbeitslosigkeit wahrnehmen, dann ist die Leistungsfähigkeit von Arbeitern und Angestellten nicht mehr so stark gefragt wie früher, jedenfalls in den Betrieben, die nicht zu den Schlüsselindustrien gehören. Sie verlieren auch Möglichkeiten, Leistungen zu erbringen, oder sie befürchten, daß sie in diese Situation kommen. Die naheliegende Konsequenz ist: Machtverlust. Gleichzeitig geht die Verfügung der Machtunterworfenen über Belohnungen zurück, mit der Konsequenz, daß sie nunmehr weniger Handlungsmöglichkeiten haben und auch sehen. Das hat die weitere Folge, daß für diese Akteure Kriminalität abnehmend als Handlungsalternative auftritt. Ein weiterer Effekt der Wahrnehmung zunehmender Arbeitslosigkeit ist offensichtlich, daß die noch im Beruf Tätigen, die Nichtarbeitslosen, zu fürchten beginnen, kleine Abweichungen, wie Betriebs- oder Ladendiebstahl oder körperliche Auseinandersetzungen,könnten die Konsequenz haben, daß sie die Arbeitsstelle verlieren. Daraus resultiert mehr Konformität. In der ökonomischen Phase der Vollbeschäftigung gehen zur Kriminalität bereite Akteure davon aus, daß sie nach einem Stellenverlust schnell eine andere Arbeitsstelle finden. Das ist in der ökonomischen Krise aber nicht zu erwarten. Der von Heiland festgestellte negative Zusammenhang von Arbeitslosigkeit und Kriminalität für Gesellschaften ist daher so zu erklären, daß die Summe der mikrosozial kriminalitätssteigernden Effekte, die von den Arbeitslosen ausgehen, von der Summe der mikrosozial kriminalitätsreduzierenden Effekte der Nichtarbeitslosen, die sich aber zukünftig von Arbeitslosigkeit bedroht sehen, so lange überkompensiert wird, wie noch Berufstätige die große Mehrheit in den Gesellschaften Westeuropas stellen. Dagegen steigert sinkende Arbeitslosigkeit die Gesamtkriminalität makrosozial, da dann die zurückgehende Kriminalität der Arbeitslosen wieder überkompensiert wird von der "Wohlstandskriminalität" der Einfluß gewinnenden Beherrschten. - In der Bilanz: Ein großer Teil der Kriminalitätsentwicklungen in Westeuropa kann durch Prozesse des Herrschaftswandels erklärt werden.
Die Entwicklung des Strafens ist auf den als überwiegende Tendenz festgestellten Herrschaftsverlust zurückzuführen. Wo Herrschaft zurückgenommen wird, da geht auch Sanktionsfähigkeit

zurück, da kommt es zur Milderung des Strafens. Die wenigen
Fälle sich ausweitender Kontrolle stehen für Versuche der Herrschaftsverteidigung in Westeuropa. Das gilt einmal für wenige
Strafgesetze, es gilt zum anderen für die Ausweitung der sozialen Kontrolle. Die Entwicklung der Polizeikräfte, ihr Ausbau
und ihre Reorganisation,kann mit politischer Instabilität und
sozialer Unruhe erklärt werden (83). - Auch die Entwicklung des
Strafens in Westeuropa ist herrschaftssoziologisch gut zu erklären.

2.1.1.2 Machtrückgewinn und Schärfung des Strafrechts in den U.S.A.

Zu den bekannten Charakteristika der U.S.A. gehören das Fehlen
einer Arbeiterpartei und der Mangel an Klassenbewußtsein. Dazu
paßt mit etwa 20 % einer der niedrigsten gewerkschaftlichen
Organisationsgrade der Welt. Ein weiteres Strukturmerkmal ist
die verhältnismäßig geringe politische Teilnahme auf der einen
Seite und das höchste Bildungsniveau von allen Gesellschaften
auf der anderen (84). - Die relativ geringe politische Partizipation äußert sich in geringer Wahlbeteiligung. 1960, bei der
Wahl Kennedys, wurde ein besonders hoher Wert mit 63 % Wahlbeteiligung registriert. 1980 wurde Reagan bei 53 %iger Wahlbeteiligung gewählt,und 1984 war die Wahlbeteiligung nur um 1/2 %
höher. Das ist auch der Normalfall: 40 - 45 % der Bevölkerung
der U.S.A. wählen nicht, und das sind gleichzeitig die Ärmeren.
Politische Partizipation wird auch klein gehalten durch das
Zwei-Parteien-System, bei dem sich die beiden Parteien nicht so
stark unterscheiden wie in Großbritannien. In den U.S.A. kann
sich an den beiden Parteien das politische Interesse kleiner
Bevölkerungssegmente jedenfalls nicht stark entzünden. Ein
weiteres Strukturmerkmal der U.S.A. ist das andauernde Rassenproblem. - Diese Strukturmerkmale haben in den letzten dreißig
Jahren keine entscheidenden Änderungen erfahren. Dennoch liefen andere bedeutende Entwicklungen vor diesem Hintergrund ab.

Unter den Präsidenten Kennedy und Johnson wurde von 1960 bis
1968 von oben stark eine Politik der Förderung der Partizipation

betrieben, die in Johnsons Konzept der "Great Society" ihren
sinnfälligen Ausdruck fand. Diese Politik wurde an der Basis
angenommen und begleitet von sozialen Unruhen, insbesondere wegen der andauernden Rassendiskriminierung im Alltagsleben und
der Verslumung von Stadtteilen, Sachverhalte, die den erklär-
ten Zielen der Präsidenten widersprachen. Außerdem war dies die
Zeit des Experimentierens mit neuen, auch devianten Lebenssti-
len. Seit 1968 trat dann ein Wechsel ein, als mit Nixon wieder
eine Politik der Herrschaftsverteidigung betrieben wurde. Sie
wirkte sich in Gesetzen und Haushaltsmaßnahmen erst mit der
typischen Verzögerung von etwa vier Jahren aus, einfach weil
die jeweils vorhergehende Administration durch Gesetze und
Haushaltsmaßnahmen sehr viele Richtungen und Mittel festzule-
gen vermag. Nixon selbst hat die Früchte des Machtrückgewinns
nicht kosten können, da er wegen des Watergateskandals einen
unrühmlichen Abgang als Herrscher wählen mußte. Auch die Amtszeit des Demokraten Carter war wieder eher von Machtverlust
gekennzeichnet. Seit 1980 ist dann weitere Herrschaftsstabili-
sierung unter Reagan auf der Grundlage des wirtschaftlichen
Aufschwungs und der Stärkung der militärischen Position Ameri-
kas gelungen. Eine solche Politik wirkt sich auch stark auf
das Alltagsleben aus. Alle Amerika-Beobachter sind sich einig:
Die große Mehrheit der Nordamerikaner ist Mitte der 80er Jahre
wieder "stolz auf ihr Land". Ronald Reagan gilt als populär-
ster Präsident der U.S.A. seit langem, obwohl ihm die Massenkommunikationsmedien einen spärlichen Arbeitseifer und geringe
Detailkenntnisse zuschreiben; aber es ist ihm offensichtlich
gelungen, eine Aura der Autorität und Zuversicht um sich zu
schaffen, wie dies für charismatische Führer typisch ist.

Die zunehmende Hierarchisierung in anderen Bereichen ist ebenfalls auffallend. Im Erziehungssystem ist das Prinzip, Kinder
zu strikter Disziplin zu erziehen, heute in den U.S.A. weitaus
populärer als in der Bundesrepublik Deutschland (85) und anderen westeuropäischen Gesellschaften. - Wenden wir uns dem Wirtschaftsbereich zu, so stoßen wir ebenfalls auf eine ausgeprägte Hierarchie. Dementsprechend vertreten die neuen Strukturali-
sten die Ansicht, die Wirtschaft der U.S.A. werde von einer

kleinen Gruppe von verbündeten Goliaths beherrscht, die über
phantastische Ressourcen verfügten.Diese Gruppe beherrsche
dauerhaft die Wirtschaft (86). In den Schlüsselfirmen besteht
strenge Rangabstufung und Kontrolle der internen Karrieremög-
lichkeiten. Die Leistungsrelationen in der amerikanischen
Wirtschaft von oben nach unten werden so eingeschätzt, daß der
Prozeß der Wichtigkeitsabnahme oben in den U.S.A. bisher nur
in geringem Maße oder nicht stattgefunden hat. In den Jahren
seit 1970 ist eher eine Stabilisierung der betrieblichen Autorität zu registrieren.

Korrekturen am Bild einer von erfolgreicher Herrschaftsverteidigung und Machtrückgewinn gekennzeichneten Gesellschaft bringt
andererseits Fine an. Er sieht Verhandlung als verbreitete Alternative zur Hierarchie, und für ihn ist der Wirtschaftsbereich von zunehmender Gleichstellung der Akteure gekennzeichnet (87). D. Rothman zitiert eine lange Liste derer, die in
den späten 70er Jahren einen Legitimationsverlust ihrer bis
dahin wenig beschränkten Herrschaft erlitten haben: "College
presidents, high school principals and teachers, husbands and
parents, psychiatrists, doctors, research scientists and,
obviously, prison wardens, social workers, hospital superintendents, and mental hospital superintendents" (88).

Betrachten wir die Entwicklung von Herrschaftsstrukturen in einem Zusammenhang mit der Kriminalitätsentwicklung, so finden
wir, daß der Herrschaftsverzicht im Politikbereich bis etwa
1968 (bzw. bis Anfang der 70er Jahre aufgrund der Nachwirkun-
gen einer Administration) von ständigem Kriminalitätsanstieg
begleitet war. Aber die Kriminalität stieg auch in der folgenden Zeit der Verbesserung der Machtstellung der Herrscher. Lediglich in einem Amtsjahr von Nixon (1972), zwei weiteren von
Carter (1976, 1977) und einem von Reagan fielen der Total Crime
Index und der Property Crime Index. Im ganzen ging von den
Veränderungen an der Spitze der Herrschaftspyramide kein Einfluß auf die Kriminalität aus. An der Basis findet man, daß
die Kriminalität mit Verbesserungen der Lage der Schwarzen und
mit Erfolgen der Bürgerrechtsbewegung stieg. Sie stieg aber auch

in den letzten Jahren, als die Beherrschten Machtanteile nicht
vergrößern konnten,sondern im Gegenteil sogar einbüßten. In der
Bilanz ist daher festzustellen, daß die Kriminalitätsentwicklungen in den U.S.A. durch Prozesse des Herrschaftswandels
nicht zu erklären sind.

Trotz ansteigender Kriminalität gab es in den U.S.A. in den
60er und Anfang der 70er Jahre eine Reihe liberaler Entscheidungen des obersten Bundesgerichtshofes (89), zurückzuführen
auf die Tatsache, daß in Washington die Liberalen an der Regierung waren. Diese Zeit wird heute oft so beurteilt: "Crime got
easier,in part because punishment was milder. The rewards and
status of hard work disminished"(90).Spätestens mit dem Machtrückgewinn der Nixon-Administration trat eine einschneidende
Änderung in der Politik des Strafens ein. Der "war on crime"
wurde erklärt mit dem Ergebnis, daß die Zahl der zur Freiheitsstrafe Verurteilten sowie die Gefangenenrate seit 1972 stark
anstieg. Auch wenn beide Entwicklungen sich unter Carter leicht
abschwächten, wiesen die Zahlen dennoch steigende Tendenzen
auf. Cole schreibt 1981: "During the past 10 years the war on
crime has become one of the major domestic policy efforts"(91).
Mit späteren Wechseln in der herrschenden politischen Ideologie
und mit dem Anwachsen des populären Konservativismus stieg zugleich die Urteilshärte weiter an. Auch die Wiederverwendung
der Todesstrafe ist als Ausdruck des Machtrückgewinns zu verstehen: Im deutschen Nachrichtenmagazin "Der Spiegel" wird die
liberale Zeitschrift "The New Republic" zitiert:"Wir lassen uns
nicht mehr herumschubsen... wir sind entschieden und selbstbewußt
genug, um es mit allen aufzunehmen - mit Straßenräubern, Kuba-
nern und islamischen Fanatikern... Kurzum: Wir sind nicht die
Schwächlinge, für die sie uns gehalten haben" (92).

Die U.S.A. machten eine Entwicklung durch, die zeigt, daß das
bewußte Herbeiführen großer Sprünge in gesellschaftlichen Entwicklungen unter den Bedingungen großer Handlungsfreiheiten
für die Masse der Akteure nicht gelingt. Gesellschaften bewegen sich
in der Regel wie Schnecken, sie können nicht springen, wie es Grass einmal
formulierte.Kennedy und Johnson wollten die U.S.A. in Richtung

auf mehr Humanität und mehr Gleichheit - um im Bild von Grass zu
bleiben - springen lassen. Dabei kam ein Kunstgebilde heraus:
die "Great Society", die keine Basis in der Gesellschaft der
U.S.A. hatte und auch jetzt noch nicht hätte. Sie wurde be-
kämpft und behindert von oben wie unten, und sie mußte zusam-
menbrechen, wenn individuelle Freiheit nicht stillgelegt werden sollte. Die Entwicklung des Strafens in den U.S.A. ist daher mit der Entwicklung von Machtverhältnissen herrschaftssoziologisch gut zu erklären.

2.1.1.3 Herrschaftsverteidigung, stabiles Strafrecht und be-
        ständige Kriminalität in Japan

Die japanische Gesellschaft wird allgemein durch streng struk-
turierte Hierarchien gekennzeichnet, in denen die Abgrenzung nach
oben und unten genau ist. Innerhalb gesellschaftlicher Gruppen
beobachtet man "das nahezu unbegrenzt waltende Senioritätsprinzip" (93). - Wendet man sich einzelnen gesellschaftlichen
Teilbereichen zu, so ist für den Wirtschaftsbereich in Erinne-
rung zu rufen, daß auch in Japan nach dem verlorenen Krieg das
Land weitgehend zerstört war und die erste Voraussetzung für
einen Wiederaufbau die Wiederherstellung einer leistungsfähi-
gen Wirtschaft und einer funktionsfähigen Politik war. Es war
dieselbe Situation wie in der Bundesrepublik Deutschland und
einigen westeuropäischen Gesellschaften nach 1945. Daß es in
Japan gelang, sowohl den ökonomischen wie politischen Teilbereich leistungsfähig zu machen, begründet die starke Stellung
von Industriellen und Politikern. Denn während in Westeuropa,
auch in der Bundesrepublik Deutschland, die Wirtschaftsführer
und Politiker diese Stellung nicht halten konnten, war ihnen
dies in Japan bis heute möglich. - Im Wirtschaftsbereich sind
die vielen Betriebe selbst hierarchisch geordnet. Man findet
riesige Firmen an der Spitze und eine große Zahl kleiner Firmen als Zulieferunternehmen, ähnlich wie in Westeuropa und den
U.S.A. Ganz allgemein wird die große Leistungsfähigkeit des
japanischen Wirtschaftssystems (94) hervorgehoben, auch wenn
Japan in den 80er Jahren von der Depression nicht verschont
blieb. Verbreitete Ansicht ist auch, daß in den Betrieben ein

hohes Leistungsniveau zu registrieren ist, und zwar im Unterschied zu Westeuropa auch oben, und dies anhaltend und nicht
erst wieder im letzten Jahrzehnt wie in den U.S.A. Alle Beobachter sind sich darin einig, daß Betriebsleiter in Japan in
ungewöhnlich starkem Maß bei der Suche nach neuen Produkten und
Produktionsformen Initiative zeigen (95), daß sie Verantwortung
für die Produktion empfinden und übernehmen, wie dies deutlich
weniger in Westeuropa und am wenigsten in den U.S.A. anzutreffen ist. Dabei pflegen die "großen Alten" an der Spitze der Betriebe ein patriarchalisches Ethos. Sie können auf der einen
Seite erfolgreich Gehorsam von den Abhängigen unten fordern, auf
der anderen Seite hat die Spitze in großem Umfang Pflichten gegenüber den Abhängigen, so daß Herrschaftsverhältnisse in Japan
von starker Wechselseitigkeit von Gehorsam und Schutz gekennzeichnet sind. So erbringen japanische Firmen, und d.h. die Firmenlei-
tungen, von Westeuropäern und Nordamerikanern kaum zu glaubende
Leistungen für die Betriebsangehörigen. Es gibt Sozialleistungen
wie in Westeuropa, daneben aber ein Nebenleistungssystem, zu dem
außerordentliche Vergünstigungen gehören, bis hin zur Mitglied-
schaft in teuren Clubs oder umfassende kostenfreie oder kosten-
günstige Freizeitangebote. Die Unternehmensleitung kümmert sich
auch um Privatprobleme der Angestellten (96). Unten fällt bei den
Abhängigen ein ernstes Arbeitsethos, das Arbeiten mit äußerstes
Sorgfalt, die Bereitschaft, jederzeit Überstunden zu erbringen,
und ein Gefühl der personalen Verantwortung für den Betrieb auf
(97). Die Arbeiter und Angestellten sind intern ebenfalls stark
gegliedert. Wir finden überwiegend lebenslange Anstellungen in
einem Betrieb. Selbst nach der Pensionierung vermittelt der
"alte Betrieb" erneut eine Stelle (98). Aus diesen realen
Machtverhältnissen im Betrieb resultiert die bedeutend gerin-
gere Partizipation im Vergleich zu Westeuropa. Die Gewerkschaften sind betriebsgebunden. Dies hat einen starken Einfluß auf
das Verhalten und das Bewußtsein von Gewerkschaftern, die in
der Regel Angestellte großer Firmen sind (99). Das Vorgehen der
Gewerkschaften wird als kooperativ - wie in der Bundesrepublik
Deutschland - geschildert.

Im Bildungssystem ist das Verhältnis von Lehrern und Schülern

durch Gehorsam gekennzeichnet: "Obedience in Japan takes the
form of total submission. Any criticism of or opposition to
authority tends to be seen as heroism" (100). Auch in der Schule wird der Leistungsaspekt überdeutlich. Von den Eingangsprü-
fungen ist als "examination hell" oder "examination war" die
Rede. - Die Hierarchisierung wirkt sich auch auf elementares
Alltagsverhalten aus. Sie ist noch - oder insbesondere - im
Sprachverhalten nachweisbar. Miyazawa teilt mit, daß der eigene
Wille um so weniger formuliert werden darf, je größer die Di-
stanz zum höher stehenden Gesprächspartner ist (101).

Es ist daher wohl nicht zu viel gesagt, wenn wir feststellen,
daß von der sehr bescheidenen Machtstellung japanischer Abhängiger kein Impuls zu kriminellen Handlungen ausgeht. Im Bild:
Die japanischen Abhängigen sind von Elementen der Herrschafts-
struktur, von sozialer Kontrolle, so umstellt, daß ihnen der
Weg zur Kriminalität verlegt ist. Dieser Zusammenhang von Hierarchie und geringer Kriminalitätsbelastung wird auch von vielen
Kriminalsoziologen und Kriminologen gesehen, die die japanische
Gesellschaft untersuchten. Miyazawa begründet die im Vergleich
mit Westeuropa und U.S.A. geringe Kriminalitätsrate mit den
Einflüssen "einer ausgeprägt hierarchisch-vertikalen Sozial-
struktur..., der die japanische Gesellschaft ein noch gut funk-
tionierendes System primärer und informeller Sozialkontrollen
verdankt" (102).

Einbrüche im Herrschaftssystem werden daher mit der Entwicklung
der Kriminalität in Beziehung gebracht. So sehen einige For-
scher nach dem zweiten Weltkrieg einen Niedergang der alten Autorität. "Although various 'superiors' still survive to some
degree, they are no longer so influential as to be able to
solve all controversies arising out of their relationships with
their 'inferiors'"(103). So ist auch nicht zu übersehen, daß das
Leistungsprinzip auch innerhalb von Statusgruppen an Boden gewinnt. Die Leistungsbezahlung nimmt zu, wenn das Senioritätsprinzip auch noch dominant ist. Je mehr sich nun Leistungsprin-
zipien auch innerhalb von Statusgruppen durchsetzen, um so mehr
Mobilität ergibt sich, um so mehr ist eine Auflösung starrer

Hierarchien zu erwarten, aber davon ist Japan derzeit noch weit entfernt. Nach dem zweiten Weltkrieg traten auch immer mehr Frauen ins Berufsleben. Für sie entfielen Mechanismen primärer Sozialkontrolle, und es stieg die weibliche Kriminalität (104).

In der Bilanz kommen wir zu dem Ergebnis, daß die stabilen Herrschaftsverhältnisse in Japan sowohl die beständige Kriminalitätsentwicklung als auch die stabile soziale Kontrolle zu erklären vermögen.

2.1.2 Wohlfahrt, ökonomische Ungleichheit und Kriminalität

Leistungssteigerungen fördern nicht nur politische Teilnahme, sie wirken sich selbstverständlich in erster Linie auf die Wirtschaftslage einer Gesellschaft aus. Sie führen zu mehr Wohlfahrt, und sie steigern in der Regel das Realeinkommen aller Schichten. Auf der anderen Seite haben sie keine feststehenden Effekte auf die Teilhabe der Akteure am gesellschaftlich Produzierten. Sie können einmal zur Reduktion von Ungleichheit beitragen: Wo mehr zu verteilen ist, fällt es Bessergestellten leichter, auf einen großen Teil des Zuwachses zu verzichten. Das scheint in der Bundesrepublik Deutschland von 1950 bis 1982 gewesen zu sein, als hier die Lohnquote, wenn auch geringfügig, stieg (105). Zum andern ist es auch im Schutz von sehr günstigen Wirtschaftsentwicklungen möglich, bis dahin schon Benachteiligte mit "Trinkgeldern", d.h. unterproportionalen Zuwächsen, abzuspeisen. Daß gleichzeitig das Realeinkommen der Beherrschten steigt und dennoch die Ungleichheit zunehmen kann, bedarf daher keiner näheren Erläuterung. Das dürfte zumindest ab 1980 für die U.S.A. zutreffen. Dagegen sind in der Rezession in einer Gesellschaft mit hoher Partizipation und verbreiteter Gleichheitsideologie bei zurückgehendem Realeinkommen Verschlechterungen der Verteilungsposition schwer durchzusetzen, d.h. dort haben die Benachteiligten in der Depression kleinere Verluste hinzunehmen als die Angehörigen bevorteilter Gruppen.

2.1.2.1 Wohlstand und Kriminalität in Westeuropa, U.S.A. und
        Japan

Wenden wir uns dem Zusammenhang der Entwicklung des Realeinkom-
mens und der Kriminalität zu, so gilt überall in der Welt (also
auch in Westeuropa, U.S.A. und Japan): "The level of economic
development has a significant impact on crime". Außerdem
gilt universell:"The greater the level of industrialization,
the greater the rate of property crime" (106). Dieser Zusammenhang rechtfertigt das Konzept der "Wohlstandskriminalität", und
für die Bundesrepublik Deutschland ist dieser Zusammenhang von
Heiland mehrfach gut belegt worden (107).

2.1.2.2 ökonomische Ungleichheit und Kriminalität in Westeuropa

Wenn in einer Gesellschaft die ökonomische Entwicklung günstig
ist und gleichzeitig ein hoher Partizipationsgrad besteht, dann
geht von der Partizipation ein starker Einfluß auf die Entwicklung sozialer Strukturen aus, denn viele soziale Strukturen
sind Ergebnisse von Verhandlungen in der Vergangenheit (108).
Dem entspricht, daß auch die Verteilungsstruktur einer Gesellschaft von dem Grad der Partizipation stark bestimmt wird. Wo
die Herrschaftsunterworfenen ihre Machtposition noch nicht verbessert haben oder wo Machtverhältnisse stabil geblieben sind,
da ist auch anhaltende Ungleichheit zu erwarten. Wo aber
mehr Partizipation anzutreffen ist, da hat auch ökonomische Ungleichheit abgenommen.

Bei der Analyse des Zusammenhangs von ökonomischer Ungleichheit
und Kriminalität befinden wir uns auf dem Kriminalsoziologen
und Kriminologen vertrauten Gelände. Jahrzehntelang ist dieser
Zusammenhang erforscht worden. Dabei ist die Vorstellung verbreitet, daß objektive Einkommensungleichheit in subjektiv
wahrgenommene, relative Benachteiligung umgeformt werden muß,
um Kriminalität auszulösen. Voraussetzung ist dazu, daß in
solchen Gesellschaften ein radikales Wertsystem der Gleichheit
vertreten wird, das dann den direkten Angriff auf Einkommensungleichheit herausfordert (109). Diese Betonung der subjekti-

ven Wahrnehmung von ökonomischer Ungleichheit hat eine ganz überraschende Konsequenz. Sind Akteure der Auffassung, es bestehe in ihrer Gesellschaft immer noch zuviel Ungleichheit, dann kann auch in den Gesellschaften, in denen die ökonomische Ungleichheit in der Vergangenheit sehr stark reduziert wurde, die verbleibende Ungleichheit kriminalitätsfördernd sein. Auf der anderen Seite wird objektive ökonomische Ungleichheit in den Gesellschaften ohne abweichende Reaktion hingenommen, in denen sie nicht subjektiv wahrgenommen wird. Wiederum ist festzustellen, daß relative Deprivation nicht notwendig zur Kriminalität führt, sie ist nur eine der möglichen Antworten (110).

Ökonomische Ungleichheit änderte sich in Westeuropa, U.S.A. und Japan sehr unterschiedlich. Nur in Westeuropa wurde sie in der Vergangenheit und auch nur sehr langsam abgebaut. So nahm in der Bundesrepublik Deutschland der Anteil am verfügbaren Einkommen, über den das einkommensschwächste Fünftel aller privaten Haushalte von 1950 bis 1980 verfügte, um 1,5 Prozentpunkte zu, d.h. der Anteil stieg von 5,4 auf 6,9 %. Auf der anderen Seite gab das einkommensstärkste Fünftel 1,9 Prozentpunkte des verfügbaren Einkommens ab, es behielt aber immer noch 43,3 % (111). Die Zahl der Akteure, die sich zu den sozial verachteten, zur unteren und oberen Unterschicht rechnen, sank in der Bundesrepublik Deutschland von 1962 bis 1974 um 8 Prozentpunkte auf 40 % der Bevölkerung. Gleichzeitig stieg der Anteil der Ober- und Mittelschicht im selben Zeitraum um diese 8 Prozentpunkte auf 60 % (112). Sicherlich, das sind sehr kleine Veränderungen, insbesondere wenn wir uns die Daten zur Schichtung des verfügbaren Einkommens und Veränderungen von weniger als 2 Prozentpunkten in dreißig Jahren vergegenwärtigen. Aber bei jahrhunderte- und jahrtausendelang bestehenden Ungleichheiten sind schon Veränderungen von wenigen Prozentpunkten soziologisch hoch bedeutsam.

Betrachten wir Maßnahmen zur Herstellung von mehr Gleichheit, so sind dies eine Steuergesetzgebung mit progressiven Steuersätzen, eine aggressive Minimallohngesetzgebung und eine Vollbeschäftigungspolitik. Setzen Herrschende die gegenteiligen

Maßnahmen ein - aus welchen Gründen auch immer -, dann wird ein
wesentlicher Effekt mehr Ungleichheit sein. So sind selbst bei
sehr langsamen Nivellierungstendenzen Rückschläge möglich und
derzeit in der Bundesrepublik Deutschland und in Großbritannien
zu erwarten, wenn unter konservativen Regierungen die Progres-
sion der Einkommenssteuer abgeschwächt und eine Vollbeschäftigungspolitik "um jeden Preis" dezidiert abgelehnt wird.

Beim Blick auf den Zusammenhang von ökonomischer Ungleichheit
und Kriminalität in Westeuropa findet man: Wenn ökonomische
Ungleichheit zunimmt, dann steigt auch die Kriminalität. Es
gilt umgekehrt für die Bundesrepublik Deutschland: Mit steigender Lohnquote fällt die Kriminalität (113). Bringt man nun
den kriminalitätssteigernden Effekt von Realeinkommensverbesserungen in einen Zusammenhang mit der kriminalitätsreduzierenden Wirkung von abnehmender ökonomischer Ungleichheit, dann
können starke Realeinkommensverbesserungen einen so großen
Kriminalitätsanstieg hervorrufen, daß er von den bescheidenen
Nivellierungstendenzen (gemessen an - leicht - steigender Lohnquote) nicht ausgeglichen werden kann. Genau das ist der Fall
in der Bundesrepublik Deutschland. Sehr eindrucksvoll läßt
sich dieser Zusammenhang in einer anderen als den drei hier
untersuchten westeuropäischen Gesellschaften feststellen, nämlich in Schweden. Schweden ist von geringerer Ungleichheit als
die drei anderen westeuropäischen Länder gekennzeichnet, von
langen Phasen starker Realeinkommensverbesserungen, verbreiteter Gleichheitsideologie und sehr hohen Kriminalitätsanstie-
gen (114).

2.1.2.3 Stabile Ungleichheit und Kriminalität in U.S.A.

Im Bewußtsein einer übergroßen Mehrheit in den U.S.A. haben
Gedanken von Marx nie einen Platz gehabt. Dementsprechend gibt
es keine Umverteilungspartei, wohl aber eine verbreitete All-
tagsvorstellung: Der Schwächere ist der Verlierer. In den
U.S.A. registrieren wir daher nach wie vor ein hohes Maß an
ökonomischer Ungleichheit. So verfügen hier die 10 % mit dem
geringsten Einkommen über 1,3 % des verfügbaren Einkommens, und

es gab schon in der Vergangenheit keine Entwicklung zum Besseren. Die Einkommensungleichheit war in den U.S.A. lange Zeit
konstant (115). Allgemein wird angenommen, daß ab 1980 und insbesondere in den folgenden Jahren aufgrund der Auswirkungen der
Politik der Reagan-Administration mehr ökonomische Ungleichheit
entstand.
Die Kürzung der Sozialausgaben um weit über 100 Milliarden Dollar wurde
von Senator Patrick Moynihan mit den Worten kommentiert: "Dies
ist der größte Wohlstands-Transfer von den Lohnempfängern zu den
Kapitalbesitzern, der je in der Geschichte dieser Nation stattgefunden hat" (116).
Allgemeiner läßt sich sagen: Die Politik der Einkommensumver-
teilung ist in den Vereinigten Staaten nur sehr mäßig oder
schwach ausgeprägt im Vergleich zu dem, was in anderen Gesellschaften zu beobachten ist. Der traditionelle Angriff in den
U.S.A. auf Ungleichheit ist die Änderung der Ungleichheit von
Lebenschancen, nicht aber die Ungleichheit des Einkommens oder
anderer Ressourcen per se. Die Konsequenzen dieser Einstellung
sind an den großen Ausgaben für das Bildungssystem und an dem
schon angeführten höchsten durchschnittlichen Bildungsniveau
der Welt abzulesen. Diese Art des Umgangs mit Ungleichheit wird
von amerikanischen Sozialwissenschaftlern in einen Zusammenhang
mit dem nur gering entwickelten Klassenbewußtsein in den U.S.A.
gebracht (117).

In U.S.A. gilt seit 1968 die Eberts-Schwirian-Funktion: Mit zunehmender Ungleichheit steigt die Kriminalität. Das ist immer
wieder bestätigt worden, zuletzt in einer Untersuchung zum Zusammenhang von Ungleichheit der Vermögensverteilung, gemessen
im Gini-Index, und Kriminalitätssteigerung (118).

Die ökonomische Ungleichheit ist in den U.S.A. auch stark mit dem
Rassenproblem verbunden. Die Geschichte der auf Rassenvorurteile
gründenden Ungleichheit in den U.S.A. hat eine Atmosphähre geschaffen,die relative Deprivation und traditionelle Eigentumskriminalität in den Ghettos der Schwarzen fördert. Schwarze sind
bei etwa 12,5 % Bevölkerungsanteil für ca. 50 % aller Verbrechen
verantwortlich. Wenn Gruppen am Fuße der Einkommenspyramide sehen, daß sie benachteiligt werden, dann steigen dort relative

Deprivation und Kriminalität (119). Blau und Golden finden daher
auch 1984 für die U.S.A., daß mit zunehmender von Rassenvorur-
teilen begründeter Ungleichheit die Kriminaliät stark ansteigt
(120). Aber die Kriminalität ist nicht allein auf den Anteil der
Schwarzen an Benachteiligten zurückzuführen, denn auch Weiße
sind in den U.S.A. mehr an Kriminalität beteiligt als zum Beispiel in Japan und Großbritannien (121). Stack zieht Befunde
zur geringen Partizipation und zur ökonomischen Ungleichheit
in den U.S.A. zusammen und gelangt zu dem Ergebnis: "Given the
greater level of political involvement elsewhere in the world
and the extremely low political participation and class con-
sciousness in the United States... The frustration generated by
inequality may lead to criminal behavior in the United States
mainly due to a lack of an effective political structure for
the reduction of inequality" (122).

2.2 Trend zur Individualisierung

Viele Soziologen in Westeuropa und den U.S.A. sehen Vermassung
und Verlust der Individualität ringsum. Dieser Umschlag von Soziologie in Kulturkritik hat durchaus eine beachtenswerte Tradition mit einer Reihe von starken Argumenten (123). Betrachtet
man aber unbefangen die Entwicklung zur Moderne, so scheint in
diesem Punkt Toennies'Begriffspaar "Gemeinschaft und Gesellschaft", sonst oft als obsolet betrachtet, eher erhellend. Danach ist statt zunehmender Einbindung in soziale Einheiten in
der Moderne mehr Vereinzelung zu erwarten, denn die Moderne ist
durch starke Individualität-Orientierung gekennzeichnet, während
in den älteren Gemeinschaften eher Kollektiv-Orientierung vor-
zufinden war.

Stellen wir eine Verbindung mit der Leistungssteigerung der
Herrschaftsunterworfenen, ihrem gestiegenen Gegeneinfluß, ihrem
Empfang von Belohnungen und ihrem - im Verhältnis zu früheren
Zeiten - bedeutend sichereren Status her, dann kann auch Individualismus zu Abweichung von Konformität und Wahrnehmung von
mehr personalen Handlungsmöglichkeiten und Handlungsfreiheiten
führen. Diese Handlungsfreiheiten werden ausgeschöpft in Akten,

die auch in Minderheiten keinen kollektiven Bezugspunkt mehr
haben, sondern "individuelle" Devianz sind, wie eben kriminelles Handeln.

Auf der anderen Seite tritt in Gemeinschaften mehr Kollektiv-
orientierung auf, die zu Konformität und damit zu weniger Devianz führt. Kein Zweifel, in Westeuropa, U.S.A. und Japan haben
sich viele andere Aspekte, die Toennies als typisch für Gesellschaft beschrieb, durchgesetzt. Im Hinblick auf die Unterschei-
dung von Kollektiv- oder Individualorientierung finden wir aber
wesentliche Unterschiede zwischen den U.S.A. und Westeuropa und
insbesondere im Verhältnis zu Japan.

2.2.1 Konkurrenzindividualismus, Milderung, partiell zunehmende Kontrolle und Kriminalitätsanstieg in Westeuropa

Individualismus ist in Westeuropa deutlich weniger verbreitet
als in den U.S.A. Darüber sind sich alle Beobachter einig. Dennoch leistet der bestehende Individualismus auch in Westeuropa
seinen Beitrag zur Erklärung der Entwicklung von Kriminalität.
Wenden wir uns der sozialen Kontrolle und den Auswirkungen verbliebener Kollektivorientierung zu. Die einleitend beschriebenen Milderungsprozesse führen zweifellos zu einer weiteren Abschwächung sozialer Kontrolle und weiter abnehmender kollekti-
ver Orientierung. Sie fördern damit das Auftreten individueller und nicht subkulturell gebundener Kriminalität. So haben
nur die verbliebenen Prozesse der Zunahme von Kontrolle, die
wir ebenfalls in Teil 1 schilderten, kriminalitätsdämpfende
Auswirkungen. Heiland fand 1984 für die Bundesrepublik und
England und Wales einen negativen Effekt von verstärkter sozialer Kontrolle auf Eigentumsdelikte, d.h. der Ausbau der Polizei als Instanz sozialer Kontrolle führt zur Reduktion dieser
Kriminalitätsform. Überhaupt scheint der Ausbau von sozialer
Kontrolle, wenn er einmal erfolgt ist, auch auf andere Krimi-
nalitätsformen in Westeuropa stark negative Effekte zu haben.
Deviante lassen sich hier noch stark abschrecken. So gibt es
auch einen engen negativen Zusammenhang zwischen der Entwicklung der Gefängnispopulation und der Kriminalität (124).

In der Bilanz finden wir, daß von dem gemäßigten Individualismus in Westeuropa ein mittlerer Effekt auf den Anstieg der Kriminalität ausgeht.

2.2.2 Konkurrenzindividualismus und Kriminalitätsanstieg in den U.S.A.

Unbestritten sind die U.S.A., wie Tocqueville schon 1840 bemerkte, durch einen ganz ausgeprägten Konkurrenzindividualismus (125) gekennzeichnet. Merton hat seine Bedeutung für Eigentumskriminalität als Ausdruck von Innovation überzeugend ausgewiesen (126). - Auf der anderen Seite ist die allgemeine soziale Kontrolle durch Familie, Betrieb und Nachbarschaft in den U.S.A. schwach ausgebaut (127). Ganz überwiegend wird in den U.S.A. zur Kriminalitätsbekämpfung stark auf spezialisierte Kontrolle durch "law and order" gesetzt, wie wir dies im ersten Teil zeigten. Die Vertreter eines scharf kalkulierenden Konservativismus setzen darauf, daß bei ausgeprägt individualistischer Orientierung Bestrafung stärker als Belohnung motiviert. Sie wollen dem Problem steigender Kriminalität mit Abschreckung beikommen. Sie versuchen Handlungssteuerung mit dem formellen Bestrafungsmechanismus, der aber wesentlich schwächer als die informelle Kontrolle bei kollektivorientierten Akteuren wirkt.
In der Bilanz: In den U.S.A. führt der extreme Konkurrenzindividualismus auch deshalb zu hoher Kriminalität, da es keinen zügelnden Gruppeneinfluß gibt. Stattdessen wird bisher vergeblich versucht, mit scharfer formeller sozialer Kontrolle dem Anstieg der Kriminalität beizukommen.

2.2.3 Gruppe und Konformität in Japan

Auch in der japanischen Gesellschaft sind alle Teilbereiche durchrationalisiert. Gleichzeitig ist die individuelle Freiheit stark eingeengt. Da die Individualisierung eine Folge der protestantischen Ethik war und ist und diese Ethik in der japanischen Gesellschaft fehlt - die bisher aufgezeigten funktionalen Äquivalente (128) vermögen nicht zu überzeugen -,gibt es dort

auch nicht den westlichen Individualismus, zumal in "östlichen
Religionen und Philosophien... die Einzelperson in ihrer Einmaligkeit und Unabhängigkeit unbekannt ist oder aber negativ beurteilt
wird. Von den vier die japanische Geschichte prägenden Religionen bzw. Philosophien, dem Buddhismus, Shintoismus, Taoismus
und Konfuzianismus, kennt keine eine Betonung der Einzigartig-
keit des beseelten Individuums, wie sie uns durch das Christen-
tum geläufig ist" (129). Das Ideal der Selbstverwirklichung ist
den Japanern fremd. Selbstverständlich gab es auch in Japan
große Umwälzungen wie Landflucht, anschließende Proletarisie-
rung und schließlich Vereinsamung von Akteuren (130), aber soziale Gruppen üben weiterhin nachhaltigen Einfluß aus. Und mit
diesen Gruppen identifizieren sich die Akteure in Japan in wesentlich stärkerer Weise als in Nordamerika und in Westeuropa.
Sie sind daher in ganz anderer Weise bereit, Gruppenkontrolle
zu akzeptieren.

Drei Gruppen sind insbesondere hervorzuheben. Zuerst sind der
Betrieb mit dem Firmenchef an der Spitze, für Kinder und Ju-
gendliche die Schule zu nennen. Sodann ist der Familienclan in
Betracht zu ziehen, der noch ganz nach Senioritätsprinzip or-
ganisiert und streng hierarchisch aufgebaut ist. Japanische
Familien sind groß. 1979 lebten 74,7 % aller Personen über 65
bei ihren Kindern. In den U.S.A. und in Westeuropa waren es im
selben Zeitraum etwa 20 bis 30 % (131). Die dritte wichtige
Gruppe ist die Nachbarschaft,gegründet auf dem traditionellen
Zusammenschluß von Nachbarn und ihrem engen Zusammenwohnen. -
In der Bilanz ergibt sich eine totale Kontrolle der Akteure
durch Betrieb und Schule, Familie und Nachbarschaft. Europäische Sozialwissenschaftler haben vor langer Zeit in Reaktion
auf die gewiß auch vorhandenen Schreckensseiten der Französischen Revolution einmal Vorstellungen zukünftiger sozialer Ord-
nungen entwickelt, die in Japan Realität sind: Der Akteur ist
umstellt von Gruppen, die seine Neigungen zügeln, von Erwartungen abzuweichen. De Maistre, Bonald, selbst Durkheim mit
seiner Konzeption einer kohärenten Gesellschaft, sähen ihre
Felder wohl bestellt, kämen sie nach Japan.

Wenn unsere These richtig ist, daß auf der Grundlage von Machtangleichung Protest gegen bestehende Strukturen zu erwarten ist
und dieser Protest entweder eine soziale oder eine individuelle
Form annehmen kann, also in sozialen Protestbewegungen oder individueller Devianz sich äußert, dann kommt jedenfalls für Akteure der japanischen Gesellschaft letzteres kaum in Frage.
Kriminelles Handeln ist auch immer eine Form der Inanspruchnahme
oder des Ausdrucks individueller Freiheit. Der Akteur fühlt sich
frei, und in gewisser Weise ist er es auch. Er will frei handeln,
ledig von Einschränkung. Es ist nicht zufällig, daß Akteure, die
kriminell handeln, dieses Handeln auch oft als "frei" bezeich-
nen (132). Die Akteure fühlen sich stark und mächtig genug, um
in Konflikte einzutreten. Sie fühlen sich auch dazu berechtigt
aufgrund wahrgenommener, verbliebener, nicht gerechtfertigter
Ungleichheit. Sie wollen sich anders verhalten, sie wollen die
Normen nicht einhalten, sie wollen anderen etwas wegnehmen oder
andere verletzen. Sie können auch die gewollten devianten Taten
ausführen, sie werden zum Beispiel nicht daran gehindert von
einer Gruppe, von der Polizei oder anderen Instanzen sozialer
Kontrolle. Kriminalität in den U.S.A. und Westeuropa ist daher
durchaus egoistisch im Sinne dieses Begriffs in Durkheims Selbst-
mordtypologie. Die Situation ist für die Akteure der japanischen
Gesellschaft offensichtlich völlig anders. Sie fühlen ihre Grup-
penabhängigkeit, und sie wollen von der Gruppe anerkannt werden (133). Clifford meint, der Japaner sieht sich in der Regel
nur mit den Augen der anderen (134). Wir können hinzufügen: Es
fehlt in den Begriffen Meads ein "I", das neben das "me" tritt
und das in Auseinandersetzung mit dem "me" erst die in den U.S.A.
und Westeuropa gewünschte Persönlichkeit schafft. Die Herrschaft
des "me" übt einen unglaublichen Konformitätsdruck aus. Die japanischen Akteure wollen keine Schande über ihre Familie, ihre
Freunde und Kollegen bringen. Dabei ist der Druck zur öffentlichen Konformität mit der Modernisierung Japans und der Ausbildung von Massenkommunikationsmedien und der Publizität vieler
Vorgänge, die vorher nicht bekannt wurden, stark gestiegen. In
der Kombination von dichter sozialer Kontrolle und Massenkommu-
nikation ergeben sich dann neue Reaktionsweisen auf Verhaltensweisen, die gar nicht erst kriminell sein müssen, um für die

Akteure höchst problematisch zu sein:

Wenn in den U.S.A. ein Produkt einer Firma schlecht ist und bestimmten Normen nicht entspricht und darüber öffentliche Erörterungen folgen, interessiert dies Angehörige des Managements
oder der Arbeiterschaft nur partiell. Die Firma steht dann in
der Öffentlichkeit in einem schlechten Licht, aber als Personen
haben damit weder die Akteure oben noch unten etwas zu tun.
Eine völlig andere Situation ergibt sich in Japan. Betriebsan-
gehörige schämen sich, Betriebsleiter ziehen weittragende Konsequenzen, wenn ein Produkt der Firma schlecht ist und ins öffentliche Gerede kommt (134a).

Das ist alles in kontrollarmen,freien Gesellschaften anders.

Dort sind Devianzen verbreitet,und Kriminalität ist normal. "If

crime is the price of freedom, then we can see that it is a

price the Japanese are not willing to pay" (135). Für die U.S.A.

und Westeuropa scheint es dagegen so zu sein, daß dort der Preis

jedenfalls gezahlt wird.

Daß das Individuum nur als Mitglied seiner Gruppe lebt, ist ein

Gedanke, der auch den japanischen "Gesellschaften zur Verbre-

chensverhütung" zugrunde liegt, die in allen überschaubaren

Wohnbezirken bestehen. Es sind so etwas wie Bürgervereine, die

die Mitglieder durch Beratung, Kampagnen aber auch durch Selbst-

hilfe vor kriminellen Handlungen schützen sollen.

Kommt es dennoch zu kriminellen Aktivitäten, wird zunächst ein-

mal gruppenintern reagiert. Sanktionen des Betriebs und der

Schule, der Familie, der Nachbarschaft oder der Gesellschaft

zur Verbrechensverhütung sollen Wiederholungen verhindern. Dabei

wird auch versucht, die aufgetretene Devianz geheim zu halten.

Es ist daher äußerst schwierig,Informationen zu erhalten,und in-

sofern sind auch die japanischen Dunkelfeldziffern mit größerer

Skepsis zu betrachten als die entsprechenden Zahlen für West-

europa und U.S.A. Versagen die bisher betrachteten Institutio-

nen, dann greift die Polizei ein,und dies geschieht in Japan in

äußerst effektiver Weise. Die Kontrolle durch Polizei ist auch

unproblematisch: "In einer Gesellschaft, die die Belehrung ei-

ner Person... als notwendig und ehrenvoll ansieht, ist es nicht

allzu schwer, unter Beachtung hierarchischer Strukturen fast

jedermann mit persönlichen Informationen zu erreichen. Der im

Westen mit dem Individualismus einhergehende Mythos von persönli-

cher Selbständigkeit und Eigenverantwortlichkeit läßt dagegen
jede Belehrung eines Erwachsenen für diesen regelmäßig zum
Affront werden,welcher seine Selbständigkeit und damit sein
Erwachsensein anzweifelt" (136). Bei Bagatelldelikten versucht
die Polizei eine Person zur Beaufsichtigung des Täters zu finden, die eine Wiederholung verhindert. - Dies ist "nur verständlich, wenn
man berücksichtigt, daß in der japanischen Gesellschaft eine
überaus starke Einbindung der Einzelperson in ein System von
Gruppen besteht" (137).

Wir gelangen zu folgender Bilanz: Die fehlende protestantische
Ethik und mit ihr der fehlende Individualismus führen bei der
Rolle der Gruppen und insbesondere bei der anhaltend starken
sozialen Kontrolle und bei Bestehen moderner Massenkommunika-
tion zu weniger Devianz und fallender Kriminalität, fallend
auch in den Großstädten Japans.

3. Machtangleichung in Westeuropa, Konkurrenzindividualismus in
   U.S.A. und Gruppenkontrolle in Japan - Erklärungsbeiträge
   zur Entwicklung von Kriminalität und Kontrolle in drei Kultu-
   ren

Der Kriminalitätsanstieg in Westeuropa wird von der sehr langsam abnehmenden Ungleichheit nicht so stark gestoppt, wie die
Kriminalität vom mäßigen Konkurrenzindividualismus, insbesondere aber von steigender politischer Partizipation und wach-
sendem Wohlstand gefördert wird. Die dominante Milderungstendenz ist bei partiell zunehmender neuer sozialer Kontrolle im
wesentlichen auf Herrschaftsverluste in Westeuropa zurückzuführen.

Kriminalitätsanstieg und Schärfung des Strafens in U.S.A. führen wir auf den Zusammenhang der folgenden sozialen Tatsachen
zurück: Der extrem ausgeprägte Konkurrenzindividualismus und
steigender Wohlstand treiben die nordamerikanische Kriminalität
hoch, auch die zunehmende Ungleichheit wirkt in diese Richtung.
Dagegen ist der kriminalitätshemmende Effekt geringer politischer Partizipation zu klein, um den Trend in eine andere

Richtung zu verkehren. Die Zunahme des Strafens in den U.S.A. führen wir auf die erfolgreiche Herrschaftsverteidigung und den Machtrückgewinn der Führer in Wirtschaft und Politik zurück.

Der Kriminalitätsanstieg ist in Westeuropa und U.S.A. unerwünschte und ungewollte Folge hochbewerteter, erwünschter ökonomischer und politischer Prozesse, wie der Wohlstandssteigerungen in Westeuropa und in den U.S.A., der Vermehrung von Möglichkeiten politischer Partizipation in Westeuropa und in gewisser Weise auch des Konkurrenzindividualismus in U.S.A. Die Folgekriminalität stellt sich ein, weil Verbesserungen politischer wie ökonomischer Lebensbedingungen und selbstredend auch der Individualismus stets zu mehr Handlungsfreiheiten führen, und d.h. auch immer: zu mehr Freiheiten zur Entscheidung für Devianz, auch für kriminelles Handeln.

Stabilität der Kriminalität und starke soziale Kontrolle sind in Japan so zu erklären: Die kriminalitätsfördernden Wirkungen der Wohlstandssteigerungen werden kompensiert von den kriminalitätsreduzierenden Effekten geringer politischer Partizipation und vom Fehlen des Konkurrenzindividualismus. Auf der anderen Seite führt erfolgreiche Herrschaftsverteidigung in Zusammenhang mit der starken Gruppenbezogenheit der japanischen Gesellschaft zu einer starken sozialen Kontrolle und weiterer Zügelung der Kriminalität.

A n m e r k u n g e n

(*) Ich danke Albert K. Cohen für seine fruchtbare Anregung,
den "Fall Japan" im Bezugsrahmen meiner Herrschaftstheorie
zu erklären. Ferner danke ich Johannes Feest und Joachim
Savelsberg für den gewährten Einblick in schwer zugängliche
Materialien über die Entwicklungen von Kriminalität und Kontrolle in den U.S.A. Von beiden Kollegen sowie von Angelika
Schade erhielt ich fruchtbare Anregungen. - Die erste Fassung dieses Aufsatzes erschien in der Zeitschrift für Rechtssoziologie, Bd. 6, 1985, S. 45-69. Die hier vorgelegte Fassung enthält wesentliche Erweiterungen.

(1) Vgl. U. Dörmann (1984), S. 415. Dörmann präsentiert auch
Daten über andere Delikte, deren Trend sich von den hier
näher analysierten nicht unterscheidet.

(2) Ebenda, S. 417.

(3) Ebenda, S. 418.

(4) Ebenda, S. 415, 418.

(5) Vgl. Sourcebook (1983), S. 371.

(6) Vgl. K. Miyazawa (1984), S. 301-312.

(7) Vgl. U. Dörmann (1984), S. 418.

(8) Vgl. A. Cicourel (1981), S. 51-80.

(9) Vgl. A. Strauss (1978).

(10) Vgl. H. Haferkamp (1975), S. 54 ff.

(11) Zum Vergleich von Japan mit der Bundesrepublik Deutschland
vgl. H.-H. Kühne, K. Miyazawa (1979), S. 76 ff.

(12) Ebenda, S. 81.

(13) Vgl. G. Kaiser (1980), S. 77.

(14) Vgl. Polizeiliche Kriminalstatistik, Zeitreihen, S. 18.

(15) Vgl. A. Flade, G. Schultz (1982), S. 109.

(16) Vgl. R. G. Martin, R. D. Conger (1980), S. 57.

(17) Ebenda.

(18) Vgl. G. Kaiser (1980), S. 77.

(19) Vgl. dazu H. Haferkamp (1976), S. 359 f.; ferner die vielfältigen Einschränkungen der Interpretationsmöglichkeiten
von Ergebnissen der Pfadanalyse in H. Haferkamp (1980).

(20) Vgl. F. Exner (1931), S. 23 ff.

(21) Vgl. H. Haferkamp (1980), S. 133 ff.; H. Haferkamp (1984), S. 112-131. In beiden Arbeiten ist der Trend in der Strafrechtsentwicklung und -anwendung in der Bundesrepublik Deutschland ausführlich analysiert worden.

(22) Vgl. insbesondere H. Haferkamp (1984), S. 112-131.

(23) Vgl. J. Feest (1984), S. 229-231; K. F. Schumann (1985).

(24) Vgl. K. F. Schumann (1985).

(25) Vgl. A. Camus (1960), S. 114-181.

(26) Vgl. C. Homann (1984), S. 334.

(27) Ebenda, S. 333.

(28) Vgl. H.-G. Heiland (1984a), S. 47.

(29) Vgl. H.-G. Heiland (1984), S. 21.

(30) Vgl. C. G. Lewis (1984), S. 5.

(30a) Vgl. Council of Europe (1984), S. 39.

(31) Vgl. H.-G. Heiland (1984), S. 18.

(32) Vgl. C. G. Lewis (1984), S. 27.

(33) Ebenda, S. 23 ff.

(34) Mitteilung von C. G. Lewis von 1984.

(35) Vgl. C. G. Lewis (1984), Annex A 11.

(36) Vgl. R. Badinter (1984), S. 17 ff.

(37) Vgl. T. Godefroy (1983), S. 17 ff.

(38) Vgl. T. Godefroy (1984a), S. 28.

(39) Zur Entwicklung vgl. Sourcebook (1983), S. 613 ff.

(40) Vgl. "Der Spiegel", Nr. 14/84 und nachfolgende Presseberichte.

(41) Vgl. "The New York Times" vom 13.12.1984.

(42) Vgl. "Der Spiegel", Nr. 14/84.

(43) Vgl. "Weser Kurier" vom 3.11.1984.

(44) Vgl. Sourcebook (1983), S. 273.

(45) "Die Zeit", Nr. 46, 9.11.1984, S. 14.

(46) Vgl. Bureau of Justice Statistics (1983), S. 1 f.

(47) Ebenda.

(48) Vgl. E. B. Leonard (1983), S. 55.

(49) Vgl. Bureau of Justice Statistics (1983), S. 3.

(50) Vgl. Sourcebook (1983), S. 24 ff.

(51) Vgl. C. D. Shearing, P. C. Stenning (1983), S. 493-506.

(52) Vgl. Sourcebook (1983), S. 615 ff.

(53) Vgl. S. Krantz (1976), S. 105.

(54) Vgl. R. Singer (1980), S. 4.

(55) E. B. Leonard (1983), S. 55.

(56) Vgl. T. Platt (1984), S. 150.

(57) Vgl. K. Nakayama (1981), S. 134.

(58) H.-H. Kühne, K. Miyazawa (1979), S. 104.

(58a) Vgl. K. Miyazawa (1984), S. 303.

(59) Vgl. K. Nakayama (1981), S. 140.

(60) H.-H. Kühne, K. Miyazawa (1979), S. 139.

(61) Ebenda, S. 114; H.-G. Heiland gibt 1984a eine Polizeidichte für elf Städte von 328 an.

(62) H.-H. Kühne, K. Miyazawa (1979), S. 125.

(63) Ebenda, S. 126 f.; ferner mündliche Mitteilung von A. K.
Cohen 1984.

(64) H.-H. Kühne, K. Miyazawa (1979), S. 110.

(65) Vgl. N. Elias (1978), Bd. 2, S. 147 ff.: Thesen zur Sozia-
lisierung des Herrschaftsmonopols; ferner K. D. Hondrich
(1973).

(65a) Vgl. H. Haferkamp (1983), S. 140 f.

(66) Vgl. L. Perrone (1984), S. 413 f.

(67) Vgl. K. D. Hondrich (1973), S. 108; H. Haferkamp (1983),
S. 251 f., 258 f.; über Politiker zuletzt: C. v. Krockow
(1984), S. 9 f.

(68) H. Kern, M. Schumann (1984), S. 6.

(69) Ebenda, S. 11.

(70) Ebenda, S. 16.

(71) C. Flodell, M. v. Klipstein, P. Pawlowsky (1984), S. 44.

(72) Ebenda, S. 43.

(73) Vgl. E. Ballerstedt, W. Glatzer (1979), S. 183.

(74) Ebenda, S. 441.

(75) H. Kern, M. Schumann (1984), S. 20 f.

(76) Ebenda, S. 21.

(77) N. Kubach, R. Mautz, K.-P. Wittemann unter Mitarbeit von M. Schumann (1984), S. 53.

(78) Ebenda.

(79) Ebenda, S. 64.

(80) Vgl. C. G. Lewis (1984), S. 19.

(81) Vgl. H.-G. Heiland (1984), S. 43.

(82) Vgl. H. Haferkamp (1975), S. 185 ff.

(83) Vgl. H.-G. Heiland (1984), S. 25.

(84) Vgl. S. Stack (1984), S. 230.

(85) Vgl. C. Flodell, M. v. Klipstein, P. Pawlowsky (1984), S. 43.

(86) Vgl. J. N. Baron, W. T. Bielby (1984), S. 454.

(87) Vgl. G. A. Fine (1984), S. 241 ff.

(88) D. J. Rothman (1983), S. 642.

(89) Vgl. G. F. Cole (1981), S. 28.

(90) R. J. Samuelson (1984), S. 60.

(91) G. F. Cole (1981), S. 28.

(92) Vgl. "Der Spiegel", Nr. 14/84, S. 184.

(93) H.-H. Kühne, K. Miyazawa (1979), S. 99.

(94) Vgl. S. Tokunaga (1984), S. 25.

(95) Vgl. S. Tokunaga (1984a), S. XVI. Er meint, hier liege eine Übereinstimmung von Japan und der Bundesrepublik Deutschland vor.

(96) Vgl. H.-H. Kühne, K. Miyazawa (1979), S. 95.

(97) Ebenda.

(98) Vgl. K. Miyazawa (1984), S. 309, der im übrigen kurz und bündig schreibt: "Jeder Angestellte gehört für immer seinem Betrieb".

(99) Vgl. S. Tokunaga (1984a), S. IX.

(100) C. Nakane (1970), S. 103.

(101) Vgl. H.-H. Kühne, K. Miyazawa (1979), S. 99.

(102) K. Miyazawa (1977), S. 1.

(103) T. Kawashima (1973), S. 72.

(104) Vgl. H.-H. Kühne, K. Miyazawa (1979), S. 63.

(105) Vgl. H.-G. Heiland (1984a), S. 5.

(106) S. Stack (1984), S. 244.

(107) Vgl. H.-G. Heiland (1983).

(108) Vgl. J. Alber (1982).

(109) Vgl. S. Stack (1984), S. 233.

(110) Vgl. R. K. Merton (1957), S. 139 ff.; G. Lenhardt, C. Offe (1977), S. 98-127.

(111) Vgl. St. Hradil (1983), S. 193.

(112) Ebenda, S. 195.

(113) Vgl. H.-G. Heiland (1983).

(114) Vgl. S. Stack (1982), S. 499-513.

(115) Ebenda, S. 501.

(116) Vgl. "Die Zeit", Nr. 46, S. 1.

(117) Vgl. S. Stack (1984), S. 250.

(118) Vgl. M. I. Victor (1984).

(119) Vgl. S. Stack (1984), S. 251.

(120) Vgl. P. M. Blau, R. M. Golden (1984).

(121) Vgl. R. A. Ross, G. C. S. Benson (1979), S. 78: für Mord, Totschlag und Raub.

(122) S. Stack (1984), S. 251 f.

(123) Vgl. M. Weber (1958), S. 321.

(124) Vgl. H.-G. Heiland (1984), S. 39 ff.

(125) Vgl. A. de Tocqueville (1984), S. 585 ff.

(126) Vgl. R. K. Merton (1957), S. 141 ff.

(127) Vgl. S. Stack (1982), S. 503.

(128) Vgl. R. Bendix, G. Roth (1971), S. 192 ff.

(129) H.-H. Kühne, K. Miyazawa (1979), S. 91 f.

(130) Ebenda.

(131) Ebenda, S. 94.

(132) Vgl. H. Haferkamp (1975).

(133) Vgl. zuletzt K. Miyazawa (1984), S. 303.

(134) Vgl. W. Clifford (1976), S. 8.

(134a) Vgl. ferner die instruktiven Beispiele K. Miyazawas (1984), S. 305 über den Zusammenhang von Straftaten von Erwachsenen und dem Arbeitsplatzverlust ihrer Väter.

(135) W. Clifford (1976), S. 8.

(136) H.-H. Kühne, K. Miyazawa (1979), S. 131.

(137) H.-H. Kühne, K. Miyazawa (1979).

- 58 -

Literaturverzeichnis

ALBER, Jens (1982): Vom Armenhaus zum Wohlfahrtsstaat. Analysen zur Entwicklung der Sozialversicherung in Westeuropa,
Frankfurt/New York

BADINTER, Robert (1984): The Abolition of Capital Punishment:
The French Experience. Crime Prevention and Criminal Justice
Newsletter, Nr. 11, S. 17-19

BALLERSTEDT, Eike/Wolfgang GLATZER (1979): Soziologischer Alma-
nach. Handbuch gesellschaftlicher Daten und Indikatoren,
Frankfurt/New York

BARON, James N./William T. BIELBY (1984): The Organization of
Work in a Segmented Economy, American Sociological Review,
Bd. 49, S. 454-473

BENDIX, Reinhard/Guenther ROTH (1971): Scholarship and Parti-
sanship: Essays on Max Weber, Berkeley/Los Angeles/London

BLAU, Peter M./Reid M. GOLDEN (1984): Metropolitan Structure
and Criminal Violence. Paper presented at the 79th Annual
Meeting of the American Sociological Association, 27.-31.
August 1984, San Antonio

BUREAU OF JUSTICE STATISTICS (1983): Bulletin. Prisoners in
1982, Washington

CAMUS, Albert (1960): Fragen der Zeit, Hamburg

CICOUREL, Aaron V. (1981): Notes on the integration of micro-
and macro-levels of analysis. In: K. Knorr-Cetina und A.V.
Cicourel (Hrsg.), Advances in social theory and methodology.
Toward an integration of micro- and macro-sociologies,
Boston/London/Henley, S. 51-80

CLIFFORD, William (1976): Crime Control in Japan, Lexington/
Massachusetts/Toronto/London

COLE, George F. (1981): United States of America. In: George
F. Cole, St. J. Frankowski und Marc G. Gertz (Hrsg.), Major
Criminal Justice Systems, Beverly Hills/London, S. 28-45

COUNCIL OF EUROPE (1984): Information Bulletin on Legal Activ-
ities, Nr. 19

DÖRMANN, Uwe (1984): Interpolstatistik: Kein wahrer Spiegel
der tatsächlichen Kriminalitätsbelastung, Kriminalistik,
Heft 8-9, S. 414-420

EBERTS, P./K. SCHWIRIAN (1968): Metropolitan crime rates and
relative deprivation, Criminologica, Bd. 5, S. 43-52

ELIAS, Norbert (1978): Über den Prozeß der Zivilisation, 2
Bände, Frankfurt

EXNER, Franz (1931): Studien über die Strafzumessungspraxis der deutschen Gerichte, Leipzig

FEEST, Johannes (1984): Kritik des "realen Abolitionismus", Krim. J., Bd. 16, S. 229-231

FINE, Gary Alan (1984): Negotiated Orders and Organizational Cultures, Ann. Rev. Sociol., Bd. 10, S. 239-262

FLADE, Antje/Gisela SCHULTZ (1982): Jugendkriminalität im Vergleich, Monatsschrift für Kriminologie und Strafrechtsreform, 65. Jg., S. 109-111

FLODELL, Charlotta/Michael von KLIPSTEIN/Peter PAWLOWSKY (1984): Schöne neue Arbeitswelt?, Die Zeit, Nr. 46, 9. 11. 1984, S. 43-45

GODEFROY, Thierry (1983): Statistical Data. Manuskript für die 2. Sitzung des Select Committee of Experts on the Economic Crisis and Crime, 20. und 21. Oktober 1983, London

GODEFROY, Thierry (1984): Economic Crisis and Crime. Report on the situation in France. Manuskript für die 4. Sitzung des Select Committee of Experts on the Economic Crisis and Crime, 3. und 4. Dezember 1984, Bremen

GODEFROY, Thierry (1984a): Economic Crisis and Crime. Manuskript für die 3. Sitzung des Select Committee of Experts on the Economic Crisis and Crime, 10. und 11. Mai 1984, Paris

HAFERKAMP, Hans (1975): Kriminelle Karrieren. Handlungstheorie, Teilnehmende Beobachtung und Soziologie krimineller Prozesse, Reinbek bei Hamburg

HAFERKAMP, Hans (1976): Mängellage, abweichendes Verhalten, Definition der Situation und Kriminalisierungsprozesse, Monatsschrift für Kriminologie und Strafrechtsreform, 59. Jg., S. 352-361

HAFERKAMP, Hans (1980): Herrschaft und Strafrecht. Theorien der Normenentstehung und Strafrechtsetzung, Opladen

HAFERKAMP, Hans (1983): Soziologie der Herrschaft, Opladen

HAFERKAMP, Hans (1984): Herrschaftsverlust und Sanktionsverzicht. Kritische Bemerkungen zur Theorie des starken Staates, der neuen sozialen Kontrolle und des ideellen Abolitionismus, Krim. J., Bd. 16, S. 112-131

HEILAND, Hans-Günther (1983): Wohlstand und Diebstahl, Bremen

HEILAND, Hans-Günther (1984): Economic Crisis and Crime. Comparative Analysis. Manuskript für die 4. Sitzung des Select Committee of Experts on the Economic Crisis and Crime, 3. und 4. Dezember 1984, Bremen

HEILAND, Hans-Günther (1984a): Economic Crisis and Crime. First results. Manuskript für die 3. Sitzung des Select Committee of Experts on the Economic Crisis and Crime, 10. und 11. Mai 1984, Paris

HEILAND, Hans-Günther (1984b): Federal Republic of Germany: The relationship between Crime, Economic Factors and Social Control after the Second World War, Manuskript für die 4. Sitzung des Select Committee of Experts on the Economic Crisis and Crime, 3. und 4. Dezember 1984, Bremen

HOMANN, Conrad (1984): Freiheitsentziehende Sanktionen und Haftplatzbedarf, Monatsschrift für Kriminologie und Strafrechtsreform, 67. Jg., S. 332-338

HONDRICH, Karl Otto (1973): Theorie der Herrschaft, Frankfurt

HRADIL, Stefan (1983): Entwicklungstendenzen der Schicht- und Klassenstruktur in der Bundesrepublik. In: Joachim Matthes (Hrsg.), Krise der Arbeitsgesellschaft? Verhandlungen des 21. Deutschen Soziologentages in Bamberg, Frankfurt, S. 189-205

KAISER, Günther (1980): Kriminologie. Ein Lehrbuch. Heidelberg/ Karlsruhe

KAWASHIMA, Takeyoshi (1973): Dispute Settlement in Japan. In: D. Black und M. Mileski (Hrsg.), The Social Organization of Law, New York/London, S. 58-74

KERN, Horst/Michael SCHUMANN (1983): Arbeit und Sozialcharakter: alte und neue Konturen. In: Joachim Matthes (Hrsg.), Krise der Arbeitsgesellschaft? Verhandlungen des 21. Deutschen Soziologentages in Bamberg, Frankfurt, S. 353-365

KERN, Horst/Michael SCHUMANN (1984): Industriearbeit im Umbruch. In: Soziologisches Forschungsinstitut Göttingen, Mitteilungen, November 1984, S. 1-21

KRANTZ, Sheldon (1976): The Law of Corrections and Prisoners' Rights in a Nutshell, St. Paul, Minnesota

VON KROCKOW, Christian Graf (1984): Unser Mann in Bonn. Politik als Beruf: Wer erfolgreich sein will, muß sich früh anpassen, Die Zeit, Nr. 48, 23. 11. 1984, S. 9-10

KUBACH, N./R. MAUTZ/K.-P. WITTEMANN unter Mitarbeit von M. SCHUMANN (1984): In den Fesseln der betrieblichen Krisenpolitik - Zur Krisenreaktion von Metallarbeitern. In: Soziologisches Forschungsinstitut Göttingen, Mitteilungen, November 1984, S. 49-66

KÜHNE, Hans-Heiner/Koichi MIYAZAWA (1979): Kriminalität und Kriminalitätsbekämpfung in Japan, Wiesbaden

LENHARDT, Gero/Claus OFFE (1977): Staatstheorie und Sozialpolitik. In: C. v. Ferber und F.-X. Kaufmann (Hrsg.), Soziologie und Sozialpolitik, KZfSS, Sonderheft 19, Opladen, S. 98-127

LEONARD, Eileen B. (1983): Judicial Decisions and Prison Reform: The Impact of Litigation on Women Prisoners, Social Problems, Bd. 31, S. 45-58

LEWIS, Christopher Gray (1984): England and Wales - The relationship between Crime, Economic Factors and Social Control from 1951 to 1983. Manuskript für die 4. Sitzung des Select Committee of Experts on the Economic Crisis and Crime, 3. und 4. Dezember 1984, Bremen

MARTIN, Robert G./Rand D. CONGER (1980): A Comparison of Delinquency Trends, Criminology, Bd. 18, S. 53-61

MERTON, Robert K. (1957): Social Theory and Social Structure, New York

MIYAZAWA, Koichi (1977): Erscheinungsbild und Tendenzen der Kriminalität in Japan, Monatsschrift für Kriminologie und Strafrechtsreform, 60. Jg., S. 1-15

MIYAZAWA, Koichi (1984): Praktische Vorgehensweisen, allgemeine Vorstellungen und Handlungsstrategien im Bereich informeller bzw. außerjustizieller Sozialkontrolle, Krim. J., Bd. 16, S. 301-312

NAKANE, Chie (1970): Japanese Society, London

NAKAYAMA, Kenichi (1981): Japan. In: G. F. Cole, St. J. Frankowski und M. G. Gertz (Hrsg.), Major Criminal Justice Systems, Beverly Hills/London, S. 132-145

PERRONE, Luca (1984): Positional Power, Strikes and Wages, American Sociological Review, Bd. 49, S. 412-421

PLATT, Tony (1984): Kriminologie in den 80er Jahren. Progressive Alternativen zu "law and order", Krim. J., Bd. 16, S. 149-159

ROSS, Ruth A./George C. S. BENSON (1979): Criminal Justice from East to West, Crime and Delinquency, S. 76-86

ROTHMAN, David J. (1983): Sentencing Reforms in Historical Perspective, Crime and Delinquency, S. 631-647

SAMUELSON, Robert J. (1984): Escaping the Poverty Trap, Newsweek, 10. 9. 1984, S. 60

SCHUMANN, Karl F. (1985): Labeling approach und Abolitionismus, Krim. J., Bd. 17, S. 19-28

SHEARING, Clifford D./Philip C. STENNING (1983): Private Security: Implications for Social Control, Social Problems, Bd. 30, S. 493-506

SINGER, Richard (1980): Prisoners' rights litigation: A look at the past decade and a look at the coming decade, Federal Probation, Bd. 44, S. 3-11

SKOGAN, Wesley G. (1984): Reporting Crimes to the Police: The Status of World Research, Journal of Research in Crime and Delinquency, Bd. 21, S. 113-137

STACK, Steven (1982): Social Structure and Swedish Crime Rates, Criminology, Bd. 20, S. 499-513

STACK, Steven (1984): Income Inequality and Property Crime. A Cross-National Analysis of Relative Deprivation Theory, Criminology, Bd. 22, S. 229-257

STEPHAN, Egon (1976): Die Stuttgarter Opferbefragung, Wiesbaden

STRAUSS, Anselm (1978): Negotiations, Varieties, Contexts, Processes, and Social Order, San Francisco/Washington/London

TESKE, Raymond H. C./Harald R. ARNOLD (1982): A Comperative Investigation of Criminal Victimization in the United States and the Federal Republic of Germany. In: Criminological Research Unit (Hrsg.), Research in Criminal Justice, Freiburg, S. 63-83

DE TOCQUEVILLE, Alexis (1984): Über die Demokratie in Amerika, München

TOKUNAGA, Shigeyoshi (1984): Preface. In: S. Tokunaga und J. Bergmann (Hrsg.), Industrial Relations in Transition. The Cases of Japan and the Federal Republic of Germany, Tokyo/Frankfurt, S. VII-XVII

TOKUNAGA, Shigeyoshi (1984a): The Structure of the Japanese Labour Market. In: S. Tokunaga und J. Bergmann (Hrsg.), Industrial Relations in Transition. The Cases of Japan and the Federal Republic of Germany, Tokyo/Frankfurt, S. 25-55

VICTOR, Michael I. (1984): Inequality, Law Violation, and Law Enforcement: A Comparison of Survey-estimated and Police-recorded Crime, Paper presented at the 1984 Annual Meeting of the Society for the Study of Social Problems, 23. - 26. August, San Antonio

WEBER, Max (1958): Gesammelte politische Schriften, Tübingen

Statistiken

CRIMINAL STATISTICS, England and Wales, hg. vom Secretary of State for the Home Department

POLIZEILICHE KRIMINALSTATISTIK, hg. vom Bundeskriminalamt, Wiesbaden, Bundesrepublik Deutschland

POLIZEILICHE KRIMINALSTATISTIK, Zeitreihen, hg. vom Bundeskriminalamt Wiesbaden, o. J.

SOURCEBOOK OF CRIMINAL JUSTICE STATISTICS, 1983, hg. von Edward J. Brown, Timothy J. Flanagan, Maureen McLeod im Auftrag des U.S. Department of Justice, Bureau of Justice Statistics

DAS WOHLFAHRTSSTAATLICHE SANKTIONSPUZZLE –
ZUR ENTWICKLUNG UND VERTEILUNG DER STRAFEN IN ENGLAND UND WALES, FRANKREICH UND DER BUNDESREPUBLIK DEUTSCHLAND

Hans-Günther Heiland

1. Die wohlfahrtsstaatliche Programmatik

Wohlfahrtsstaaten sind nicht allein nach ihren jeweiligen Sozialleistungsquoten zu bewerten, sondern auch und gerade in bezug auf ihre Politik und ihre Maßnahmen gegenüber eher marginalisierten Lebensbereichen. Die Politik des Strafens und der Strafvollstreckung, kurzum die Kriminalpolitik im Wohlfahrtsstaat, ist ebenso zentral wie die Sozialpolitik, auch wenn kriminalpolitische Maßnahmen nur einen relativ kleinen Bevölkerungsteil betreffen. Der Wohlfahrtsstaat ist von seiner Intention der umfassenden kollektiven Daseinsvorsorge nicht auf die "normalen", die Mehrheit der Bevölkerung betreffenden staatlichen Sicherheits- und Schutzmaßnahmen zu reduzieren. Auch gegenüber Minderheiten sollen die wohlfahrtsstaatlichen Ziele wie "Gleichheit", "Gerechtigkeit", "Sicherheit" und "Humanität" schrittweise ausgedehnt und verwirklicht werden. Das kriminalpolitische Programm des Wohlfahrtsstaates kann man pointiert als die Rücknahme strafrechtlichen Zwangs, als die Begrenzung des staatlichen Gewaltmonopols unter Wahrung eines hohen Maßes an individuellen Rechten und Freiheiten beschreiben (1).

Wenn auch in den westeuropäischen Wohlfahrtsstaaten England und Wales, Frankreich und der Bundesrepublik Deutschland die generelle Abschaffung der Strafe gegenwärtig nicht zur Disposition steht, so bleibt dennoch zu fragen, welche Schritte in den letzten Jahren eingeleitet worden sind, die sukzessive auf die Zielsetzung hinführen, und inwieweit die gesetzten Ziele kriminalpolitisch umgesetzt und im strafjustiziellen Bereich zur Anwendung gekommen sind.

2. Grundzüge der Strafrechtsreform in den drei westeuropäischen Wohlfahrtsstaaten

Die Umsetzung der wohlfahrtsstaatlichen Ziele in eine richtungsweisende Kriminalpolitik, die die Versprechen einlöst, erweist sich in den drei Staaten England und Wales, Frankreich und der Bundesrepublik Deutschland als eine schwierig zu lösende Aufgabe. Zu tiefgreifend haben sich die Kerngedanken der zumeist noch aus dem letzten Jahrhundert stammenden Strafgesetze in die Theorie und Praxis der Strafjustiz eingegraben. Die Neuaufnahme der durch den Zweiten Weltkrieg bedingten Unterbrechung der Diskussion zur Neuordnung des Strafrechts und die Rückbesinnung auf die vor dem Kriegsausbruch eingeleiteten Reformvorhaben bieten erste Ansatzpunkte zu tiefgreifenden Reformen.

Überblickt man die Reformtendenzen in den drei Wohlfahrtsstaaten im ganzen, dann lassen sich grob zwei Phasen unterscheiden: Die erste Phase (1945 bis 1969) kennzeichnet das Bemühen, Strafrecht, Strafprozeßrecht und Strafvollstreckung den Gegebenheiten einer sich zunehmend modernisierenden Industriegesellschaft anzupassen. Der Schwerpunkt der Reformen liegt auf der Auseinandersetzung mit den Grundlagen einer autoritär geprägten Strafrechtslehre und Praxis und der Wiederherstellung der während der Besatzungszeit unterdrückten bzw. verlorengegangenen rechtsstaatlichen Grundlagen. Die zweite Phase (1970 bis 1980) ist geprägt durch Versuche, die wohlfahrtsstaatlichen Ziele kriminalpolitisch umzusetzen, wobei aktuelle Ereignisse wie Terrorismus, Entführungen bedeutender Persönlichkeiten des öffentlichen Lebens und Repräsentanten der Industrie usw. die beabsichtigten Reformen konterkarierten.

2.1 Die Reformperiode 1945 bis 1969

In der Bundesrepublik Deutschland wird mit der Abschaffung der Todesstrafe der Grundstein für eine Humanisierung des Strafrechts sehr frühzeitig gelegt (2). Mit dieser für weite Teile der Bevölkerung überraschenden Entscheidung des parla-

mentarischen Rates legte man ein klares Votum für das Recht
auf körperliche Unversehrtheit ab und rückte damit von den
Ereignissen vor 1945 deutlich ab (3).

Zu diesem klaren und eindeutigen Bekenntnis zur Achtung der
Menschenwürde ringt sich Frankreich erst 32 Jahre später
durch. Die sozialistische Regierung unter Mitterrand schafft
die Todesstrafe 1981 endgültig ab. Bis zu diesem Zeitpunkt
erhält sich in Frankreich das "Monopol der Todesdrohung" gegen
Verbrechen wie z.B. den Diebstahl mit der Waffe, den Tod eines
Kindes infolge Gewalteinwirkungen oder gewohnheitsmäßig verüb-
ter Unterlassung (4).

England und Wales behält nach dem Krieg ebenfalls die Todesstrafe bei. Erst 1965 setzt man die Todesstrafe für Mordtatbestände zunächst für 5 Jahre aus. 1969 entscheidet sich dann
das britische Unterhaus mit 343 gegen 185 Stimmen für die
Abschaffung der Todesstrafe auf unbestimmte Zeit. Für gewalt-
same Piraterie und für Hochverrat bleibt sie allerdings weiterhin bestehen (5). Dieses halbherzige Bekenntnis beschert
den Mitgliedern des Unterhauses in den folgenden Jahren zahlreiche Diskussionen über Anträge zur Wiedereinführung der
Todesstrafe für Mord, und bis 1983 haben sie nicht weniger als
acht Anträge abzuwehren.

Hieraus kann man nun den Schluß ziehen, daß in den Ländern,
die sich gegen humanitäre Züge im Strafrecht entschieden haben
und auch nicht vom absoluten Strafdenken abgerückt sind, die
Kriminalpolitik stärker repressiv ausgerichtet werden würde.
In dieses Bild passen zunächst die verstärkte Kriminalisierung
von Wirtschaftsdelikten im Jahre 1945 in Frankreich und die
Strafverschärfungen für Staatsschutzdelikte neben der bereits
erwähnten Todesstrafe für Kindesmißhandlung (1945) und den
bewaffneten Diebstahl (1950). Auch die Beibehaltung der verschiedenen Freiheitsstrafen wie Zuchthaus- und Gefängnisstrafe, Festungshaft, Zwangsarbeit und Deportation stehen für
ein repressives Strafrecht (6).

Die Abschaffung der Deportation und der Zwangsarbeit im Jahre
1960 können andererseits nicht als Fortschritt in der Humanisierung des Strafvollzuges angesehen werden, weil Zuchthaus
und Festungshaft diese Art der Strafvollstreckung problemlos
ersetzen können. Die Nachkriegsentwicklung in Frankreich ist
allerdings unzureichend beschrieben, wenn man die in den ersten Jahren aus dem Bereich des Strafvollzugs aufkeimenden
Reformbestrebungen außer acht läßt. Eine reformfreu-
dige Exekutive, deren Mitglieder während der deutschen Be-
satzung mit einem auf Abschreckung und auf Unterdrückung ba-
sierenden Strafrecht konfrontiert worden sind, drängt auf eine
Reform des Strafvollzugs. Unterstützt werden sie in ihren Reformbemühungen von Teilen der Strafrechtslehre, die generell
eine Beschränkung der Anwendung der Freiheitsstrafe fordert
und auf die sozialen Konsequenzen und deprivierenden Folgen
freiheitsentziehender Maßnahmen beständig hinweist (7). Gefordert wird nicht die generelle Abkehr vom Strafen, sondern
die sinnvolle Ausgestaltung und Verbreitung von Maßregeln der
Sicherung und Resozialisierung. Das Bedürfnis der Gesellschaft
nach Sicherheit vor gefährlichen Straftätern soll durchaus
befriedigt werden, aber nicht in der Weise, daß man sie elimi-
niert und neutralisiert, sondern sie während des Vollzugs
freiheitsentziehender Maßnahmen behandelt und versucht, sie
nach einer individuell zu gestaltenden Behandlung wieder in
die Gesellschaft einzugliedern (8).

Die Versuche der "défense sociale", ihren Auffassungen Gewicht
zu verleihen, geraten zwangsläufig mit denjenigen Teilen der
Lehre und Praxis in Konflikt, welche den Status quo eines auf
Schuld und Sühne gegründeten Strafrechts einerseits und einen
in gleicher Weise funktionierenden Strafvollzug andererseits
bewahren wollen. Der Gesetzgeber verwirklicht Teile dieser
Forderungen, indem er mit der Reform des "Code de procédure
pénal" (1958) die Strafaussetzung zur Bewährung mit Auflagen
sowie die bedingte Entlassung einführt, die sachverständige
Begutachtung des Straftäters in den Vordergrund rückt und das
Institut des Strafvollzugsrichters mit erheblichen Entschei-
dungsbefugnissen beim Vollzug der Freiheitsstrafe schafft (9).

Die Verstrickungen Frankreichs im Algerienkrieg lassen allerdings keine kontinuierliche Strafrechtsreform in dieser ersten Phase zu. Zu unmittelbar muß auf aktuelle Ereignisse durch den Gesetzgeber reagiert werden, so daß Reformforderungen in der 5. Republik bis 1970 keine nachhaltige Berücksichtigung mehr finden. Gerade die Verschärfungen des Strafprozeßrechts, die insgesamt wirksame Instrumente der Justiz zur Aufrechterhaltung von Recht und Ordnung und zum Schutz des Staates sein sollen, prägen zum Teil noch die Reformbestrebungen der 70er Jahre.

Um die Entwicklung des englischen Strafrechts während dieser Reformperiode richtig verstehen zu können, erscheint es notwendig, der folgenden Analyse einige grundlegende Bemerkungen voranzuschicken. Im Gegensatz zu den kontinentaleuropäischen Rechtssystemen gibt es in England und Wales kein eigenständiges Justizministerium. Die Aufgaben werden vom Innenministerium und vom Lord Chancellor wahrgenommen. Wesentliche gesetzgeberische Initiativen gehen von eigens für die Anpassung von Gesetzen an die aktuellen gesellschaftlichen Probleme eingesetzten Kommissionen aus (10), die u.a. eng begrenzte Fragestellungen bearbeiten und dem Innenministerium entsprechende gesetzgeberische Vorschläge unterbreiten. Wie in Frankreich, so wird auch in England und Wales mit dem Criminal Justice Act von 1948 eine Veränderung des Sanktionssystems eingeleitet. Im Gegensatz zu Frankreich wird in England und Wales allerdings die Zuchthausstrafe abgeschafft und die Freiheitsstrafe als Einheitsstrafe neu gefaßt. Neben der bis 1969 bestehenden, auf spezielle Straftaten (z.B. Polizistenmord) beschränkten Todesstrafe ist die lebenslange Freiheitsstrafe die schwerste Strafe des englischen Sanktionssystems für Mord und andere schwere Verbrechen wie z.B. gefährliche Körperverletzung, gewaltsamer Raub, Menschenraub. Bei weniger schweren Vergehen sollen freiheitsentziehende Maßnahmen nur in den Fällen verhängt werden, in denen die Umstände der Tat und die Persönlichkeit des Täters keine alternativen Sanktionen zulassen (11). An die Stelle der kurzen Freiheitsstrafen tritt der absolute und bedingte Strafverzicht und die Geldstrafe. Die Geldstrafenregelung im Criminal Justice Act weist insofern

gegenüber der Praxis vor dem Zweiten Weltkrieg eine Neuerung
auf, daß sie nunmehr auch bei schweren Straftaten (Verbrechen)
angewendet werden kann (12). Nach dem Criminal Justice Act von
1967 wird die Geldstrafe keineswegs als alleinige Alternative
zur Freiheitsstrafe angesehen. Mit demselben Act von 1967
führt man die Möglichkeit einer vorzeitigen Freilassung eines
zu lebenslanger Freiheitsstrafe Verurteilten ein, die die
bereits bestehende Freilassung nach zwei Dritteln der ver-
büßten Haftzeit ergänzt (13). Das Gericht ist desweiteren
ermächtigt, bei Verhängung einer Gefängnisstrafe von bis zu
zwei Jahren die Vollstreckung für die Dauer von einem bis zu
drei Jahren auszusetzen. Begeht der Verurteilte während dieser
Zeit eine weitere Straftat, die mit einer Gefängnisstrafe
bedroht ist, so soll zunächst die erste Strafe vollstreckt
werden. Bei einer Gefängnisstrafe bis zu 6 Monaten kann die
Strafe in den Fällen von Gewaltanwendung nicht (14) ausgesetzt werden. Das Gesetz definiert weitere Ausschlußgründe
einer Strafaussetzung. Insbesondere der Bezug zum Firearms Act
von 1965 und 1968 ist in diesem Zusammenhang sehr bedeutsam.
Der Act von 1968 hebt alle bis dahin existierenden Feuerwaf-
fenverfügungen auf und belegt die Gewaltanwendung mit Waffen-
gebrauch mit hohen Strafen. Mit 10 Jahren Gefängnis kann
derjenige bestraft werden, der eine Feuerwaffe oder die Imita-
tion einer Waffe mit der Absicht mit sich führt, ein schweres
Verbrechen zu begehen. Das Mitsichführen einer geladenen bzw.
ungeladenen Waffe ohne erkennbare Absicht einer Straftatenbe-
gehung kann mit 5 Jahren Gefängnis und/oder einer unbegrenzten
Geldstrafe bestraft werden. Einen gravierenden Einschnitt in
die Strafrechtsentwicklung stellt der Theft Act von 1968 dar.
Die alten Common Law - Straftatbestände wie "larcency",
"stealing", "embezzlement" und "fraudulent" werden unter den
Straftatbestand "theft" subsumiert. "Theft" ist demnach definiert als die widerrechtliche Aneignung des Eigentums einer
anderen Person mit der Absicht der dauerhaften Entziehung der
Sache vom rechtlichen Eigentümer (15). Diese Definition umfaßt
nicht nur die materielle Aneignung im Sinne von Wegnahme und
Behalten, sondern auch die Tatbestände einer widerrechtlichen
immateriellen Bevorteilung oder der Aneignung des Gewinns, den
der "theft" erzielt. Diese Handlungen sind mit einer Ge-

fängnisstrafe von bis zu 10 Jahren bedroht. Die besondere
Bedeutung dieser Veränderung liegt darin, daß nunmehr nach
englischem Recht "theft" ein "indictable offence" ist, das im
formellen Verfahren abgeurteilt wird (16).
Weder in Frankreich noch in England und Wales kam es also in
der ersten Reformperiode zu einer an spezifischen Leitideen
orientierten Reform des Straf- und Sanktionsrechts (17).

Vom Anspruch grundlegender und tiefgreifender Neuerungen soll
die Strafrechtsreform in der Bundesrepublik Deutschland die
strafjustizielle Wirklichkeit verändern. Die Reformbemühungen
führen allerdings erst 1969 zu einem ausweisbaren Ergebnis,
das sich in dem Ersten und Zweiten Gesetz zur Strafrechtsreform niederschlägt. Bereits 1963 bezeichnet man in der Plenar-
diskussion des Deutschen Bundestages den von der Bundesregierung eingebrachten Entwurf eines neuen Strafgesetzbuches, aus
dem die beiden Gesetze zur Strafrechtsreform nach langen und
zähen Beratungen hervorgegangen sind, als ein 'Jahrhundert-
werk'und ein Stück 'Geistesgeschichte' (18).

Vorausgegangen sind diesem Gesetz allerdings eine Reihe klei-
nerer Reformen, die den Strafprozeß einerseits und das Sank-
tionssystem andererseits betreffen.

Das Hauptziel des Strafprozeßänderungsgesetzes von 1964 besteht in der Verbesserung der Stellung des Beschuldigten im
Verfahren (19), in der Verkürzung der Dauer und des Umfangs
der Untersuchungshaft und in der Erweiterung der Handlungsmöglichkeiten des Strafverteidigers. Bereits das 3. Strafrechtsänderungsgesetz von 1953 leitet die Umorientierung des Sanktionssystems ein: Nicht stationären, sondern ambulanten Maßnahmen soll zukünftig Vorrang gegeben werden. Die Strafaussetzung zur Bewährung bei Freiheitsstrafen von nicht mehr als
9 Monaten sowie die bedingte Entlassung als richterliche Maßnahme sollen die ersten Schritte in dieser Richtung sein. Das
1. und 2. Gesetz zur Sicherung des Straßenverkehrs (1952 bzw.
1964) führen die Entziehung der Fahrerlaubnis (1952) bzw. das
Fahrverbot als Nebenstrafen (1964) ein. Mit der Entkriminalisierung des Verkehrsstrafrechts und der Schaffung eines neuen

Ordnungswidrigkeitenrechts (1968) verbindet sich die Hoffnung, die Gerichte von der Bearbeitung der überproportional anfallenden Verkehrsstraftatbestände zu entlasten und allgemein zur Entkriminalisierung im Verkehrsbereich beizutragen.

Daneben setzen sich in der Nachkriegsentwicklung der Bundesrepublik Deutschland jedoch auch repressive Tendenzen in der Gesetzgebung durch. Das Freiheitsschutzgesetz von 1949 und die Vorschriften über Hochverrat, Gefährdung des demokratischen Rechtsstaates und Landesverrat von 1951 sind insgesamt keine "Meisterleistung des Gesetzgebers", und erst 1968 werden diese "Mißgeburten" durch das 8. Strafrechtsänderungsgesetz beseitigt (20).

Der Kernbestand der Reform des deutschen Strafrechts im Jahre 1969 sind die Neubestimmungen von Strafen und Maßregeln im Allgemeinen Teil des Strafgesetzbuches. Von seiner Intention her ist es ein primär spezialpräventiv ausgerichtetes Schuldstrafrecht (21).

Die Zuchthausstrafe wird 1969 abgeschafft, und die verschiedenen Arten der Freiheitsstrafe werden zu einer Einheitsstrafe zusammengefaßt. Sie soll im Bereich der kurzen freiheitsentziehenden Sanktionen nur ultima ratio sein. Der Geldstrafe und der Strafaussetzung zur Bewährung wird hohe Priorität im Gesamtspektrum der Sanktionen zugewiesen. Die lebenslange Freiheitsstrafe wird hingegen als schärfste Sanktion nach wie vor beibehalten.

Um der spezialpräventiven Ausrichtung der Vorschriften Rechnung zu tragen und die Resozialisierungsabsichten zu unterstreichen, werden neben dem Strafvollzug eine Reihe von freiheitsentziehenden und freiheitsbeschränkenden Maßregeln vorgesehen: Zu den freiheitsentziehenden Maßregeln gehören die Unterbringung in einem psychiatrischen Krankenhaus, einer Entziehungsanstalt, einer sozialtherapeutischen Anstalt und die Sicherungsverwahrung. Führungsaufsicht, Entziehung der Fahrerlaubnis und Berufsverbot zählen mithin zu den freiheitsbeschränkenden Maßnahmen.

Bedeutend sind auch die Änderungen im materiellen Bereich des
Strafrechts. Das Erste Gesetz zur Reform des Strafrechts entkriminalisiert unter anderem homosexuelle Handlungen unter
erwachsenen Männern sowie den Ehebruch. Auch im Bereich der
Eigentums- und Vermögenskriminalität werden Tatbestände entkriminalisiert. In der Bilanz betrachtet haben diese Veränderungen entschärfenden Charakter (22).

2.2 Die Reformperiode 1970 bis 1980

In Frankreich setzt die zweite Reformwelle nach Jahren der
kriminalpolitischen Stagnation (23) erst mit dem Reformgesetz
von 1970 ein. Im Blickpunkt der Reform steht die kurze Freiheitsstrafe (24). Neben die seit langem bestehende Strafaussetzung treten 1970 die Strafaussetzung mit Bewährung und der
Freigang oder halboffene Vollzug als eigene Maßnahmen bei
einer Verurteilung bis zu 6 Monaten. Die Strafaussetzung zur
Bewährung erstreckt sich von Gefängnisstrafen bis zu 5 Jahren
über Geldstrafen bis hin zu Teilaussetzungen der Strafe. Mit
der gemischten Strafe, d.h. einer teilweise zu vollstreckenden
und teilweise zur Bewährung auszusetzenden Freiheitsstrafe,
erhöht sich der Spielraum für eine flexiblere Anpassung der
geeigneten Sanktion an die Persönlichkeit des Verurteilten.
Das Gericht verfügt darüber hinaus bei einer Freiheitsstrafe
bis zu 6 Monaten über die Entscheidungskompetenz, diese Strafe
als halboffenen Vollzug zu vollziehen oder nicht (25). Die
Bewährungsfrist beträgt mindestens drei, höchstens jedoch fünf
Jahre (26).

Die Strafaufsicht ersetzt die umstrittene Sicherungsverwahrung, die als Maßregel bis 1970 lebenslang verhängt werden
konnte und den Rückfalltäter aus der Gesellschaft ausgrenzte.
Nunmehr erhält er die Chance, sich in der Gesellschaft zu
resozialisieren (27).

Die Wiedereingliederung des Verurteilten steht auch eindeutig
im Vordergrund der Reformen des Jahres 1975: Liegen schwerwiegende medizinische, familiäre, berufliche oder soziale Gründe
vor, kann der Vollzug der Strafe aufgeschoben oder auch aufge-

teilt werden. Voraussetzung ist allerdings, daß auch der Verurteilte Bereitschaft zeigt, den z.B. durch seine Tat entstandenen Schaden wiedergutzumachen (28). Hierzu gehört auch,
daß Eintragungen in das Strafregister dann unterbleiben
können, wenn das Resozialisierungsziel gefährdet erscheint.

Die Ersetzung der kurzen Freiheitsstrafen durch alternative
Sanktionsmöglichkeiten ist das Kernstück der Reform. Neben die
Verhängung von Freiheits- und Geldstrafen für die ver-
schiedensten Vergehen treten seit dem 1. Januar 1976 auch
Neben- und Zusatzstrafen wie z.B. der Führerscheinentzug, die
Einziehung eines Kraftfahrzeuges und Verbot eines Berufs als
mögliche Hauptstrafen. Sie können sowohl als Hauptstrafen
verhängt als auch mit anderen Strafen kombiniert werden. Damit
ist in Frankreich die Trennung zwischen Strafen und Maßregeln
im Strafrecht aufgehoben (29).

Mit dem Gesetz von 1970 ist die Anwendung der Untersuchungshaft durch Einführung einer gerichtlichen Aufsicht, einer "Art
probation vor der Verurteilung" (30) wesentlich eingeschränkt
worden. Bei den Rauschgiftdelikten rangieren therapeutische
vor strafenden Maßnahmen; hingegen können zwecks einer Effektivierung der Strafverfolgung Beschuldigte wegen illegalen
Drogenhandels seit 1970 länger in Polizeigewahrsam verbleiben,
wenn es der Aufklärungsarbeit der Polizei nützt. Nicht nur
Drogendelikte werden stärker kriminalisiert, auch bei Wirtschaftsdelikten wird die Strafverfolgung intensiviert. Es
werden z.B. besondere Wirtschaftskammern mit spezialisierten
Untersuchungsrichtern eingerichtet. Der Umweltschutz und die
Sicherheit am Arbeitsplatz erhalten in der Strafverfolgung
eine höhere Priorität (31).

Die Reform des Ehebruchs (1975) und der Abtreibung (1975)
sowie die Neuregelung des Scheckbetruges (1972) sind die be-
deutendsten Entkriminalisierungsleistungen dieser Ent-
wicklungsperiode des französischen Strafrechts. Auf dem Gebiet
des Strafverfahrensrechts korrespondiert mit dieser Tendenz
zur Entkriminalisierung von Massendelikten die Einführung des
Strafbefehlsverfahrens bei Übertretungen.

Eine durchlaufende Perspektive, welche strafrechtlichen Tatbestände im Wohlfahrtsstaat zu entkriminalisieren sind und welche Rechtsgüter nach wie vor eines strafrechtlichen Schutzes bedürfen, ist aus den durchgeführten Veränderungen jedoch nicht erkennbar. Zu sehr bestimmen aktuelle Probleme, wie z.B. die Bewältigung des enormen Anstiegs von Scheckbetrügereien (32), und die zunehmenden Einflüsse der öffentlichen Meinung, wie z.B. beim Ehebruch und bei der Abtreibung, den Gang der Strafrechtsreform. Wie in der Bundesrepublik Deutschland, so sieht man auch in Frankreich die Notwendigkeit einer umfassenden Gesamtreform. Im Juli 1976 legt eine im Jahre 1974/75 eingesetzte Reformkommission einen Vorentwurf des Allgemeinen Teils des Code Pénal vor (33), der 1978 in überarbeiteter Fassung dem Justizministerium übergeben wird. Steigende Kriminalität, die Zunahme von terroristischen Gewaltdelikten, Geiselnahmen und Banküberfällen und die Ineffektivität resozialisierender Maßnahmen lassen eine vorurteilsfreie Diskussion der in diesem Entwurf enthaltenen Reformelemente (z.B. die Abschaffung der lebenslangen Freiheitsstrafe) nicht zu. Die Forderungen der Öffentlichkeit nach einer Strafverschärfung für Gewaltdelikte, einer härteren Bestrafung von Rückfalltätern und einer Einschränkung des gelockerten Vollzuges finden ihren Niederschlag in einer verschärften Gesetzgebung im Jahre 1981 (34). Die geplante Reform des Code Pénal wird ausgesetzt.

Die Zurückdrängung und die Entwicklung von Alternativen zur (kurzen) Freiheitsstrafe kennzeichnen die Reformperiode von 1970 bis 1980 in England und Wales. Nach dem Criminal Justice Act von 1948 und 1967 erweitert der Criminal Justice Act von 1972 abermals den Katalog der Sanktionsalternativen und dehnt zugleich auch den richterlichen Ermessensspielraum insoweit aus, daß kompensatorische und alternative Maßnahmen auch auf solche Straftaten auszudehnen seien, die bei der Urteilsverkündung noch gar nicht bekannt sind.

Zu den neuen alternativen Strafformen zählt der gemeinnützige Arbeitsdienst, dessen Strafe darin liegt, daß der Verurteilte

in seiner Freizeit zum Wohl der Allgemeinheit unbezahlte Ar-
beitsleistungen vorwiegend im sozialen Bereich verrichtet
(35). Die Verhängung dieser Strafe, die zwischen 40 und 240
Stunden betragen kann, setzt allerdings die Einwilligung des
Angeklagten voraus.

Seit 1972 besteht für den Richter auch die Möglichkeit, den
Strafausspruch um maximal 6 Monate aufzuschieben, um die Entwicklung und das Verhalten des Angeklagten bei der endgültigen
Strafentscheidung angemessen zu berücksichtigen. Begünstigend
auf die Höhe des Strafmaßes wirkt sich eine Wiedergutmachung
des Schadens aus, die im übrigen als pekuniäre Sanktionsform
seit 1972 neben der Einziehung von Geld und der bereits 1968
geregelten Zurückerstattung in Verbindung mit anderen Strafen
als Auflage verhängt werden kann. Während der Angeklagte beim
Strafaufschub nicht unter Bewährungsaufsicht steht und die
Anordnung von Bedingungen oder Auflagen nicht vorgesehen ist,
verfügt das Gericht auch über die Alternative, anstelle des
Strafausspruchs eine Bewährungsanordnung zu erlassen. Der
Angeklagte wird dabei für eine bestimmte Zeit einem Bewährungsbeamten unterstellt (36). Diese Anordnung kann mit Auflagen kombiniert werden, die flexibel, je nach Verhalten des
Betroffenen, auf Antrag des Bewährungsbeamten verändert werden
können. Der Angeklagte kann z.B. zum Besuch eines day-training
center, zum Aufenthalt in einem anerkannten Bewährungsheim,
zur Durchführung einer Entziehungsbehandlung im Fall von Dro-
genabhängigkeit oder psychischer- gegebenenfalls auch
medizinischer - Störung verpflichtet werden (37).Ergänzend ist
der teilweise ausgesetzte Freiheitsstrafenvollzug zu nennen,
der seit 1982 praktiziert wird (38).

Gleichwohl kam es in dieser Reformphase auch zu substantiel-
len Änderungen des Common Law. Wie schon in der ersten Reformperiode, so konzentriert man sich auch in der zweiten
Reformphase auf die Eindämmung des Handels und des Genusses
von Drogen. Der Misuse of Drugs Act 1971 ordnet die verstreu-
ten, nebeneinander bestehenden Strafgesetze im Bereich des
Drogenhandels und -mißbrauchs neu und faßt sämtliche Drogen-
straftaten in einem Gesetz zusammen. Neben der Kriminali-

sierung des Drogenmißbrauchs stellte dieser Act den Kontroll-
organen zugleich auch ein flexibel zu handhabendes gesetzli-
ches Instrumentarium zur Kontrolle und Prävention zur Verfügung. Die verschiedenen Drogen werden in drei Kategorien
klassifiziert, die Restriktionen, denen diese Drogen unterlie-
gen, benannt und die Maximalstrafen festgelegt (39). 1977 wird
durch den Criminal Law Act die Definition des Cannabisbe-
sitzes, -genusses und -anbaus erweitert.

Weitere Straftatbestände, die kriminalisiert werden, sind u.a.
die Verschwörung und die Morddrohung, die Verursachung eines
Straßenverkehrstodes infolge einer leichtsinnigen und gefährlichen Fahrweise und die Verführung von Mädchen unter 16
Jahren zu Inzesthandlungen. Die Bekämpfung des Terrorismus
bildet wie in Frankreich und in der Bundesrepublik Deutschland
einen Schwerpunkt der staatlichen Reaktion. Im Gegensatz zu
den kontinentaleuropäischen Reaktionen werden jedoch in England und Wales die bestehenden Strafgesetze als ausreichend
angesehen, um dem Terrorismus strafrechtlich begegnen zu
können.

Der Schutz des Eigentums bildet einen weiteren Schwerpunkt der
gesetzgeberischen Initiativen. Der Criminal Damage Act von
1971 hebt die Brandstiftung als eigenständiges Delikt des
Common Law auf und subsumiert sie unter den allgemein gefaßten
Tatbestand der Zerstörung oder Beschädigung von Eigentum mittels Feuer. Nicht allein die Definitionen der Straftatbestände
sind hier von Bedeutung, sondern der beachtliche Strafrahmen
und die Behandlung des Delikts als ein indictable Delikt, das
im förmlichen Verfahren vor dem Crown Court abgeurteilt wird
(40). Die erzieherische und gleichwohl abschreckende Funktion
der Geldstrafe wird weithin bestätigt, was zur Folge hat, daß
sich diese Strafart in dieser Reformperiode mehr und mehr als
Alternative zur Freiheitsstrafe entwickelt. Die Geldstrafe
kann allerdings nicht in den Fällen angewendet werden, in
denen eine andere Strafe im Common Law bereits festgelegt ist
und damit der Ermessensspielraum für den Richter nicht mehr
gegeben ist. Mit dem Criminal Law Act 1977 werden z.B. die
maximalen Geldstrafen, bis zu denen eine Person verurteilt

werden kann, auf der unteren Ebene der Magistrate Courts
verändert: Für Personen unter 14 Jahren kann eine Geldstrafe
bis zu £50 (vormals £10) verhängt werden, für Personen von 14
bis 17 Jahren £200 (vormals £50) und für Personen von 17
Jahren und darüber bis zu £1000 (vormals £400).

Im Gegensatz zu England und Wales und zu Frankreich ist in der
Bundesrepublik Deutschland Ende der ersten Periode eine über
Jahrzehnte geführte Debatte zur Reform des Strafrechts zu
einem vorläufigen Ende gekommen. Das Erste und Zweite Straf-
rechtsreformgesetz setzen die wesentlichen Orientierungsmarken
für die zweite Periode. In der Tat gibt es in der Bundesrepublik eine Fülle von Strafrechtsänderungen, die ihren Ausgangspunkt von diesen beiden Reformgesetzen nehmen. Eine Gesamt-
schau all dieser Gesetze ist an dieser Stelle nicht möglich,
so daß wir uns auf die Skizzierung der groben Entwicklungslinien beschränken müssen. Nach J. Baumann bringen eine Vielzahl
von Gesetzesänderungen dieser Periode einen "Zugewinn an Freiheit und Eigenverantwortlichkeit des Bürgers" und beschränken
in durchaus abgewogener Weise das Gewaltmonopol des Staates
auf den Schutz weniger, aber wichtiger Rechtsgüter (41).

Mit dem 16. StrÄG, das die Aufhebung der Verfolgungsverjährung
von Mord, der bis dahin einer 30-jährigen Verjährungsfrist
unterlag, einführt, wird das Leben als das höchste zu schüt-
zende Rechtsgut angesehen (42).

Die kontinuierliche Weiterentwicklung der Strafrechtsreform
gerät allerdings ins Stocken, als die Bundesrepublik Mitte der
70er Jahre von einer Welle terroristischer Aktionen überrollt
wird. Zwar ist man wie in den anderen westeuropäischen Staaten auch in der Bundesrepublik Deutschland der Ansicht, daß
das Strafrecht ausreiche, dem Terrorismus tat- und schuld-
angemessen zu begegnen, doch lassen insbesondere die auf das
Strafverfahrensrecht zielenden Veränderungen eine klare Konzeption der Terrorismusbekämpfung nicht erkennen (43).

Die sog. "Anti-Terror-Gesetzgebung" findet mit dem 11. StrÄG
von 1971, das die Angriffe auf den Luftverkehr unter Strafe

stellt, ihren Anfang (44).Die schärfere Neufassung des er-
presserischen Menschenraubs und die Geiselnahme durch Terroristen erweiterten den Strafrechtsschutz um die neue·Dimension
der terroristischen Gewaltkriminalität (45).

In den folgenden Jahren schält sich allerdings immer mehr eine
auf den Terrorismus zugeschnittene Strafgesetzgebung heraus.
Das 14. StrÄG kriminalisiert dann auch weitestgehend Handlungen, die im Vorfeld der Planung, Unterstützung und Anleitung
terroristischer Aktivitäten liegen. Der strafrechtliche Prä-
ventionsschlag soll mit dem sogenannten "Anti-Terrorismus-
Gesetz" 1976 vollzogen werden (46). Dieses Gesetz zieht eine
Reihe strafprozessualer Änderungen nach sich, die die Erschwe-
rung terroristischer Straftaten und die schnellere Ermittlung
terroristischer Straftäter zum Ziel haben. Die Kernbestand-
teile dieser Novelle sind die erweiterten Durchsetzungsmög-
lichkeiten, bei denen auch Unbeteiligte einbezogen werden
können, wenn z.B. ein Verdacht hinsichtlich einer konspirati-
ven Wohnung in einem größeren Gebäudekomplex besteht, ohne daß
genau angegeben werden kann, um welche Wohnung es sich dabei
handelt. Desweiteren zählen zu den Kernbestandteilen die Einrichtung von Kontrollstellen, die Überwachung des schriftlichen Verteidigerverkehrs, die Möglichkeit des Verteidigeraus-
schlusses und die Identitätsfeststellung des Tatverdächtigen.
Diesem Gesetz folgt das Strafverfahrensänderungsgesetz von
1979, dessen wesentliches Ziel die Verfahrensbeschleunigung
und -vereinfachung ist. Hierzu zählt auch das Strafbefehlsverfahren für die kleinere und mittlere Kriminalität (47). Zulässig sind in diesem Verfahren unbegrenzte Geldstrafen und
die Entziehung der Fahrerlaubnis. Nur bei Einspruch des Beschuldigten gegen den gegen ihn verhängten Strafbefehl kommt
es zu einer mündlichen Verhandlung. Das Strafbefehlsverfahren
und das seit 1975 bestehende vereinfachte Verfahren der Einstellung gegen Auflagen und Weisungen (48) sind ebenfalls
verfahrensbeschleunigende Maßnahmen.

Die Eindämmung der Umwelt-, Wirtschafts- und Drogenkriminalität findet ihren Niederschlag in weiteren strafverschärfenden
Gesetzen. Das 18. StrÄG von 1980 kriminalisiert Handlungen,

die die Umwelt schädigen. Wasser, Boden und Luft rücken immer
stärker in den Vordergrund schützenswerter Rechtsgüter.

In der Neuordnung des Betäubungsmittelrechts wird eine härtere
Gangart gegenüber der schweren Rauschgiftkriminalität einge-
schlagen. Für besonders schwere Fälle des gewerbs- und banden-
mäßigen Handels mit unerlaubten Betäubungsmitteln wird der
Strafrahmen erhöht. Desweiteren wird der Besitz von unerlaubten Betäubungsmitteln unter Strafe gestellt. Der Katalog kon-
trollierter Betäubungsmittel wird beständig erweitert, und die
Rechtsgrundlagen werden durch Vereinheitlichung verbessert.
Die Strafvollstreckung kann im Bereich der kleineren und mittleren Drogendelikte in den Fällen zurückgestellt werden, in
denen der Verurteilte sich einer Therapie unterzieht bzw.
deren Beginn gewährleistet ist.

Das Erste Gesetz zur Bekämpfung der Wirtschaftskriminalität
kriminalisiert den Subventions- und Kreditbetrug.

Das Strafvollzugsgesetz von 1976, das am 1.1.1977 in Kraft
trat, regelt die Durchführung der Freiheitsstrafen und freiheitsentziehenden Maßregeln der Sicherung und Besserung. Damit
ist der "rechtlose" Zustand im Vollzugsbereich beendet und
eine gesetzliche Grundlage für den Vollzug geschaffen worden.
Den Gesetzgebungsprozeß begleitete seinerzeit die Frage, "ob
der Vollzug der lebenslangen Freiheitsstrafe auch auf die
Wiedereingliederung der zu lebenslanger Freiheitsstrafe Verurteilten und auf ein zukünftiges Leben in sozialer Verantwortung ohne Straftaten gerichtet sei" (49). Das Strafvollzugsgesetz gibt insofern eine klare und eindeutige Antwort, indem es
das Vollzugsziel der Resozialisierung auch für zu lebenslanger
Freiheitsstrafe Verurteilte vorsieht. Die Aussetzungsmöglich-
keit der lebenslangen Freiheitsstrafe nach 15 Jahren Strafver-
büßung ist in diesem Zusammenhang von Bedeutung, weil das
Gesetz einen Zugewinn an Freiheit für einen kleinen Kreis von
Straftätern bringt (50).

3. Handlungsbedingungen strafjustizieller Kontrolle

Wir wissen, daß nicht alle bekanntgewordenen Fälle vor die
Schranken des Gerichts gelangen und dort abgeurteilt werden.
Polizei und Staatsanwaltschaft sind in allen drei Ländern sehr
wirksame Filterinstanzen. Sie entscheiden darüber, ob überhaupt und welche Straftaten verfolgt bzw. verfahrensmäßig
eingestellt werden. Polizei und Staatsanwaltschaft erweisen
sich als effektive Selektionsinstanzen, die wesentlich die
Kriminalpolitik eines Landes bestimmen.

3.1 Ebene der Staatsanwaltschaft und Polizei

In Frankreich ist es die Aufgabe der Staatsanwaltschaft, die
Tätigkeiten der Gerichtspolizei zu leiten und alle notwendigen Schritte zur Fallaufklärung vorzunehmen (51). Rechtlich
ist die Staatsanwaltschaft diejenige Instanz, die über Verfahrenseinstellungen und Klageerhebung entscheiden soll, praktisch jedoch werden bei der kleinen und mittleren Kriminalität
diese Aufgaben bereits von der Polizei wahrgenommen. Das
staatsanwaltliche Opportunitätsprinzip wird demnach bereits in
den Polizeikommissariaten angewendet. Die Polizei ist, wie
Grebing (52) feststellt, die "faktische Herrin" des Ermittlungsverfahrens.

Neben der Staatsanwaltschaft gibt es noch weitere Verwaltungs-
einheiten wie Steuer-, Zoll-, Jagd-, Forst- und Fischereiadmi-
nistrationen, die quasi Strafverfolgungsaufgaben erfüllen und
auch öffentlich Klage erheben können. Sie verfügen darüberhinaus über das Institut des "Vergleichs", der, wird er von
den Beschuldigten angenommen, in der Regel die öffentliche
Klage überflüssig macht. Die zentrale Stellung der
Staatsanwaltschaft, öffentlich Klage einzuleiten, wird dadurch
jedoch nicht wesentlich berührt. "In diesem Bereich zwischen
dem Abschluß des Ermittlungsverfahrens und der Entscheidung
über das Erheben der Strafklage entfaltet sich die spezifische
staatsanwaltschaftliche Entscheidungsmacht, weil hier niemals
im Hinblick auf Verfahrenseinstellung oder Strafverfolgung das
Opportunitätsprinzip gilt und im übrigen bei beabsichtigter

Tabelle 1: Bekanntgewordene Kriminalität und Verfahrenseinstellungen bei der Staatsanwaltschaft und beim Untersuchungsrichter in Frankreich.

Jahr	Eingegangene Anzeigen bei der Staatsanwaltschaft	Einstellungen durch den Staatsanwalt	Beantragungen der richterlichen Voruntersuchung	Verfahrenseinstellungen nach der richterlichen Voruntersuchung
1960	3 230 774	818 786	66 345	18 204
1961	3 423 651	915 182	68 152	19 483
1962	4 695 182	994 109	70 041	18 650
1963	5 900 990	1 055 231	70 577	17 913
1964	7 072 400 1)	1 135 864	69 736	17 030
1965	6 854 912	1 261 311	71 171	17 678
1966	7 578 896	1 413 851	70 257	15 773
1967	7 754 026	1 560 298	71 834	14 972
1968	7 360 422	1 747 242	69 839	15 546
1969	7 463 456	1 988 970	69 162	14 580
1970	9 578 456	2 202 223	70 389	14 065
1971	10 951 819	2 476 644	68 920	14 829
1972	10 055 678	2 606 187	70 031	15 797
1973	11 236 174	2 698 775	70 092	17 255
1974	10 531 208	3 255 116	71 341	16 094
1975	13 568 820	3 336 627	71 253	14 513
1976	14 112 757	3 285 047	65 846	13 348
1977	13 697 370	3 244 090	65 443	12 713
1978	14 324 547	3 494 761	63 308	12 568
1979	12 683 650	3 839 872	64 159	12 563
1980	16 397 867	4 112 013	64 731	13 582
1981	15 232 912	5 303 525	58 846	

1) Seit 1965 sind die Zahlen des Geschäftsanfalls bei der Staatsanwaltschaft um die Verfahren bereinigt, die bei anderen Verwaltungen, die im Bereich des Nebenstrafrechts mit der Erhebung und Ausübung der öffentlichen Strafklage betraut sind, eingegangen sind – die Statistik ist somit um die Doppelzählungen bereinigt.

Quelle: Compte général de l'administration de la justice pénale 1978, Paris 1982

Strafklage mehrere Möglichkeiten offenstehen, deren Auswahl
häufig ebenfalls das Ergebnis einer bestimmten Strafverfol-
gungstaktik ist" (53).

Die Tabelle 1 weist für den Zeitraum 1960 bis 1981 den Geschäftsanfall und die Einstellungspraxis bei der Staatsanwaltschaft bzw. dem Untersuchungsrichter aus. Es ist ersichtlich,
daß sich in den 21 Jahren der Anzeigenanteil um mehr als 370%
steigert, was einem durchschnittlichen jährlichen Zuwachs von
rund 18% entspricht. In den eingegangenen Anzeigen bei der
Staatsanwaltschaft sind alle die von der Gerichtspolizei mit-
geteilten Straftaten und die entsprechenden übermittelten
Ermittlungsakten, die Anzeigen der Opfer von Straftaten und
die Anzeigen Dritter enthalten. Zudem weist sich die Staatsanwaltschaft als Instanz sozialer Kontrolle durch ihre "`quasi`
richterliche Tätigkeit bei der Verfahrenseinstellung bzw. der
Nichtverfolgung aufgrund des Opportunitätsprinzips" aus (54).
Gegenüber 1960 weitet sich in den folgenden Jahren ständig der
Anteil der Verfahrenseinstellungen gegenüber dem gesamten
Geschäftsanfall auf fast 35% aus; in absoluten Zahlen: von
rund 800 000 auf 5,3 Millionen.

Gegenüber den Klageerhebungen weisen die Einstellungen den
größten Zuwachs auf. Grebing sieht den Grund für diesen überproportionalen Zuwachs von Einstellungen gegenüber anderen
Arten der Erledigung einzig in der begrenzten Aufnahmekapazi-
tät der Strafjustiz. Die Staatsanwaltschaft geht insofern
taktisch vor, als sie die jeweiligen Erfolgschancen ihrer
Anklage vorab abwägt. Sie setzt bei Klageerhebung "die Schwere
des Delikts mit dem Grad der Erfolgswahrscheinlichkeit in
Beziehung" (55). Das impliziert aber, daß mittlere und kleinere Vergehen weit weniger die Aufmerksamkeit der Staatsanwaltschaft auf sich ziehen als spektakuläre und von ihrem
Schweregrad hoch eingeschätzte Verbrechen. Nicht immer ist es
die Schwere eines Delikts, auch die Häufigkeit einer Straftat
beeinflußt die Einstellungspraxis der Staatsanwaltschaft,
insbesondere wenn es darum geht, einer wenig beachteten Norm
durch verstärkte Verfolgung und Sanktionierung wieder Geltung
zu verschaffen. Zudem ist aus Tabelle 1 ersichtlich, daß bei

den von der Staatsanwaltschaft bei Verbrechen eingeleiteten obligatorischen richterlichen Untersuchungen durchschnittlich 21% der Verfahren vom Untersuchungsrichter vorwiegend wegen Nichtermittlung des Täters eingestellt werden.

Bei Übertretungen und Vergehen steht es der Staatsanwaltschaft frei, ob sie den Weg über die richterliche Voruntersuchung beschreitet oder direkt beim Gericht die Klage einreicht. Sie verfügt bei Bagatelldelikten seit 1972 über das vereinfachte Verfahren des Strafbefehls. Dieser wird wie in der Bundesrepublik Deutschland auf Antrag der Staatsanwaltschaft von dem Einzelrichter im schriftlichen Verfahren erlassen. In diesem Verfahren ist nur die Verhängung einer Geldstrafe zulässig.

In England und Wales gibt es kein den kontinentaleuropäischen Ländern vergleichbares Institut. Hier kann der Bürger theoretisch als Kläger auftreten, was allerdings in den seltensten Fällen geschieht. In England und Wales werden die Ermittlungen von der Polizei durchgeführt und auch die entsprechenden Anklagen vorbereitet (56). Beratend steht ihr der Director of Public Prosecution zur Seite, der einen "starken Einfluß auf die Strafrechtspflege des Landes" ausübt, weil bei ihm die wichtigsten Informationen zu den strafbaren Handlungen aus den einzelnen Polizeibereichen zusammenlaufen. Die einzelnen Polizeibereiche verfügen über einen weiten Ermessensspielraum, ob sie nun anklagen oder nicht. In die Entscheidung fließen nicht nur fallbezogene Informationen ein (wie Beweislage, Geständnis etc.), sondern auch die Strafverfolgungs- und Kriminalpolitik des Bereiches und des Landes spielen eine gewichtige Rolle bei dieser Entscheidung (57).

Für England und Wales ist es besonders schwierig, aus der Kriminalstatistik entsprechende detaillierte Informationen zu erhalten. Als aufgeklärt gelten nach der Definition der Kriminalstatistik Taten, deretwegen jemand verhaftet, vorgeladen oder verwarnt wurde (58), "weiterhin gelten als aufgeklärt die Handlungen, die von strafunmündigen Kindern begangen wurden, sowie solche, die bei der Strafzumessungsentscheidung wegen einer anderen Straftat mitberücksichtigt werden, weil

Tabelle 2: Bekanntgewordene Kriminalität und Verwarnungen in
England und Wales (in 1 000)

Jahr	Begangene Straftaten	davon auf- geklärt	davon verwarnte Personen	davon an- geklagte Personen
1970	1 568,4	705,8	58,1	
1972	1 690,2	777,5	86,5	
1975	2 105,6	926,5	102,2	
1978	2 395,8	1 006,2	106,8	363,8
1979[1]	2 376,7	974,4	96,8[2]	371,3
1980	2 520,6	1 008,2	100,9	407,4

1) Die Daten für 1980 sind nur bedingt mit denen vorheriger
Jahre vergleichbar, da Umstellungen in der Registrierung
die Daten beeinflussen.

2) Durch den Criminal Law Act 1977 gibt es eine Neudefinition von Bagatelldelikten (summary offences) und schweren
Vergehen (indictable offences).

Quelle: Criminal Statistics England and Wales, London, Her
Majesty's Stationery Office, verschiedene Jahrgänge

sich der Angeklagte zu ihnen bekannt hat, und Delikte, deren
Täter zwar bekannt ist oder deretwegen ein bestimmter Täter
verdächtigt wird" (59).

Die Polizei verfügt über einen weiten Ermessensspielraum in
der Strafverfolgung. Huber nennt eine Reihe von Gründen, die
die Polizei veranlaßt, die Strafverfolgung nicht durchzu-
führen, obwohl weder Verfahrenshindernisse bestehen noch die
Beweislage dürftig ist. Im einzelnen sind es "die Auswirkung
der Strafverfolgung auf die öffentliche Moral, Ordnung und
öffentliche Politik, die Bedeutung und Durchsetzbarkeit des
verletzten Gesetzes, die Einstellung des Opfers zur Tat und
zur Strafverfolgung, das Alter und der gesundheitliche Zustand
des Täters, die Art und Weise der Beweisermittlung und
-erlangung"(60).

Aus den Kriminalstatistiken sind nur wenige Informationen über
Fallerledigungen durch die Polizei zu entnehmen. Die wenigen
Daten sind zudem noch durch gesetzliche Änderungen oder Ände-
rungen der Erfassungssystematik verzerrt (61).
Auffallend ist, daß bei einer wachsenden Zahl begangener Straftaten die Aufklärungsrate der Polizei sinkt, während der
prozentuale Anteil der Anklagen an den aufgeklärten Straftaten
steigt und die mündlichen Verwarnungen rückläufig sind (vgl.
Tabelle 2). Beträgt 1978 der Anteil verwarnter und angeklagter
Personen wegen "indictable offences" 46,8% der aufgeklärten
Kriminalität, so liegt er 1980 bereits bei 50,4%. 10,6% der
aufgeklärten Straftaten werden 1978 in Verbindung mit einer
mündlichen Verwarnung eingestellt; 1980 sind es noch 10%. De-
taillertere Informationen sind aus den offiziellen Statistiken nicht mehr zu entnehmen.

In der Bundesrepublik Deutschland verfahren die Strafverfolgungsbehörden nach dem strafprozessualen Legalitätsprinzip.
Demnach ist es die Pflicht der Verfolgungsinstanzen, jede
strafbare Handlung aufzuklären und anzuklagen (62).

Die Polizei selbst verfügt über genügend Definitionsspiel-
räume, die bei Delikten gegen die Person stärker ausgefüllt
werden als z.B. bei Eigentumsdelikten (63). Auch die Staatsanwaltschaft verfügt über Entscheidungsspielräume, von einer
Strafverfolgung abzusehen, wenn das öffentliche Interesse an
einer Strafverfolgung als gering angesehen wird oder aber der
Schaden nur geringfügig ist.

Beschnitten wird das Legalitätsprinzip allerdings auch durch
Einführung der §§ 153, 153a StPO (64). Die Intentionen des Gesetzgebers, die §§ 153, 153a StPO neu zu fassen, lagen einerseits in der Straffung und Beschleunigung des Strafverfahrens
und andererseits in einer Verstärkung der Normgeltung, um den
Legitimationsverlust der Normen aufzufangen, da die zunehmende
Bagatellkriminalität und deren faktische Nichtbehandlung die
bestehenden Normen zu unterhöhlen und die Rechtswirksamkeit im
Bewußtsein der Bevölkerung außer Kraft zu setzen droht (65).

Mit der Einstellung gegen Auflagen und Weisungen nach § 153a
StPO steht grundsätzlich auch der Staatsanwaltschaft ein
Rechtsinstitut zur Verfügung, das bei geringer Schuld des
Täters vor einer öffentlichen Klageerhebung zur Anwendung
kommen kann - sofern das Gericht diesem vereinfachten Verfahren zustimmt (66). Die Datenbasis ist in der Bundesrepublik
Deutschland nur geringfügig besser als in den beiden Ver-
gleichsländern. W. Heinz hat auf der Grundlage unveröffent-
lichter Maschinentabellen der Staatsanwaltschaftsstatistik der
Bundesländer Schätzungen zur Einstellung gemäß §§ 153ff StPO
vorgenommen. Danach ist in der Bundesrepublik Deutschland seit
1975 von der Einstellung gegen Auflagen und Weisungen nach
§ 153a StPO zunehmend Gebrauch gemacht worden. Nach seinen
Hochrechnungen auf der Basis von acht Bundesländern sind 1980
in der Bundesrepublik Deutschland insgesamt 102 000 Verfahren
(1977: 53 000) mit Auflagen und 150 000 (1977: 127 000) ohne
Auflagen von der Staatsanwaltschaft eingestellt worden (67).

Tabelle 3: Anteil der Erledigungen gerichtlicher Strafverfahren durch Strafbefehl 1971 bis 1981¹⁾

Jahr	Strafverfahren insgesamt Anzahl	durch Strafbefehlsantrag eingeleitet Anzahl	%	Hauptverfahren nach Strafbefehlsantrag²⁾ Anzahl	%	Zahl der Einsprüche gegen Strafbefehle Anzahl	%	Einspruchsrücknahmen Anzahl	%
1971	877 289	452 904	51,6	93 101	20,6	90 473	20,0	22 970	25,4
1972	939 188	490 690	52,2	101 823	20,8	99 431	20,3	25 895	26,0
1973	939 627	492 167	52,4	109 136	22,2	107 041	21,7	27 689	25,9
1974	936 780	481 616	51,4	113 085	23,5	111 097	23,1	28 427	25,6
1975	896 528	427 276	47,7	116 646	27,3	115 002	26,9	31 219	27,1
1976	940 173	430 706	45,8	127 100	29,5	125 128	29,1	33 438	26,7
1977	970 595	431 762	44,5	131 276	30,4	129 269	29,9	35 456	27,7
1978	993 785	422 651	42,5	136 856	32,4	134 611	31,8	38 903	28,9
1979	993 895	414 194	41,7	134 266	32,4	132 116	31,9	39 961	30,2
1980	1 027 676	428 660	41,7	139 647	32,6	137 142	32,0	43 100	31,4
1981	1 051 449	436 400	41,5	141 991	32,5	139 156	31,9	43 826	31,5

1) Amtsgerichtliche Verfahren ohne Verfahren nach dem OWiG sowie (bis 1974) ohne Strafverfügungen

2) Verfahren nach Einspruch und Verfahren gemäß § 408 Abs. 2 StPO

Quelle: Statistisches Bundesamt (Hrsg.): Fachserie 10, Rechtspflege, Reihe 2: Zivilgerichte und Strafgerichte, verschiedene Jahrgänge

Feltes resümiert unter Berücksichtigung der Daten von sieben
Bundesländern, daß etwa 60% aller Verfahren von der Staatsanwaltschaft mehr oder weniger folgenlos für die Betroffenen
erledigt werden. "Sie werden ohne Auflage eingestellt, nach
§ 170 Abs. 2 StPO (zum Beispiel mangels Tatverdacht) zurückgewiesen, der Anzeigende wird auf den Privatklageweg verwiesen
oder es erfolgt eine Abgabe des Verfahrens an die Ordnungsbe-
hörde, die die Tat dann allerdings als Ordnungswidrigkeit
ahnden kann" (68).

Im Bundesdurchschnitt kommen auf eine Einstellung durch die
Staatsanwaltschaft durchschnittlich 3,5 Anklagen (69). Neben
der Einstellung mit/ohne Auflagen verfügt die Staatsanwaltschaft über weitere Sanktionsalternativen. Unterhalb des gerichtlichen Verfahrens liegt das in den §§ 407 bis 412 StPO
geregelte Strafbefehlsverfahren. Der Strafbefehl ist eine
Schuld feststellende und Strafe festsetzende richterliche
Entscheidung im schriftlichen Verfahren ohne mündliche Verhandlung und wird vom Staatsanwalt beim Amtsgericht beantragt.
Zu einer mündlichen Verhandlung kommt es nur dann, " wenn sich
der Beschuldigte mit dem Rechtsbehelf des Einspruchs gegen den
Strafbefehl wehrt. (...) Geldstrafen sind ohne Begrenzung
zulässig; die Verhängung von Freiheitsstrafen ist ausgeschlos-
sen; von den Maßregeln der Besserung und Sicherung ist lediglich die Entziehung der Fahrerlaubnis möglich" (70).

Aus Tabelle 3 ist ersichtlich, daß der Anteil der von der
Staatsanwaltschaft eingeleiteten Strafbefehlsverfahren an den
gesamten Strafverfahren rückläufig ist. Werden 1971 noch 51,6%
Strafbefehlsanträge gestellt, so 1980 nur noch 41,7%. Gegenüber der höchsten Anzahl von Anträgen im Jahre 1973 (492 167)
wurden 1980 63 507 Anträge weniger gestellt. Kontinuierlich
erhöht haben sich die Einsprüche gegen die richterlichen Straf
befehle, von 1971: 90 473 auf 1980: 137 142. Die Einspruchsquote ist von 20% auf 32% gestiegen.

Zusammenfassend ist zu bemerken, daß die staatsanwaltschaftliche Einstellungspraxis sich keineswegs an den wohlfahrtsstaatlichen Zielen orientiert. Eher pragmatische Gründe prägen

die Fallbehandlung und -erledigung: Die Überlastung der Straf-
justiz ist in Deutschland und Frankreich einer der zentralen
Einstellungsgründe und entscheidend für die Wahl verschiedener
Alternativen der Fallerledigung. Die Verfahrens- und
Prozeßökonomie rangiert vor den sozialen Merkmalen von Tat und
Täter (71).

3.2 Ebene der Gerichte

Aus der Deskription der Strafrechtsentwicklung ergibt sich,
daß die alleinige Betrachtung des Geschäftsanfalls bei den
Gerichten unzureichend ist und jede Interpretation verzerrt,
berücksichtigt man nicht das Verhältnis von angedrohter Strafe
und tatsächlicher Sanktion. Dies gilt insbesondere für England
und Wales, aber auch für Frankreich und die Bundesrepublik
Deutschland wäre eine - sofern die Datenlage es erlaubt -
differenziertere Betrachtung ratsam.

In Frankreich werden entsprechend der Straftatenklassifizie-
rung in Verbrechen, Vergehen und Übertretungen die Strafen in
Kriminal-, Korrektional- und Polizeistrafen unterteilt und von
den entsprechenden Gerichten verhängt.

Das Polizeigericht befaßt sich mit den Übertretungen und kann
Gefängnisstrafen von einem Tag bis zu zwei Monaten verhängen.
Über den Strafrahmen von zwei Monaten hinausgehende Strafen
sind Kriminalstrafen bzw. korrektionelle Freiheitsstrafen.
Korrektionelle Freiheitsstrafen sind der mittleren Kriminalität (Vergehen) vorbehalten und können - von zwei Monaten bis
zu fünf Jahren, unter bestimmten Voraussetzungen bis zu zehn
oder zwanzig Jahren - von den Korrektionalgerichten verhängt
werden. Die schweren Verbrechen werden vor den Schwurgerichten
verhandelt. Hier steht dem Richter die lebenslange und zeitige
Zuchthausstrafe bzw. Festungshaft für politisch motivierte
Delikte als Kriminalstrafe zur Verfügung.

Tabelle 4: Zahl der eingereichten Anklagen beim Gericht und gerichtliche Verurteilungen in Frankreich[1]

Jahr	Direkte Anklagen beim Korrektionalgericht durch die Staatsanwaltschaft (Vergehen)	Verurteilungen beim Korrektionalgericht und Berufungsgericht (Vergehen)	Direkte Anklagen beim Polizeigericht durch die Staatsanwaltschaft (Übertretungen)	Verurteilungen beim Polizeigericht (Übertretungen)	Verurteilungen beim Schwurgericht (Verbrechen)	Aburteilungen (insgesamt)
1960	210 606	212 595		743 260	914	956 769
1961	214 362	222 593		863 458	934	1 086 985
1962	219 990	214 918		878 736	1 038	1 094 693
1963	213 116	229 399		1 011 656	1 288	1 242 343
1964	222 012	241 912		1 231 796	1 341	1 475 049
1965	242 204	256 701	5 035 328	1 560 009	1 491	1 818 201
1966	261 437	268 575	5 777 279	1 275 164	1 641	1 575 380
1967	282 083	287 311	5 535 579	1 499 606	1 455	1 788 372
1968	301 157	293 930	4 908 090	1 575 060	1 329	1 870 299
1969	325 318	256 894	4 663 402	1 268 753	1 248	1 526 895
1970	357 747	305 343	6 472 113	1 873 835	1 098	2 180 273
1971	399 963	350 242	7 451 010	2 519 332	1 114	2 870 688
1972	414 052	370 787	6 366 202	2 565 181	1 301	2 937 272
1973	436 124	365 438	7 334 227	2 669 524	1 386	3 036 348
1974	441 835	236 177	6 007 729	1 799 944	1 301	1 620 857
1975	493 559	379 026	8 781 193	2 083 746	1 992	2 328 806
1976	487 505	403 989	9 355 430	2 000 909	1 680	2 406 578
1977	516 310	396 302	8 848 051	1 767 079	1 767	2 165 148
1978	529 151	429 454	9 179 569	2 071 935	2 128	2 503 517
1979	515 274	450 230	7 050 658	1 993 447		
1980	544 229	478 816	10 307 560	2 055 598		
1981	502 045	541 479	7 887 543	1 403 954		

1) In den Jahren 1966, 1969, 1974 sind die Daten durch Amnestiegewährungen verzerrt. Zudem gab es für Polizeiübertretungen eine Generalamnestie.

Quelle: Compte général de l'administration de la justice pénale 1978, Paris 1982

Im allgemeinen ist die Geldstrafe kumulativ neben einer Freiheitsstrafe vorgesehen. Sie kann aber auch obligatorisch,
fakultativ oder alternativ neben einer Freiheitsstrafe ange-
droht werden.

Bei den Übertretungen sind in der 5. Klasse Höchstgrenzen der
Geldstrafen festgelegt (72). In der 4. und 5. Klasse können
für alle Übertretungen Geld- und Freiheitsstrafen nebeneinander ausgesprochen werden (73).

Bei Vergehen ist die Untergrenze mit 2 000 F festgelegt, nach
oben hin ist das Strafmaß offen, sofern nicht Obergrenzen bei
einzelnen Straftatbeständen definiert worden sind. Bei Vergehen ist die Geldstrafe in der Regel kumulativ neben einer
Freiheitsstrafe vorgesehen. Selten kommt sie bei Verbrechen
zur Anwendung und dann nur komplementär zu einer Freiheitsstrafe. Vergegenwärtigt man sich den Geschäftsanfall bei den
Gerichten, so fällt zunächst die gravierende Differenz zwischen
Anklagen und Verurteilungen bei den Polizeigerichten auf (Tabelle 4) (74).

Der Einstellungsanteil bei den Gerichten liegt durchschnittlich bei 23%, d.h. rund ein Viertel der Anklagen wird durch
Einstellung des Verfahrens erledigt. Die Variationsbreite
liegt bei 14 Prozentpunkten, das ist, berücksichtigt man die
Größenordnungen der Einstellungen bei der Staatsanwaltschaft,
bereits ein beachtlicher Anteil von Verfahren, die für die
Betroffenen konsequenzlos erledigt werden. Allerdings sind
gegenüber dem Geschäftsanfall bei der Staatsanwaltschaft und
der dort praktizierten Erledigungspraxis die auf Verurteilung
zielenden Erledigungsarten bei den Gerichten keineswegs so
stark gestiegen.

Prozentual gesehen ist die Zunahme der Verurteilungen bei den
verschiedenen Gerichten recht unterschiedlich ausgefallen:
Sie beträgt im Zeitraum von 1960 bis 1980 bei den Korrektionalgerichten 125%, bei den Polizeigerichten 177% und bei den
Schwurgerichten von 1960 bis 1978 133%. Das Jahr 1980 ist

Tabelle 5: Entwicklung der Strafen bei Vergehen in Frankreich

Jahr	Gefängnis-strafe ohne Bewährung	Gefängnis-strafe mit einfacher Strafaussetzung	Strafaussetzung zur Bewährung	Geldstrafe	Freiheitsstrafe insgesamt
1960	55 932	33 211	2 223	118 229	91 366
1961	56 952	41 166	3 355	121 101	101 423
1962	57 706	41 259	4 162	111 738	103 127
1963	63 640	44 573	4 473	116 666	112 686
1964	67 689	47 029	4 996	122 109	119 714
1965	71 561	51 457	6 179	127 412	129 197
1966	67 839	56 561	7 028	132 408	131 428
1967	75 906	68 486	7 746	135 287	152 138
1968	76 749	69 364	8 151	139 364	154 264
1969	76 953	54 723	9 005	112 760	140 681
1970	74 831	79 774	9 685	136 791	164 290
1971	80 578	94 682	8 679	164 858	183 939
1972	87 297	100 663	9 019	173 777	196 979
1973	78 066	98 585	9 438	179 227	186 089
1974	65 686	57 519	9 851	101 842	133 056
1975	86 500	106 477	12 463	171 888	205 440
1976	80 959	112 076	13 304	195 412	206 339
1977	76 404	105 079	12 735	184 675	194 218
1978	84 480	105 039	13 430	192 470	202 949

Quelle: Compte général de l'administration de la justice pénale 1978, Paris 1982

nicht als Höhepunkt der Entwicklung anzusehen. So betrug z.B.
die absolute Zahl der Verurteilungen wegen Übertretungen 1973
2,6 Millionen gegenüber rund 2 Millionen 1980.

Darüberhinaus gilt Frankreich als ein sehr amnestiefreudiges
Land. Staatspräsidenten pflegen sich mit den von ihnen eingeleiteten und gewährten Amnestien zu schmücken. Amnestien grei-
fen in jedes Stadium des strafrechtlichen Verfahrens ein, sei
es während einer Strafverfolgung, einem noch nicht abgeschlos-
senen Verfahren oder nach einer bereits ausgesprochenen Verurteilung. Ist letztere bereits erfolgt, so ist die Amnestie
nach französischer Rechtsauffassung Strafaufhebungsgrund mit
der Maßgabe, daß das Urteil aufgehoben wird; dauert das Verfahren noch an, bewirkt die Amnestie dessen Einstellung. Aufgrund dieser Amnestiepraxis ist es nicht verwunderlich, daß
die französischen Daten in verschiedenen Jahren (75) erhebliche Entwicklungsbrüche aufweisen.

Bei der großen Anzahl von gerichtlichen Anklagen und Verurteilungen wird die Bedeutung der Einstellung (einschließlich der
Amnestie) als regulative Maßnahme überaus deutlich. Nur so ist
offensichtlich überhaupt der gestiegene Geschäftsanfall zu
bewältigen. Damit erhält die strafjustizielle Einstellungspraxis in Frankreich eine eher pragmatische Ausrichtung und ist
nicht als eine an wohlfahrtsstaatlichen Prinzipien orientierte
Kriminalpolitik anzusehen.

Bei den Korrektionalgerichten halten sich Freiheitsstrafen und
Geldstrafen in etwa die Waage. Von 1965 bis 1975 dominiert
dabei die Freiheitsstrafe über die Geldstrafe. Erst 1977
wächst der Anteil der Geldstrafen an den insgesamt verhängten
Freiheitsstrafen, die mit 53% bisher aber nicht den Stand von
1960 (57%) erreichen. Die französischen Statistiken weisen
jedoch nicht gesondert aus, in wievielen Fällen Geldstrafen
neben einer Freiheitsstrafe verhängt werden (Tabelle 5). Es
ist auffallend, daß in Frankreich der Anteil der kurzen Freiheitsstrafen unter drei Monaten an den insgesamt verhängten
Freiheitsstrafen zunimmt : 1962 beträgt er 68,4% und 1975
bereits 73,7%; ergänzend hierzu beträgt der Anteil der Strafen

Tabelle 6: Die Entwicklung von Freiheitsstrafen und Bewährung in Frankreich 1973 bis 1980

Jahr	Freiheitsstrafen insgesamt	vollzogene Freiheitsstrafen		einfache Strafaussetzung		Strafaussetzung zur Bewährung	
	Anzahl	Anzahl	%	Anzahl	%	Anzahl	%
1973	234 564	93 084	39,7	125 455	53,5	16 025	6,8
1974	250 484	98 930	39,5	131 538	52,5	20 016	8,0
1975	281 815	102 575	36,4	156 838	55,7	22 402	7,9
1976	271 167	96 166	35,4	149 215	55,0	25 786	9,5
1977	273 524	98 784	36,1	147 204	53,8	27 536	10,1
1978	265 806	97 586	36,7	140 909	53,0	27 311	10,3
1979	216 542	75 670	34,9	115 197	53,2	25 675	11,9
1980	235 004	87 432	37,2	118 429	50,4	29 143	12,4

Quelle: Ministère de la Justice, Rapport général 1980, S. 193

bis zu einem Jahr 94% (1975) gegenüber 91% im Jahre 1962. Dabei darf wiederum nicht unberücksichtigt bleiben, daß in Frankreich mehr als die Hälfte aller Freiheitsstrafen zur Bewährung ausgesetzt wird (76).

Der Anteil der Bewährungsinstitute an den insgesamt ausgesprochenen Freiheitsstrafen beträgt 1980 annähernd 63%, während es z.B. 1973 knapp 60% sind. Die einfache Strafaussetzung nimmt seit 1975 beständig ab und erreicht 1980 mit 50% einen bisherigen Tiefpunkt. Demgegenüber ist der Prozentsatz der Strafaussetzungen zur Bewährung kontinuierlich gestiegen und erreicht mit 12,4% (1980) den bisherigen Höchststand. Bemerkenswert ist auch, daß der Anteil vollzogener Freiheitsstrafen im Jahre 1980 ebenfalls wieder gestiegen ist (Tabelle 6). Auch wenn ein Großteil der Strafen von den Korrektionalgerichten zur Bewährung ausgesetzt wird, so zeichnet sich doch eine eindeutige Tendenz ab : Die Kriminalpolitik, die hier durch die Praxis der Strafrechtspflege zum Ausdruck kommt, setzt auf die abschreckende Wirkung der kurzen Freiheitsstrafe als wohltuende Schocktherapie für ein zukünftiges straffreies Leben.

Geldstrafen dominieren eindeutig bei den Übertretungen. Sie werden von den Polizeigerichten in durchschnittlich 98% der Fälle verhängt. Jedoch ist hierbei zu berücksichtigen, daß die verhängten Freiheitsstrafen den Strafrahmen von zwei Monaten nicht überschreiten dürfen (Tabelle 7).

Die Tendenz zur kurzen Freiheitsstrafe spiegelt sich auch in diesen Daten wieder. Bewährung wird bei einer Freiheitsstrafe häufig angewendet (durchschnittlich in 47% der Fälle), aber sie ist bei Übertretungen nicht die Regel. Die Tendenz zur kurzen Freiheitsstrafe ist bei den Polizeigerichten unverkennbar, auch wenn der Anteil an den insgesamt verhängten Strafen sehr gering ist.

Im Common Law, so haben wir oben dargelegt, ist für jede Straftat eine Höchststrafe festgelegt. Es liegt jedoch im richterlichen Ermessen, welche der vielen Alternativen der Strafzumessung innerhalb dieser Grenze gewählt wird. Daneben

Tabelle 7: Entwicklung der Strafen bei Übertretungen in Frankreich

Jahr	Gefängnisstrafen ohne Bewährung	einfache Strafaussetzung	Geldstrafe	Freiheitsstrafen insgesamt
1960	460	415	30 461	875
1961	838	413	38 199	1 251
1962	840	437	61 575	1 277
1963	942	439	60 848	1 381
1964	797	517	66 605	1 314
1965	943	742	71 686	1 685
1966	807	574	65 481	1 381
1967	959	674	75 395	1 633
1968	1 250	1 060	78 822	2 310
1969	823	555	53 675	1 378
1970	884	1 221	74 223	2 105
1971	1 070	1 202	91 104	2 272
1972	2 445	1 489	120 922	3 934
1973	3 991	2 241	155 514	6 232
1974	1 017	865	67 941	1 882
1975	2 475	1 616	134 645	4 091
1976	3 579	1 801	136 100	5 380
1977	1 715	1 865	126 468	3 580
1978	1 349	1 344	106 993	2 693

Quelle: Compte général de l'administration de la justice pénale 1978, Paris 1982

gibt es wiederum Möglichkeiten, verschiedene Verfahrensformen
und damit auch unterschiedliche Gerichte zu wählen. Handelt es
sich um eine im <u>summarischen Verfahren</u> abzuurteilende Straftat, so wird diese auf der unteren Gerichtsebene, der <u>"Magistrates' Courts"</u>, abgeurteilt. Straftaten, die nur in einem
formellen Verfahren (sogenannten indictable offences) verhandelt werden dürfen, gelangen auf die höhere Gerichtsebene der
<u>"Crown Courts"</u>.

Diese Trennung ist jedoch nicht absolut zu sehen. Es können
auch Straftaten in die Zuständigkeit des "Magistrates' Courts"
fallen, für die sowohl das förmliche wie das summarische
Verfahren vorgesehen sind. Welche Verfahrensform und damit
welche Zuständigkeit des Gerichts jeweils gewählt wird, hängt
von der Anklagebehörde und vom Richter des "Magistrates'
Courts" nach Prüfung des Einzelfalles ab (77).

Die "Magistrates' Courts" sind wiederum generell in ihrer
Strafgewalt begrenzt. So sind für Geldstrafen gesetzliche
Höchstgrenzen festgelegt; "Crown Courts" weisen derartige
Beschränkungen nicht auf. Allein das mit einer Maximalstrafe
verknüpfte einzelne Strafgesetz setzt den Strafrahmen für die
richterliche Entscheidung. Innerhalb dieses Rahmens verfügt
der Richter über eine Vielzahl von Sanktionsalternativen,
deren Rangordnung erst deutlich wird, wenn man ihren tatsächlichen Gebrauch studiert. Hierbei erscheint es sinnvoll, von
den indictable offences auszugehen, also jenen Delikten, die
im förmlichen Verfahren abgeurteilt werden und aufgrund ihrer
Schwere generell mit Freiheitsstrafen bedroht sind.

Im Zeitraum von 1970 bis 1980 sind in England und Wales die
Verurteilungen um rund 32% angestiegen, was einer durchschnittlichen Steigerung von nahezu 3% entsprechen würde.
Rückgänge in den Verurteilungen gegenüber den Vorjahren sind
in den Jahren 1978 und 1979 zu verzeichnen, bedingt durch die
Änderungen des Criminal Law Act von 1977 und die neuen Regeln
für die statistische Erfassung (78).

Tabelle 8: Verteilung der Kriminalsanktionen wegen anklagbarer Delikte in England und Wales 1970 bis 1980 (in Prozent)

Jahr	Absehen von Strafe	Bewährungsanordnung		Geldstrafe	Gemeinnützige Arbeit	Heimaufsicht	Jugendstrafe	Fürsorge	Borstal	Gefängnis		Sonstige
		Erw.	Jgdl.							ausges.	vollz.	
1970	13	13	-	47	-	2	2	2	2	8	9	1
1971	13	8	5	48	-	2	2	2	2	7	9	1
1972	13	8	5	49	-	2	3	2	2	7	9	1
1973	13	7	5	51	-	2	3	2	2	6	8	2
1974	13	7	4	51	-	2	2	2	2	7	7	1
1975	14	6	4	51	1	2	2	1	2	7	8	1
1976	14	6	4	50	2	2	2	1	2	7	8	1
1977	13	5	4	51	2	2	2	1	2	7	9	1
1978	12	5	3	52	3	2	3	1	2	7	9	1
1979	11	6	4	50	3	2	3	1	2	7	10	1
1980	11	6	4	48	4	3	3	1	2	7	9	1
1981	12	7	3	45	5	3	3	1	2	7	10	1

Quelle: Crinimal statistics England and Wales, London, verschiedene Jahrgänge

Betrachten wir das Verhältnis der sofort vollziehbaren Freiheitsstrafe zu den Alternativen freiheitsentziehender Strafen
(wie z.B. das Absehen von Strafe, Anordnung der Bewährungsaufsicht, gemeinnützige Arbeit), dann fällt in Tabelle 8 auf, daß
der Anteil der sofort zu vollziehenden Gefängnisstrafen im
Durchschnitt der Jahre 1970 bis 1980 bei 9% liegt. Die Reformbestrebungen der zweiten Phase konnten demnach die Gefängnisstrafe kaum zurückdrängen. Rückläufig ist der Anteil des
vollständigen und bedingten Absehens von Strafe (von 1970:
13% auf 1980: 11%) und die Anordnung von Bewährungsaufsicht
bei den Erwachsenen und Jugendlichen (von 1970: 13% auf 1980:
6% bzw. 1971: 5% auf 1980: 4%).

Ausgedehnt wird neben der Geldstrafe, deren Anteil jedoch seit
1979 wieder sinkt, einzig die gemeinnützige Arbeit, die als
selbständige Alternative zur Freiheitsstrafe die zeitige Gefängnisstrafe z.T. ersetzen soll. Huber bezweifelt deren
durchschlagende Wirkung. "Trotz des Anstiegs der Dienstleistungsstrafe blieb z.B. 1980 der Anteil der sofort vollziehbaren Gefängnisstrafen bei Erwachsenen und Heranwachsenden
gleich hoch. Zurückgegangen ist lediglich der Anteil der Geldstrafe; die neue Strafe scheint daher eher mit nicht-kustodi-
alen Strafen zu konkurrieren, was auf die nicht eindeutige
Stellung dieser Sanktion im System zurückgeführt wird. In
Fällen, die wegen der Vorstrafen und der abzuurteilenden
Straftat gerade noch keiner Gefängnisstrafe bedürfen, wird
offensichtlich die Dienstleistungsstrafe eingesetzt" (79).

Schlüsselt man die verurteilten Personen nach der Deliktart
und dem Gericht auf, so wird aus Tabelle 9 sichtbar, daß die
Geldstrafe im Bereich der kleineren Kriminalität und der Ver-
kehrskriminalität mit 89% bzw. 99% eindeutig dominiert und die
Gefängnisstrafen mit 2% bei der Bagatellkriminalität eine nur
sehr geringe Bedeutung haben. Auffallend ist auch, daß die
Crown Courts im summarischen Verfahren häufiger die Alternativen zur Freiheitsstrafe anwenden als im formellen Verfahren.
Bei den Crown Courts rangieren die freiheitsentziehenden Sanktionen sowohl im Bereich der schweren und mittleren Kriminalität wie auch bei den höher einzustufenden Bagatellfällen vor

Tabelle 9: Verurteilte Personen in England und Wales nach verhängter Sanktion und Gericht (in Prozent)

	anklagbare Delikte						summarische Delikte[1]					
	Magistrates' Courts			Crown Courts			Magistrates' Courts			Crown Courts		
	1979	1980	1981	1979	1980	1981	1979	1980	1981	1979	1980	1981
Absehen von Strafe	13	13	14	4	4	4	6	5	6	4	5	6
Bewährungsanordnung	6	6	7	6	6	7	1	1	1	9	7	8
Jugendaufsicht	4	4	4	-	unter 1/2	-	-	unter 1/2	-	1	1	1
Geldstrafe	57	55	52	13	13	11	89	89	88	12	17	9
Dienstleistungsstrafe	3	4	5	5	6	8	1	1	1	11	12	10
Freizeitbeaufsichtigung	3	3	4	3	3	4	-	unter 1/2	-			
Jugendstrafe	2	2	1	3	3	4	-	unter 1/2	-	5	5	2
Borstal training				12	12	11				20	13	15
Gefängnis	5	5	5	37	35	36	1	1	1	29	28	35
ausgesetzte Gefängnisstrafe	6	5	5	17	17	16	1	1	1	6	5	8
Sonstige	1	2	1	3	3	2	1	2	1	3	6	5

1) Ohne Straßenverkehrsdelikte

Quelle: Criminal statistics England and Wales, London, verschiedene Jahrgänge

der Geldstrafe. Hingegen findet die Geldstrafe auch bei der
mittleren Kriminalität wie z.B. bei Körperverletzung, Einbruch und Betrug bei den Magistrates' Courts verstärkte Anwendung.

Die Strafaussetzung mit Bewährungsfrist, d.h. die Möglichkeit,
den Vollzug der Strafe ganz oder teilweise aufzuschieben,
gewinnt seit ihrer Einführung im Jahre 1967 zunehmend an
Bedeutung. Bei den höheren Gerichten rangiert sie an zweiter
Stelle noch vor der Geldstrafe, die den dritten Platz ein-
nimmt. Ihr Anteil an der Gesamtzahl der Verurteilungen auf
dieser Gerichtsebene beträgt 1978 bis 1980 jeweils 17% gegenüber 6% Probation. Während die Strafaussetzung mit Bewährung
lediglich die Vollstreckung der Freiheitsstrafe hinausschiebt,
wird bei der Probation zunächst keine Strafe ausgesprochen.
Gegenüber dem sofortigen Vollzug einer Freiheitsstrafe ist die
Strafaussetzung sicher ein Vorteil, da sie dem Betroffenen
durchaus noch die Chance beläßt, sich in Freiheit zu bewähren.
Sie kann allerdings dann vollzogen werden, wenn während der
Bewährungszeit Straftaten begangen werden, die mit einer Frei-
heitsstrafe bedroht sind. "Im Jahre 1980 (wie auch in den
Jahren zuvor) werden während der Bewährungszeit 28% derjenigen
erneut straffällig, die zu ausgesetzter Gefängnisstrafe verur-
teilt worden sind. Bei etwa drei Vierteln wurde daraufhin die
Gefängnisstrafe aktiviert, bei einem Fünftel die ursprüngliche
Aussetzungsanordnung aufrechterhalten" (80). Im Vergleich zur
Strafaussetzung ist die Probation gemessen an den gesamten
Verurteilungen stark rückläufig, absolut gesehen steigen seit
1979 erstmals wieder die Zahlen, auch wenn das Niveau von über
45 000 (1969) Bewährungsanordnungen 1979 nicht erreicht wird
(23 595). Annähernd jede siebte Bewährungsanordnung wird verletzt und davon werden knapp 20% bei den Magistrates' Courts
in eine sofort vollziehbare Gefängnisstrafe umgewandelt. Bei
den Crown Courts sind es sogar 37%.

Der bedingte Strafverzicht nimmt innerhalb der diversen Sanktionsalternativen den dritten Platz ein. "Verletzt wurden 1980
etwas über 7 000 bedingte Strafverzichte, das sind etwa einer
aus sechs Fällen. Bei den Magistrates' Courts erhielt die

Tabelle 10: Verschiedene Verfahrensarten vor dem Amtsgericht 1974 bis 1981 in der Bundesrepublik Deutschland

Jahr	Erledigte Strafverfahren (insgesamt)[1]	davon					
		Verfahren auf Anklage	Verfahren nach Strafbefehlsantrag	Verfahren nach Strafbefehlsantrag mit Hauptverfahren[2]	Beschleunigte Verfahren (gem. § 212 StPO)	Privatklagen	Sonstige Verfahren[3]
1974	965 846	364 945	481 616	113 085	45 981	13 278	458
1975	896 615	385 168	427 276	116 646	41 934	13 009	501
1976	940 173	422 938	430 706	127 100	39 924	14 005	406
1977	970 595	446 565	431 762	131 276	40 439	13 675	411
1978	993 785	475 554	422 651	136 856	40 452	12 421	527
1979	993 895	481 180	414 194	134 266	38 606	10 891	576
1980	1 027 676	494 765	428 660	139 647	41 572	10 528	808
1981	1 051 449	509 695	436 400	141 991	39 871	9 782	976

1) Ohne Bußgeldverfahren nach dem OWiG
2) Einspruch oder Terminanberaumung nach § 408 Abs. 2 StPO
3) Objektive Verfahren (§ 439 StPO) und Sicherungsverfahren (§ 413 StPO, §§ 39, 40 JGG)

Quelle: Statistisches Bundesamt (Hrsg.): Fachserie 10: Rechtspflege, Reihe 2.2, Strafgerichte, Stuttgart und Mainz, verschiedene Jahrgänge

überwiegende Zahl der daraufhin Bestraften Geldstrafe, nämlich
62,5%; der Crown Court verurteilte 43,6% zu einem Tag Gefängnisstrafe, 21,4% zu sofort vollziehbarer Gefängnisstrafe und
16,8% zu Geldstrafe" (81).

Faßt man die bisherigen Ergebnisse zusammen, so läßt sich nur
schwerlich eine eindeutige Tendenz in der Sanktionspolitik
ausmachen. Es verstärkt sich eher der Eindruck, daß die englischen Richter das Sanktionspuzzle nicht gelöst haben, daß sie
trotz umfänglicher Reformgesetze mit der Vielzahl von Alternativen an der traditionellen Strafzumessung festgehalten haben:
Die weniger gravierenden Fälle schwerer, mittlerer und leichter Kriminalität werden überwiegend mit Geldstrafen und die
schweren Straftaten vorwiegend mit freiheitsentziehenden Sanktionen geahndet.

In der Bundesrepublik Deutschland zählen die Amtsgerichte
(AG), die Landgerichte (LG), die Oberlandesgerichte (OLG) und
der Bundesgerichtshof (BGH) zu den Behörden der Strafge-
richtsbarkeit. Das AG ist die unterste Gerichtsinstanz, der
BGH als Revisionsgericht die höchste. Auf allen Ebenen werden
richterliche Entscheidungen über Verurteilung, Freispruch oder
Einstellung des Verfahrens getroffen.

Betrachten wir zunächst den Geschäftsanfall auf der untersten
Gerichtsebene der Amtsgerichte. Wir sehen aus Tabelle 10, daß
die erledigten Strafverfahren insgesamt von 1975 (896 615) bis
1981 (1 051 449) zugenommen haben. Diese Zunahme beruht auf
einem überproportionalen Zuwachs der Anklageverfahren im Verhältnis zu den Verfahren nach Strafbefehlsantrag. Hielten sich
beide Verfahrenswege 1976 noch annähernd die Waage, so 1980
nicht mehr: Rund 490 000 Verfahren auf Anklage stehen 430 000
Verfahren nach Strafbefehlsantrag gegenüber. Von den 430 000
Strafbefehlsanträgen wurden 1980 290 000 von den Betroffenen
akzeptiert, bei knapp 140 000 wurde Widerspruch eingelegt
bzw. beraumte der Richter eine Hauptverhandlung an.
Es ist auffallend, daß seit 1975 die Akzeptanz der schriftlichen Verfahren gesunken ist und die mündliche Verhandlung im
Hauptverfahren bevorzugt wird. Wenn die Strafbefehlsanträge

Tabelle 11: Erledigungen durch Urteil und gerichtliche Einstellungen nach § 153a StPO gegen Auflagen und Weisungen 1975 bis 1981 in der Bundesrepublik Deutschland

Jahr	Erledigungen durch Urteil (insgesamt)	darunter Erledigungen			Erledigungen durch Einstellungen nach § 153a gegen Auflagen und Weisungen	darunter Erledigungen vor dem Amtsgericht
		vor dem Amtsgericht	vor dem Landgericht, Oberlandesgericht, 1. Instanz	vor dem Landgericht, Berufungsinstanz¹)		
1975	434 591	397 322	8 414	38 855	12 886	11 478
1976	456 120	405 905	8 474	41 741	26 189	23 793
1977	466 123	415 409	8 409	42 305	34 846	32 151
1978	482 132	429 385	8 832	43 915	41 833	38 569
1979	472 702	421 898	8 412	42 392	45 892	42 451
1980	477 605	428 044	8 664	40 897	49 247	45 482
1981	479 476	431 717	8 839	38 920	51 176	47 359

1) Einschließlich der Urteile nach § 329 StPO

Quelle: Statistisches Bundesamt (Hrsg.): Fachserie 10: Rechtspflege, Reihe 2.2, Strafgerichte, Stuttgart und Mainz, verschiedene Jahrgänge

als ein Entlastungseffekt der strafjustiziellen Tätigkeit
angesehen werden, dann muß man nach dem obigen Ergebnis feststellen, daß dieser Effekt in den letzten Jahren kontinuierlich abgenommen hat. Bedingt ist diese Abnahme durch die
erhöhte Einspruchsquote, durch den zu verzeichnenden Rückgang
der Strafbefehlsanträge und die erhöhte Anklagequote (vgl.
Tabellen 3 und 10) (82). Desweiteren ist auffallend, daß die
beschleunigten Verfahren, vereinfachte Jugendverfahren, Pri-
vatklagen und sonstige Verfahren gegenüber den Strafbefehlsverfahren deutlich zurücktreten.

Das Amtsgericht ist diejenige Instanz, die die Mehrzahl der
Verfahren erledigt. Beachtenswert ist die kontinuierliche
Steigerung des Anteils der Verfahrenserledigung durch Einstel-
lung nach § 153a StPO gegen Auflagen und Weisungen an den
Erledigungen durch Urteil. Waren es 1975 noch rund 3%, so
wuchs der Prozentanteil auf über 10% im Jahre 1980 (vgl.
Tabelle 11). Zählt man die Daten zur bedingten Einstellung des
Strafverfahrens durch Staatsanwaltschaft und Gericht zusammen,
so dürften nach Schätzungen von Heinz (83) rund 151 000 Ver-
fahren eingestellt worden sein (84).

Seit 1975 ist zudem die Erledigung von Strafverfahren ohne
formelles Urteil bedeutend angestiegen. Lag der Anteil derjenigen, die ohne formelles Urteil abgeurteilt wurden, vor der
Strafrechtsreform noch deutlich unter 10% (z.B. 1968 6,3%),
so steigt er nach der Strafrechtsreform kontinuierlich an und
erreicht mit 17,8% (1980) einen vorläufigen Höchststand. Auffallend ist auch, daß der Anteil der Freigesprochenen in den
50er und 60er Jahren rückläufig ist und auch 1980 der
Höchststand von rund 52 000 (1957) nicht wieder erreicht wird
(85).

Ein Blick auf die Verurteiltenstatistik (Tabelle 12) zeigt
uns, daß die mit den Strafrechtsreformen angestrebten Ziele im
allgemeinen verwirklicht worden sind: Gegenüber 1968 sind
sowohl die zur Bewährung als auch die nicht zur Bewährung
ausgesetzten Freiheitsstrafen zurückgedrängt worden (86). Die
Geldstrafe ist quantitativ die bedeutendste Sanktionsform in

Tabelle 12: Die Anwendung unterschiedlicher Sanktionen in der Bundesrepublik Deutschland[1]

Jahr	Verurteilte		Zu einer Freiheitsstrafe verurteilte Personen[2]		Zur Bewährung ausgesetzte Freiheitsstrafen		Zu einer Geldstrafe verurteilte Personen	
	Anzahl	Ziffern	Anzahl	Ziffern	Anzahl	Ziffern[3]	Anzahl	Ziffern
1960	485 661	874	148 662	268	57 225	103	335 978	604
1961	530 021	944	163 111	290	61 010	109	365 879	651
1962	525 943	924	160 258	282	58 054	102	364 806	641
1963	499 117	867	159 547	279	56 450	98	338 637	588
1964	516 865	887	167 748	288	57 368	99	348 332	598
1965	505 441	857	174 100	295	58 617	99	330 610	560
1966	538 054	902	199 815	335	65 881	111	337 523	566
1967	558 384	933	212 723	335	71 070	119	345 056	576
1968	572 629	952	211 095	351	75 078	125	361 074	600
1969	530 947	873	158 439	260	73 590	121	371 918	611
1970	553 692	913	88 248	146	46 972	78	464 818	766
1971	571 423	932	94 135	154	51 385	84	476 785	778
1972	591 719	960	96 651	157	55 148	89	494 399	802
1973	601 419	970	96 589	156	57 842	93	504 335	814
1974	599 368	966	104 726	169	63 863	103	494 266	797
1975	567 605	918	94 019	152	57 924	94	472 577	764
1976	592 154	962	98 233	160	61 801	100	492 561	801
1977	607 307	989	101 540	165	65 631	107	504 552	822
1978	614 252	1 002	105 506	172	67 889	111	507 627	828
1979	591 543	964	103 325	168	67 278	110	487 369	794
1980	599 832	974	104 850	170	68 878	112	494 114	803

1) Ohne Jugendliche
2) Seit 1969 gibt es in der Bundesrepublik Deutschland die einheitliche Freiheitsstrafe. Das Zuchthaus ist abgeschafft.
3) Die absolute Zahl der Fälle bezogen auf 100 000 Einwohner

Quelle: Statistisches Bundesamt (Hrsg.): Fachserie 10: Rechtspflege, Reihe 3, Strafverfolgung, Mainz und Wiesbaden, verschiedene Jahrgänge

der Bundesrepublik Deutschland. 1980 entfallen bei rund
600 000 Strafen etwa 82% auf die Geldstrafen, im Vergleich zu
1969 immerhin eine Steigerung von annähernd 12 Prozentpunkten.
Dieser Zuwachs der Geldstrafe ist vor allem auf die Abnahme
der kurzen Freiheitsstrafen, insbesondere der Freiheitsstrafen
bis zu einem Monat und z.T. auf den Anteil der Freiheitsstrafen bis zu sechs Monaten, zurückzuführen. In diesem Bereich
hat sich die Strafrechtsreform vor allem ausgewirkt. Immerhin
beträgt der prozentuale Anteil der Freiheitsstrafen bis unter
sechs Monaten bzw. bis einschließlich sechs Monaten an den
insgesamt verhängten Geldstrafen 1980 48% bzw. 61% (87).

Vergegenwärtigt man sich die Ziele der Strafrechtsreform, so
ist dieser Prozentsatz doch nach wie vor sehr hoch. Wie bei
der Einstellungspraxis der Staatsanwaltschaft und den Gerichten bereits sichtbar wird, betrifft seit 1969 der Rückgang im
Sanktionsmaß vorwiegend die kurzen Freiheitsstrafen, hingegen
sind mittlere und langfristige Freiheitsstrafen deutlich angestiegen.

4. Entwicklung des Strafvollzugs

Mit der Erneuerung des "Code de procédure pénale" im Jahre
1958 schafft Frankreich die gesetzliche Grundlage für einen
auf Behandlung und Resozialisierung ausgerichteten Strafvollzug.

Im wesentlichen unterteilt sich der französische Strafvollzug
in kurze und langfristig zu vollziehende Freiheitsstrafen.
Langfristige Freiheitsstrafen werden in Verbindung mit einem
individualisierenden und differenzierenden Resozialisierungs-
programm vollzogen. Die Differenzierung ergibt sich aus der
jeweiligen Strafzumessung und der daraufhin unterschiedlichen
Zuweisung der Gefangenen in unterschiedliche Häuser (88).

Am 1.1.1980 sind in französischen Gefängnissen 35 655 Personen
inhaftiert (Tabelle 13). Gegenüber 1970 sind 1980 6 629
Personen mehr inhaftiert worden, was einem Zuwachs von 23%
entspricht. Von den 35 000 Personen befinden sich rund 14 000

Tabelle 13: Entwicklung der Gefängnispopulation in Frankreich
1970 bis 1980

Jahr	Angeklagte	Verurteilte	Schuldhaft	Gefängnis-population insgesamt
1970	9 479	19 394	153	29 026
1971	9 008	20 309	232	29 549
1972	11 126	20 270	272	31 668
1973	10 920	19 113	273	30 306
1974	11 034	15 797	269	27 100
1975	11 433	14 428	171	26 032
1976	11 019	18 170	293	29 482
1977	11 331	18 830	350	30 511
1978	12 089	19 783	387	32 259
1979	12 329	20 585	401	33 315
1980	14 112	21 153	390	35 655

Quelle: G. Sagnier, La population pénale métropolitaine de
1945 à 1980: étude statistique, Paris, S.E.D.E.S.,
1981, ronéo

in Untersuchungshaft. Für Frankreich ergibt sich damit eine
Inhaftierungsziffer von 66 auf 100 000 der Bevölkerung. Weiter fällt auf, daß die Haftdauer in Frankreich sehr hoch ist
und in den letzten Jahren zudem noch leicht angestiegen ist.
Mehr als 60% der Inhaftierten verbringen mehr als ein Jahr in
den Gefängnissen (1978: 61% und 1980: 63%). Aus Tabelle 14
erkennt man, daß in allen Untergliederungen der Freiheitsstrafe die absoluten Zahlen von 1978 bis 1981 zugenommen
haben. Die Zahl der Personen also, die die deprivierenden
Erfahrungen eines Strafvollzuges kennenlernen, hat demnach
beständig zugenommen, auch wenn die prozentualen Anteile an
den insgesamt zu einer Freiheitsstrafe Verurteilten 1981 gegenüber 1980 in einzelnen Rubriken leicht rückläufig sind.
Klassisches Strafen hat in Frankreich Konjunktur und wird nach
wie vor gegenüber der steigenden Kriminalität als probates
Mittel der Abschreckung eingesetzt. Wenn man zudem bedenkt,
daß die zahlreichen Amnestiegesetze und die persönlichen Amnestiegewährungen zur Entspannung der Gerichts- und Strafvoll-
zugssituation beigetragen haben, erscheint die Entwicklung
gegen Ende der 70er Jahre erneut Formen einer zunehmenden Repression anzunehmen, die sehr klar in dem steigenden Trend der
langzeitigen Einsperrung von Personen zum Ausdruck kommt.
Dieses Faktum ist auch deshalb von Bedeutung, weil durch die
Rechtsprechung der Versuch einer Entspannung der Gefängnis-
situation eingeleitet worden ist (89).

Bereits zu Beginn der 70er Jahre, mit den neuen Perspektiven
in der Kriminalpolitik, sehen sich die Verantwortlichen mit
einer schwierigen Situation konfrontiert. Die Umsetzung der
geplanten Reformmaßnahmen (Individualisierung, Differenzierung
und Resozialisierung) gerät zunehmend in ein Spannungsfeld
ungelöster wie auch vernachlässigter Probleme. Ein moderner
Strafvollzug läßt sich nur schwerlich in altmodischen, baulich
unzureichenden und überfüllten Gefängnissen mit einem nur
sehr unzureichend vorbereiteten Strafvollzugspersonal prakti-
zieren. Die Lösung von aktuellen Tagesproblemen läßt jede noch
so gut gemeinte Resozialisierung im Keime ersticken. Auch wenn
die Regierung an den Reformprinzipien generell festhält und
durch Dekrete und Verwaltungsanweisungen wiederholt versucht,

Tabelle 14: Zusammensetzung der Gefangenenpopulation in Frankreich (Stichtag jeweils der 1.1.)

Verurteilt zu	1978		1979		1980		1981	
	Anzahl	%	Anzahl	%	Anzahl	%	Anzahl	%
Strafaufsicht	139	0,8	147	0,8	168	0,9	182	0,9
Todesstrafe	1	-	-	-	-	-	-	-
Festungshaft	6	0,03	5	0,02	9	0,05	16	0,08
Lebenslange Zuchthausstrafe	266	1,5	308	1,6	333	1,7	349	1,6
Zuchthausstrafe von 5 bis 20 Jahren	3 582	19,8	3 792	20,2	4 204	21,7	4 656	21,9
Gefängnisstrafe über 3 Jahre	2 082	11,5	2 192	11,7	2 323	11,6	2 781	13,1
Gefängnisstrafe von 1 bis 3 Jahren	5 145	28,5	5 328	28,4	5 169	26,6	5 593	26,4
Gefängnisstrafe bis zu 1 Jahr	6 831	37,8	6 975	37,2	7 210	37,1	7 644	36,0
Insgesamt	18 052	100	18 747	100	19 416	100	21 221	100

Quelle: Ministère de la Justice, Rapport général, verschiedene Jahrgänge

schrittweise die Reformvorhaben im Strafvollzug umzusetzen,
ist doch unverkennbar, daß es ihr nur unzureichend gelingt,
eine Verbesserung der desolaten Strafvollzugswirklichkeit zu
erreichen. Die Gefängnisrevolten der 70er Jahre sprechen hier
eine deutliche Sprache. Die Ereignisse von Toul im Dezember
1972 veranlassen die damalige Regierung Pompidou schließlich,
den Strafvollzug einer Bestandsaufnahme zu unterziehen. Das
Ergebnis ist mehr als bestürzend und ging im Detail weit über
die Vorstellungskraft der Verantwortlichen hinaus (90). 3/4
aller bestehenden Anstalten hätten unter Zugrundelegung stren-
ger Maßstäbe eines progressiven Strafvollzugs geschlossen
werden müssen. Die von der Regierung daraufhin eingeleiteten
Renovierungsmaßnahmen besitzen den Charakter kosmetischer
Korrekturen, die die Zielkonflikte zwischen den Prinzipien der
Reform und den Forderungen der Gefangenen einerseits und der
Gefängnisadministration andererseits nicht zu lösen vermögen
(91).

So ist es nicht verwunderlich, daß der Regierungsantritt von
Giscard d'Estaing ebenfalls von Gefängnisrevolten begleitet
wird und eine erste schwere Belastungsprobe der neuen Regierung auslöst. Innenpolitisch verschärft sich 1974 die Lage,
weil konkurrierende Interessen aufeinanderprallen. Einerseits
die Interessen der Regierung, die grundsätzlich die Liberalisierung vorantreiben will, und andererseits die Interessen der
Strafvollzugsbediensteten, die durch einen liberaleren und
humanitäreren Strafvollzug einen Autoritätsverlust befürchten.
Zudem ist die Staatskasse erschöpft, so daß nur wenig Spielraum für Neubauten und Personalerweiterungen besteht. In der
Öffentlichkeit, die durch den enormen Kriminalitätsanstieg und
die Zunahme von Gewaltdelikten verunsichert ist, ertönt der
Ruf nach abschreckenden Strafen und einem harten Strafvollzug
lauter denn je. So muß die vorgesehene Abschaffung der lebenslangen Freiheitsstrafe im Entwurf des neuen Strafgesetzbuches
von 1979 geradezu als Provokation gewirkt haben.

Die zunehmend längere Vollzugsdauer, die Veränderungen der
Vollzugspopulation hin zu den Gewalt- und Drogentätern sowie

Tabelle 15: Gefängnispopulation in England und Wales[1]

Jahr	In Gefängnissen einsitzende Personen	Andere[2]	Gefängnis- population (insgesamt)
1960	24 602	2 497	27 099
1961	26 290	2 735	29 025
1962	28 227	2 836	31 063
1963	28 001	2 895	30 896
1964	26 871	2 729	29 600
1965	27 359	3 062	30 421
1966	29 503	3 583	33 086
1967	31 445	3 564	35 009
1968	28 791	3 670	32 461
1969	30 254	4 413	34 667
1970	33 874	5 154	39 028
1971	34 576	5 132	39 708
1972	33 134	5 194	38 328
1973	31 665	5 109	36 774
1974	31 396	5 471	36 867
1975	33 733	6 087	39 820
1976	35 838	5 605	41 443
1977	35 544	6 026	41 570
1978	35 561	6 235	41 796
1979	35 591	6 629	42 220
1980	35 981	6 283	42 264
1981	36 022	7 289	43 311

1) Durchschnittliche Tagesbelegung in den Gefängnissen
2) U-Haft, Abschiebehaft oder Wartende, die in die Psychiatrie
   u.ä. eingewiesen worden sind

Quelle: Prison Statistics England and Wales 1981, London, Her
        Majesty's Stationery Office

die Einschränkungen des gelockerten Vollzuges sind Indikatoren
einer zunehmend <u>repressiver ausgerichteten Kriminalpolitik</u> zu
Beginn der 80er Jahre (92).

Die Strafvollzugsentwicklung in <u>England und Wales</u> ist derjenigen Frankreichs nicht unähnlich. Auch hier muß man die
Erfahrung machen, daß ein resozialisierender Strafvollzug in
altmodischen und überfüllten Gefängnissen nicht praktiziert
werden kann. Die Gefängnisrevolten von 1976 und 1977 sind hier
als Reaktionen auf die drastischen Verschlechterungen der
Vollzugsbedingungen in den Strafanstalten zu interpretieren.
Die unzumutbaren Verhältnisse in den Gefängnissen betreffen
sowohl Insassen wie Vollzugspersonal. Beide Gruppen machen
durch Proteste und Streiks auf die unzumutbaren Bedingungen
aufmerksam (93).

Die <u>Gefängnispopulation</u> ist in England und Wales in den letzten 30 Jahren kontinuierlich angewachsen. Beträgt die durchschnittliche Inhaftierung 1950 :18 500 Personen, so sind es
1981 bereits über 43 000 Personen; eine Zunahme von über 132%.
Damit erreichen England und Wales 1981 eine Inhaftierungsziffer von 88 auf 100 000 der Bevölkerung. Allein die Zahl derjenigen Personen, deren Freiheitsstrafe in einem Gefängnis vollzogen wurde, beträgt 1981: 36 000 gegenüber 12 000 (1947),
demnach eine Zunahme von knapp 200% (vgl. Tabelle 15).

Stark gestiegen sind in den 70er Jahren auch die Zahlen der
<u>Untersuchungshäftlinge</u> und zwar von 1970: 4538 auf über 6132
(1979) bzw. 5793 (1980). Letzteres Ergebnis entspricht annähernd 14% der Inhaftierten. Von 1970 bis 1979 verzeichnen wir
demnach einen prozentualen Zuwachs von 35%, von 1979 auf 1980
hingegen eine Abnahme von 6%. Der Anstieg der Untersuchungs-
häftlinge im Zeitraum von 1977 bis 1979 wird auf die längeren
Wartezeiten, die vom Zeitpunkt der Verhaftung bis zum Beginn
der Hauptverhandlung entstehen, zurückgeführt. Der Bail Act
1976 hat die Verhaftung und die Aufrechterhaltung der Haft an
enge Voraussetzungen gebunden, obwohl das Gesetz seiner gesetzgeberischen Intention nach ein Recht des Verhafteten auf
Freilassungsansprüche gegen Sicherheit sein sollte. Die Reduk-

tion der U-Haftpopulation wiederum beruht nicht auf der Ein-
sicht, das Gesetz zugunsten des Verdächtigen auszulegen, sondern ist eine Folge des Streiks der Gefängnisbediensteten im
Jahre 1980. Während dieses Streiks werden die U-Häftlinge
nicht in die Haftanstalten überwiesen, sondern verbleiben in
den Polizeizellen (94).

Es ist bemerkenswert, daß das Anwachsen der Gefängnispopulation nicht ausschließlich auf die steigende Kriminalität zurückgeführt werden kann. Gerade in England und Wales steht,
wie bereits mehrfach erwähnt, dem Richter eine Vielzahl von
Alternativen zur Verfügung, so daß die Ausschöpfung des Straf-
rahmens und die Verteilung der Verurteilten auf die verschiedenen Institutionen den jeweiligen institutionellen Bedingungen und der jeweiligen Kriminalpolitik unterliegt. Mit der
Abschaffung der Todesstrafe für Mord sieht seit 1965 das
Common Law die lebenslange Freiheitsstrafe vor. Sie ist seit
1970 verstärkt angewendet worden. So steigt die Zahl der einsitzenden Personen, die zu einer lebenslangen Freiheitsstrafe
verurteilt worden sind, von 1970: 646 auf 1981: 1675 an. Das
ist ein Zuwachs von 160%. Ferner kann das Anwachsen der Gefängnispopulation auch eine Folge des Wandels in der Sanktionspolitik sein. Der Anteil der Freiheitsstrafen zwischen 18
Monaten bis einschließlich 4 Jahren an den insgesamt vollzogenen Gefängnisstrafen beträgt 1981: 42% gegenüber 1971:
20%, der Anteil langer Freiheitsstrafen über 4 Jahre betrug
1981: 13% gegenüber 1971: 3,5%. Der Anteil kurzer Freiheitsstrafen bis einschließlich 6 Monate sinkt um 3 Prozentpunkte
von 1971: 22% auf 1981: 19% und im Bereich von 7 Monaten bis
einschließlich 18 Monaten sogar um 13 Prozentpunkte von 1971:
42% auf 1981: 29%.

Man muß hier durchaus konzedieren, daß offensichtlich die
zahlreichen Alternativsanktionen einen Einfluß auf die Voll-
zugshäufigkeit der kurzen Freiheitsstrafe ausüben und das
Freiheitsstrafenrisiko für die Bagatellkriminalität und mittlere Kriminalität senken. Allein für die schwere Kriminalität
erhöht sich das Risiko. Auch in England und Wales wird in der
Verhängung und im Vollzug längerer Strafen ein wirksames Mit-

Tabelle 16: Bedingte vorzeitige Entlassung in England und Wales 1970 bis 1980

Jahr	in Frage kommend Anzahl	Verweige-rungen Anzahl	geprüfte Fälle Anzahl	Entlassungen Anzahl	Anteil an geprüften Fällen %
1970	8 454	641	7 813	2 201	28,1
1971	10 388	735	9 653	2 956	30,6
1972	9 644	710	8 934	2 915	32,6
1973	10 614	768	9 846	3 328	33,8
1974	10 681	804	9 877	3 502	35,4
1975	10 154	699	9 455	4 029	42,6
1976	10 660	583	10 077	4 991	49,5
1977	10 989	645	10 344	5 210	50,4
1978	10 829	646	10 183	4 808	47,2
1979	10 814	658	10 156	4 758	46,8
1980	10 756	686	10 070	5 006	50,5

Quelle: B. Huber 1983, S. 136

tel zur Bekämpfung der schweren Kriminalität gesehen. Diese
Verschiebung kommt auch in der Zusammensetzung der Vollzugspopulation deutlich zum Ausdruck. Gegenüber 1971 sitzen 1981
mehr Personen, die Gewalt- und Drogendelikte begangen haben,
in englischen Gefängnissen ein. Der Anteil derjenigen, die
Eigentumsdelikte begangen haben, ist zwar nach wie vor sehr
hoch, aber rückläufig (95).

Ein Moment der Liberalisierung kommt allerdings in der Praxis
der vorzeitigen Entlassung zum Ausdruck. Der Anteil der ge-
prüften Fälle an den insgesamt in Frage kommenden Fällen hat
sich von 1970 auf 1980 nahezu verdoppelt (1970: 28% = 2201
Entlassungen und 1980: 51% = 5006 Entlassungen). Hiervon müssen aufgrund erneuter Straffälligkeit oder Nichterfüllung der
Bewährungsbedingungen im Durchschnitt der letzten 10 Jahre 8%
der ausgesprochenen Entlassungen widerrufen werden (Tabelle
16).

Mit dem Inkrafttreten des Strafvollzugsgesetzes im Jahre 1977
wird in der Bundesrepublik Deutschland ein entscheidender
Schritt im Hinblick auf die rechtliche Ausgestaltung des Vollzuges freiheitsentziehender Strafen getan. Zuvor sind schon
organisatorische Maßnahmen eingeleitet worden, die die nicht-
selbständigen Vollzugsanstalten mit geringen Kapazitäten auf-
lösten (96) bzw. in größere Einheiten integrierten. Hierzu
zählen auch bauliche Maßnahmen, die die z.T. sehr alten Anstalten modernisierten bzw. überhaupt zu selbständigen Einheiten ausbauten. Von den 361 in der Strafvollzugsstatistik von
1961 aufgeführten Anstalten mit einer Belegungskapazität von
rund 68 000 Gefangenen und Verwahrten verbleiben 1980 noch
insgesamt 163 Anstalten mit einer Kapazität von mehr als
58 000 Haftplätzen (97). Diese Kapazitätsminderung kann vor
allem deshalb vorgenommen werden, weil durch das 1. und 2.
StrRG sich die Kriminalsanktionen in ihrem Bedeutungsgehalt
verschoben haben. Die Betrachtung der Verurteiltenstatistik hat
weitestgehend diese Verschiebung bestätigt. Die wesentlichen
Entwicklungslinien sind a) der Rückgang des Freiheitsstrafen-

Tabelle 17: Durchschnittsbelegungszahlen für Gefangene im Vollzug der Untersuchungshaft und der Freiheitsstrafe in den Jahren 1971 bis 1982

Jahr	Belegung insgesamt		Belegungsfähigkeit am 31.3.83		Untersuchungshaft		Vollzug der Freiheitsstrafe	
	Anzahl	%	Anzahl	%1)	Anzahl	%	Anzahl	%
1971	46 528	100	59 178	127,2	13 501	29,0	26 385	56,7
1972	51 045	100	58 357	114,3	15 123	29,6	28 586	56,0
1973	52 458	100	57 839	110,3	15 580	29,7	29 292	55,8
1974	52 820	100	57 343	108,6	15 731	29,8	29 731	56,3
1975	52 121	100	57 620	110,6	15 155	29,1	29 600	56,8
1976	52 392	100	57 952	110,6	14 405	27,5	30 451	58,1
1977	53 653	100	56 774	105,8	15 318	26,7	31 754	59,2
1978	54 452	100	57 316	105,2	13 603	25,0	33 099	60,8
1979	54 544	100	58 134	106,6	13 681	25,1	33 112	60,7
1980	55 949	100	58 129	103,9	14 554	26,0	33 685	60,2
1981	57 555	100	58 717	102,0	15 297	26,6	34 490	59,9
1982	61 336	100	59 875	97,6	16 365	26,7	36 721	59,9

Durchschnitt: Mittelwerte der monatlichen Belegungsdaten

1) % der Gesamtbelegung; über 100 = Haftraumreserve, unter 100 = Unterbelegung

Quelle: C. Homan (1984), S. 338

strafenanteils um 50%, b) die Ausdehnung der Geldstrafe auf
83% und c) die annähernde Verdoppelung der zur Bewährung
ausgesetzten Strafen.

Im Monatsdurchschnitt des Jahres 1980 sind in der Bundesrepublik Deutschland knapp 56 000 Personen inhaftiert. 1971 sind
es 46 500 Personen. Das entspricht einem Zuwachs von 32%.
Davon befinden sich im Monatsdurchschnitt des Jahres 1980 60%
im Vollzug der Freiheitsstrafe, 26% in Untersuchungshaft, 11%
im Jugendstrafvollzug und die restlichen 3% in Strafarrest,
Abschiebehaft oder Sicherheitsverwahrung (vgl. Tabelle 17).
Für 1971 lauten die entsprechenden Vergleichszahlen: Freiheitsstrafe: 57%, U-Haft: 29%, Jugendstrafvollzug: 11% und
Strafarrest: 3%. Dieser hohe Anteil von Untersuchungshäftlin-
gen von über 25% (98) verleiht nicht nur dem Ziel der "Sicherheit" die höchste Priorität, sondern steht zugleich auch den
konkurrierenden Zielen "Humanität" und "Gerechtigkeit" diame-
tral entgegen (99). Zwar reduziert sich die Gefangenenpopulation nach erfolgter Strafrechtsreform Anfang der 70er Jahre,
deren Größe stieg aber gegen Ende der 70er Jahre auf die
bisherige Rekordmarke von über 61 000 Inhaftierungen an.

Für die Bundesrepublik Deutschland ergibt sich darum eine sehr
hohe Inhaftierungsziffer von 99 pro 100 000 der Bevölkerung.
Damit liegt die Bundesrepublik Deutschland deutlich über den
Ziffern von Frankreich und England und Wales.

Ein weiteres Faktum ist im Zusammenhang mit der Betrachtung
der Strafvollzugsentwicklung nicht unbedeutend: Die Rechts-
pflegestatistiken weisen unter der Rubrik "Zugänge" Eintritte
und Erstaufnahmen in eine Strafvollzugsanstalt gesondert aus
(100). Bei den Erstaufnahmen handelt es sich um Personen, die
sich zuvor in Freiheit oder in einem Gewahrsam außerhalb der
Justizverwaltung befunden haben. Absolut betrachtet hat die
Anzahl der Erstaufnahmen im Zeitraum 1978 bis 1980 um 10 314
von 1978: 98 786 auf 1980: 107 100 Personen beachtlich zugenommen (101). Es ist zu vermuten, daß sich hinter diesem
Zuwachs u.a. Anstiege von Bewährungswiderrufen und Ersatzfreiheitsstrafen verbergen. Ähnliche Tendenzen kommen auch bei

- 118 -

Tabelle 18: Durchschnittsbelegungszahlen für Strafgefangene im Vollzug der Freiheitsstrafe in den Kalenderjahren 1971 bis 1982 nach Gruppen der Vollzugsdauer

Jahr	Gefangene im Vollzug der Freiheitsstrafe insgesamt		Strafgefangene bis unter 6 Monate		6 Monate bis einschließlich 1 Jahr		Mehr als 1 Jahr	
	Anzahl	%	Anzahl	%	Anzahl	%	Anzahl	%
1971	26 385	100	6 571	24,9	5 944	22,5	13 870	52,6
1972	28 586	100	6 815	23,9	7 631	26,7	14 131	49,4
1973	29 229	100	7 096	24,2	8 145	27,8	14 051	48,0
1974	29 731	100	7 589	25,5	8 397	28,2	13 745	46,2
1975	29 600	100	6 863	23,1	8 113	27,4	14 399	48,6
1976	30 451	100	6 569	21,6	8 592	28,1	15 345	50,4
1977	31 745	100	6 576	20,7	9 041	28,4	16 137	50,8
1978	33 099	100	6 675	20,2	9 357	28,2	17 151	51,8
1979	33 112	100	6 677	20,2	9 264	28,0	17 171	51,9
1980	33 685	100	6 437	19,1	9 185	27,3	18 063	53,6
1981	34 490	100	6 497	18,8	9 313	27,0	18 680	54,2
1982	36 721	100	7 161	19,5	9 942	27,1	19 618	53,4

Durchschnitt: Mittelwerte der 12 Monate der Belegungszahlen

Quelle: C. Homan (1984), S. 337

einer differenzierten Betrachtung der Vollzugsdauer zum Ausdruck. Nach der Strafrechtsreform, deren erklärtes Ziel die
Eindämmung der kurzen Freiheitsstrafen unter 6 Monaten ist,
ist im Zeitraum von 1971 bis 1980 der Anteil der kurzen
Freiheitsstrafen von 25% auf 19% zurückgegangen (102). Im
selben Zeitraum steigen die Freiheitsstrafen von 6 Monaten bis
einschließlich 1 Jahr (Tabelle 18), die mehr als ein Viertel
der Strafgefangenen betrafen, um 55% an (103). Auch die Anzahl
derjenigen, die länger als ein Jahr in Strafanstalten verbringen müssen, steigt von 1971 auf 1980 um 4193 Strafgefangene,
was einer prozentualen Steigerung von rund 30% gleichkommt.
Damit erreichen die Ziffern 10 Jahre nach der Strafrechtsreform den bisher höchsten Stand von 1964.

Die differenzierte Betrachtung verdeutlicht aber auch, daß die
Verschärfung der Strafgesetze und die verstärkte Verfolgung
von z.B. Drogendelikten die Zusammensetzung der Vollzugspopulation verändert haben. Wird das Bild vor der Strafrechtsreform noch überwiegend von Personen, die Eigentumsdelikte begangen haben, geprägt, so wird dieser Delikttyp in den 70er
Jahren von Gewalt- und Drogendelikten allmählich abgelöst
(104).

5. Entwicklungstrends

Beabsichtigt man, gemeinsame Trends in der Entwicklung von
Strafrecht und Sanktion herauszuarbeiten, so drängt sich nach
dem oben dargelegten Material die Frage auf, ob diese Absicht
überhaupt realisierbar ist, wenn man sich die Heterogenität
von Definitionen und Praktiken auf den unterschiedlichen Ebenen der Justiz vergegenwärtigt. Wahrzunehmen sind trotz unterschiedlicher Strafsysteme und -praktiken einige gemeinsame
Tendenzen.

Die wohlfahrtsstaatlichen Ziele werden in den Bereichen der
mittleren und kleineren (Massen-)Kriminalität, bei opferlosen
Delikten mit geringen materiellen Schäden, eher verwirklicht
als bei den schweren Delikten. Auch die Anpassung der Gesetze
an die gewandelten Moral- und Wertvorstellungen der Bevölke-

rung führen zu <u>strafentschärfenden Gesetzen</u>. In den Fällen, in
denen der Staat wohlfahrtsstaatliche Grundsätze gefährdet
sieht, greift er strafverschärfend ein, um über abschreckende
Normen das Rechtsbewußtsein zu schärfen. Rauschgift- und Gewaltdelikte, unabhängig davon, ob sie im Zusammenhang terroristischer Aktionen begangen werden oder nicht, werden intensiv
verfolgt und mit harten Strafen belegt. Ist bei terroristischen Delikten ein strafmilderndes Vorgehen fast ausgeschlos-
sen bzw. erheblich erschwert, so können bei Rauschgiftdelikten
die Konsumenten mit milderen Strafen rechnen, sofern sie bereit sind, sich einer Therapie zu unterziehen.

Direkte Angriffe auf die wohlfahrtsstaatlichen Institutionen
und Repräsentanten werden mit Strafverschärfungen beantwortet.
So werden nicht allein die Eingriffsbefugnisse der Kontrollor-
gane entsprechend erweitert, sondern auch das materielle
Strafrecht ausgebaut und das Strafprozeßrecht z.T. ad hoc den
jeweiligen Gegebenheiten angepaßt, was in der Bilanz zu einer
Schwächung der Beschuldigten im Verfahren führt und insgesamt
einer Schärfung der Gesetzgebung gleichkommt. Neben den Schutz
des Lebens treten aber auch andere Rechtsgüter, die in beson-
derem Maße als schützenswert eingestuft werden. Hierzu zählen
sicherlich das Eigentum und verstärkt auch die natürlichen
Lebensgrundlagen wie Boden, Wasser, Luft und Lärmfreiheit.

Der <u>Wandel von Sanktionszielen und Sanktionsmitteln</u> des Strafrechts in England und Wales ist jedoch am augenfälligsten.
Dabei verwundert allerdings die ohne klare Konturen verlaufen-
de Kriminalpolitik. Aus der Tradition des Common Law werden
die Straftaten mit Höchststrafen festgelegt. Betrachtet man
die Strafrahmen auf dem Hintergrund gesellschaftlicher Wandlungsprozesse, so entsprechen die Strafrahmen nicht immer den
Schwereeinschätzungen von Delikten. Das Sanktionensystem ist
zudem unkoordiniert und von einer derartigen Vielgestaltig-
keit, daß auf der Ebene des Strafrechts nur schwerlich Trend-
aussagen zur Milderung bzw. Schärfung formuliert werden
können.

Auch das <u>französische Strafrecht</u> ist durch ein <u>Sanktionspuzzle</u>

gekennzeichnet. Die bisher nicht erfolgte Zusammenlegung der
unterschiedlichen Strafarten zu einer einheitlich gefaßten
Freiheitsstrafe wiegt hier am schwersten. Auch die Beibehaltung der Todesstrafe bis 1981 hat mit einer wohlfahrtsstaatlichen Zielverwirklichung wenig gemein, auch wenn diese Strafe
kaum vollstreckt wurde. Erst mit der Reform des Code Pénal
wird hier mehr Klarheit geschaffen werden.

In der Bundesrepublik Deutschland ist bemerkenswert, wie
schnell die in langen Diskussionsprozessen erzielten Reform-
grundsätze und -positionen fallengelassen werden, wenn eine
aktuelle Bedrohung der wohlfahrtsstaatlichen Grundwerte perzi-
piert wird. In England und Wales sowie in Frankreich zeigen
sich durchaus ähnliche Tendenzen, wenn der Ruf nach der Todesstrafe bei terroristischen Gewalttaten wieder lauter wird und
sich in parlamentarischen Debatten niederschlägt.

In allen drei Staaten ist eine hohe Bereitschaft zur informel-
len Reaktion auf Kriminalität vorhanden. Bei der leichteren
bis mittleren Kriminalität haben sich Sanktionsalternativen,
die nicht den strafenden und freiheitsbeschränkenden Charakter
in den Vordergrund rücken, zunehmend ausdifferenziert. Die
Anwendung dieser Alternativen ist allerdings äußerst beschränkt. Bedenklich stimmt auch, daß trotz der Bereitschaft,
die kurze Freiheitsstrafe zurückzudrängen, Verlagerungen in
den zeitlich mittleren Bereich der Freiheitsstrafen feststell-
bar sind. Auch die Tendenz, zukünftige Straftaten durch kurze
"Schocks" in den Strafvollzugsanstalten zu verhindern, paßt
nicht in das Bild einer zunehmenden Liberalisierung. Überhaupt
überlappen sich in den einzelnen Reformphasen Kriminalisie-
rungs- und Entkriminalisierungshandlungen derart, daß eindeutige Trendentwicklungen kaum ausmachbar sind. Es gibt weder
einen eindeutigen Trend zur Milde noch einen zur Repression.

In allen drei Staaten ist die Einlösung bzw. Versuche der Einlösung propagierter wohlfahrtsstaatlicher Ziele unübersehbar.
In der Rangordnung der wohlfahrtsstaatlichen Ziele rangieren
die Ziele "Humanität" und "Sicherheit" in den beiden Reformpe-
rioden vor den Zielen "Gerechtigkeit" und "Gleichheit". Das

Ziel "Sicherheit" wird durch die Änderungsdynamik sozialer Kontrolle mobilisiert. Die Strafgesetzgebung diffundiert mehr und mehr in den Kontrollbereich. Soziale Kontrolle tritt nicht mehr in allen Fällen direkt auf, sie setzt zunehmend indirektere, weniger sichtbare Mittel der Kontrolle ein." Resozialisierung", "Behandlung", "Eigenverantwortlichkeit" sind die Schlagworte einer sich zunehmend weniger repressiv und eher präventiv sozialgestaltend verstehenden sozialen Kontrolle.

Es ist desweiteren auffällig, daß kompensatorische Maßnahmen soziale Kontrolle keineswegs überflüssig machen. Beide - Kontrolle und Kompensation - bedingen sich gegenseitig: Die Gewährung von mehr Handlungsfreiheiten nach einer Verurteilung (Kompensation) aktiviert zugleich auch die Bewährungsinstitutionen (Kontrolle). Das "Mehr" an Handlungsfreiheiten kann durchaus mit einem" Mehr" an Gängelung einhergehen.

A n m e r k u n g e n

(1) Vgl. W. Nauke (1983), S. 18 f; J. Baumann (1985), S. 253.

(2) Vgl. B. Düsing (1952), S. 231 ff.

(3) Vgl. C. Lüdemann in diesem Band.

(4) Vgl. H.-H. Jescheck (1979), S. 105.

(5) Piracy Act aus dem Jahre 1814 und Treason Act 1837 vgl. B. Huber (1983), S. 2 f, 29 f.

(6) Vgl. K. Sessar (1973), S. 70 ff und insbesondere S. 121 f.

(7) Vgl. M. Ancel (1970).

(8) Vgl. K. Sessar (1973), S. 96 ff.

(9) Vgl. G. Teufel (1978), S. 21 ff, 23.

(10) Seit 1965 sieht der Law Commission Act eine Law Commission als eigenständige Einrichtung für England und Wales vor.

(11) Vgl. den First Offenders Act ; B. Huber (1983), S. 31.

(12) Vgl. B. Huber (1983), S. 24 ; B. Huber (1978), S. 357.

(13) Vgl. B. Huber (1983), S. 31, 72 ; B. Huber (1977), S. 18.

(14) Hierzu zählen z.B. Straftaten in Verbindung mit einer Feuerwaffe, einer explosiven oder offensiven Waffe oder Inzest mit Mädchen unter 16 Jahren.

(15) Vgl. die Definition in M. Hough, P. Mayhew (1983), S. 45 ff.

(16) Der Criminal Law Act von 1967 hob bereits die Einteilung der strafbaren Handlungen im Common Law zwischen Verbrechen und Vergehen auf. Grundsätzlich sollte die Orientierung und damit die Einstufung der Schwere eines Delikts nach der Definition von Vergehen vorgenommen werden. Im Criminal Law Act von 1977 wird eine neue Klassifikation der Delikte vorgenommen: a) schwere Delikte, die als indictable Delikte nur im formellen Verfahren vom Crown Court abzuurteilen sind; b) leichtere Delikte, die als summary Delikte von den Magistrates' Courts abgeurteilt werden; c) andere Delikte, für die die in a) und b) genannten Institutionen nicht zuständig sind.

(17) Vgl. R. Gassin (1979), S. 165.

(18) Vgl. H. Haferkamp (1980), S. 110 und zu den Einzelheiten der damaligen Bundestagsdebatten zum E62 H. Seidel (1980).

(19) Vgl. H.-L. Schreiber (1979), S. 16 f.

(20) Vgl. J. Baumann (1985), S. 251.

(21) Vgl. H. Horstkotte (1973), S. 14.

(22) Vgl. H. Haferkamp (1980), S. 138 ff; H. Haferkamp (1982), S. 221 f.

(23) Vgl. G. Teufel (1978), S. 26 f.

(24) Vgl. zur Problematik der kurzen Freiheitsstrafe K. Sessar (1973), S. 115.

(25) Vgl. R. Gassin (1979), S. 171.

(26) Vgl. G. Grebing (1979), S. 100 ; K. Sessar (1973), S. 139 ff.

(27) Vgl. K. Sessar (1973), S.151 ; R. Gassin (1979), S. 171.

(28) Vgl. R. Gassin (1979), S. 173 ff; G. Grebing (1979), S. 102.

(29) Vgl. G. Grebing (1979), S. 107.

(30) R. Gassin (1979), S. 171.

(31) Vgl. G. Grebing (1979) S. 94.

(32) Vgl. R. Gassin (1979), S. 180, der in der Entkriminalisierung des Scheckbetruges eine praktische Notwendigkeit sieht, da die erhebliche Zunahme dieses Vergehens in Frankreich "das Räderwerk der Justiz zum Stillstand zu bringen" drohte.

(33) Zu den wesentlichen Inhalten dieses Reformwerkes vgl. G. Grebing (1979), S. 108 ff; G. Teufel (1978), S. 31 ff, 35a, 35b.

(34) Vgl. A. Bernards (1985), S. 267.

(35) Vgl. B. Huber (1977), S. 226; B. Huber (1983), S. 125 f.

(36) Vgl. B. Huber (1983), S. 113.

(37) Ebenda.

(38) Criminal Law Act 1977, vgl. B. Huber (1983), S. 100 f.

(39) Z.B. beträgt die Höchststrafe für harte Drogen der Klasse A (u.a. Heroin) 14 Jahre. Der Besitz einer kontrollierten Droge wird mit 7 Jahren bestraft, hingegen verdoppelt sich das Strafmaß, wenn jemand die Droge zur Versorgung

einer anderen Person bei sich trägt. Vgl. W. Jann (1983),
S. 216 ff.

(40) Eine Gefängnisstrafe von 10 Jahren und/oder eine unbegrenzte Geldstrafe ist für die Drohung, das Eigentum
einer anderen Person zu zerstören, unabhängig von der
Gefahr für Leib und Leben, vorgesehen.

(41) Vgl. J. Baumann (1985), S. 253. Zu nennen wäre hier die
Reform des Demonstrationsstrafrechts (3. StrRG), die
Reform des Sexualstrafrechts mit der Aufhebung der
Strafbarkeit des Ehebruchs, der geschlechtlichen
Beziehung zwischen Verschwägerten, der Homosexualität
zwischen Männern über 18 Jahren, der Unzucht mit Tieren
und der Einschränkung der Strafbarkeit von Kuppelei
(4. StrRG vom 23.11.1973), Reform der Abtreibung (5.
StrRG vom 18.6.1974 in Verbindung mit dem StrÄG vom
18.5.1976).

(42) Vgl. hierzu C. Lüdemann in diesem Band.

(43) Dieser "Zick-Zack-Kurs" der Reform ist an den teilweise
mehrmals (§§ 88a und 139a) bzw. neu eingefügten Paragraphen des StGB ersichtlich. Hierzu sind in der Reihenfolge ihres Auftretens §§ 86, 88a, 111, 126, 129a, 130a,
138, 139, 140, 145d, 239a, 239b, 241, 316c zu nennen
(vgl. U. Berlit, H. Dreier (1984), S. 231 ff).

(44) Im Haager Abkommen von 1970 hat sich die Bundesregierung
verpflichtet, die Luftpiraterie unter Strafe zu stellen.

(45) Vgl. das 12. StrÄG vom 16.12.1971.

(46) Gesetz zur Änderung der Strafprozeßordnung 1978.

(47) "Der Strafbefehl ist eine Schuld feststellende und
Strafe setzende richterliche Entscheidung im schriftlichen Verfahren ohne mündliche Verhandlung" und wird
vom Staatsanwalt beantragt. Vgl. P. Rieß (1979), S. 117.

(48) "In diesem Fall kann das Verfahren mit Zustimmung des
Beschuldigten gegen Auflagen und Weisungen (Schadenswie-
dergutmachung, Zahlung eines Geldbetrages an
die Staatskasse oder an eine gemeinnützige Einrichtung,
gemeinnützige Arbeiten oder Erfüllung von Unterhalts-
pflichten) vorläufig eingestellt werden, wenn dadurch das
öffentliche Interesse an der Strafverfolgung eingeschränkt wird"; ebenda.

(49) C. Lüdemann (1986), S. 24 f.

(50) Vgl. zu den Einzelheiten C. Lüdemann in diesem Band.

(51) "Die Gerichtspolizei ist keine selbständige Einheit,
sondern mit der Funktion eines "officier" oder "agent de
police judiciaire" sind hauptsächlich Polizeibeamte der

Abteilungen der "police nationale" und der "gendarmerie
nationale", ferner auch einige Verwaltungsstellen betraut"; G. Grebing (1979), S. 31.

(52) Ebenda, S. 32.

(53) Ebenda, S. 30.

(54) Ebenda, S. 24.

(55) Ebenda, S. 64.

(56) Vgl. B. Huber (1979), S. 549.

(57) Dabei ist zu berücksichtigen, daß die Entscheidung über
die Strafverfolgung nicht allein vom Chief Constable
ausgeht, sondern eingebunden ist in die Kriminalpolitik
des Landes. So erhält jeder Polizeibeamte sogenannte
standing orders, Beschreibungen der Delikte und Bege-
hensweisen - als Orientierungshilfen; vgl. B. Huber
(1979), S. 556 f.

(58) Verwarnungen sind in England und Wales eine Art der
Erledigung im vorgerichtlichen Verfahren. Sie können in
mündlicher oder schriftlicher Form erfolgen; vgl. B.
Huber (1979), S. 567.

(59) Ebenda, S. 555.

(60) Ebenda, S. 558 f.

(61) Z. B. Criminal Justice Act 1977.

(62) Aus verschiedenen Untersuchungen zur Ermittlungstätigkeit
von Polizei und Staatsanwaltschaft weiß man, daß beide
Institutionen sozialer Kontrolle sich faktisch weitgehend
passiv verhalten. Die Aufdeckung von Straftaten geht
in der Regel von der Bevölkerung aus, die durch Anzeigen
den größten Teil der Straftaten den Strafverfolgungsinstanzen zur Kenntnis bringt; vgl. W. Steffen (1976); E.
Blankenburg, K. Sessar, W. Steffen (1978); K. Sessar
(1977).

(63) Vgl. H.-G. Heiland (1983), S. 75 ff.

(64) Vgl. Entwurf eines Einführungsgesetzes zum Strafgesetzbuch (EGStGB) vom 2.3.1974, das die Möglichkeiten einer
Einstellung des Verfahrens erheblich erweiterte.

(65) Das EGStGB vom 2.3.1974 hatte im materiellen Strafrecht
einige Änderungen vorgesehen. Ab 1.1.1975 sind die
Übertretungen fortgefallen. Einige sind ersatzlos
gestrichen worden, andere in das OWiG eingeflossen. Auch
im Bereich der Eigentumskriminalität gab es wichtige
Änderungen: So sind der Diebstahl und die Unterschlagung
geringwertiger Sachen bei Fehlen eines öffentlichen

Interesses lediglich auf Antrag zu verfolgen. Die Notentwendung ist aus dem StGB fortgefallen, der "Mundraub" im StGB verblieben und als Vergehen eingestuft worden. Vgl. W. Ahrens (1978), S. 13 ff.

(66) Vgl. P. Rieß (1979), S. 117.

(67) Vgl. W. Heinz (1982), S. 642 ff.

(68) T. Feltes (1983), S. 73.

(69) Vgl. W. Heinz (1982), S. 648.

(70) P. Rieß (1979), S. 116.

(71) Ebenda.

(72) Die Übertretungen gliedern sich nach Schweregraden in fünf Klassen.

(73) Vgl. G. Teufel, J. Pradel (1978), S. 413 ff.

(74) Vgl. G. Grebing (1979a), S. 61. Grebing erklärt die Differenz mit den dem Polizeigericht bis 1972 zur Verfügung stehenden vereinfachten Verfahren wie z. B. der Möglichkeit einer freiwilligen Bezahlung der Geldstrafe. Nach 1972 wird ein Teil der Verfahren durch das Strafbefehlsverfahren erledigt.

(75) Es sind dies die Jahre 1959, 1966, 1969 und 1974. Die Amnestiegesetze dieser Jahre brachten zudem eine Generalamnestie für alle Polizeiübertretungen. Vgl. C. C. Moehlmann (1978), S. 90.

(76) Die Strafaussetzung zur Bewährung ist in Frankreich in ein relativ großzügiges Ermessen des Richters gestellt. "In Frankreich sind alle Freiheitsstrafen (..) bis zu 5 Jahren ohne weitere Voraussetzung bezüglich der anzustellenden Prognose aussetzungsfähig; nicht aussetzungsfähig sind die Strafen der réclusion sowie der détention. Bei bestimmten Gewaltdelikten (Totschlag, Körperverletzung, unerlaubter Waffenbesitz etc.) ist eine Aussetzung allerdings bei Vorbestraften mit mehr als einem Monat Freiheitsstrafe als Vorstrafe nicht möglich". F. Dünkel (1983), S. 1060.

(77) Vgl. B. Huber (1979), S. 578.

(78) Zu den Einzelheiten vgl. z.B. Criminal Statistics England and Wales (1981), S. 200 f.

(79) B. Huber (1983), S. 128.

(80) Ebenda, S. 105.

(81) Ebenda, S. 118.

(82) Die Betrachtung der Entwicklung ab 1975 ergibt sich aus der Tatsache, daß einerseits materielle Änderungen des Strafrechts wie z.B. die Umwandlung zahlreicher Verkehrsübertretungen in Ordnungswidrigkeiten (1968), die Beseitigung der Übertretungen durch das EGStGB (1975) und andererseits strafprozessuale Änderungen wie §§ 153 ff StPO und § 154 StPO die Justizstatistiken beeinflussen.

(83) Vgl. W. Heinz (1982), S. 644.

(84) Diese positive Bilanz auf der Ebene der Bundesrepublik Deutschland wird allerdings durch die unterschiedliche Praxis der Bundesländer in der Anwendung der §§ 153 ff StPO wiederum erheblich getrübt. Vgl. W. Heinz (1982), S. 649 ff; T. Feltes (1983), S. 72 ff.

(85) Vgl. P. Rieß (1982), S. 210 f.

(86) W. Heinz (1982), S. 638 bemerkt hierzu, daß der mit dem 1. und 2. StrRG angestrebte Umfang der Eindämmung freiheitsentziehender Strafen jedoch nicht realisiert worden ist. Zugenommen haben z.B. "resozialisierungsfeindliche Inhaftierungszeiten bis 6 Monate durch Vollstreckung von Ersatzfreiheitsstrafen, durch Widerruf von Straf- und Strafrestaussetzung, durch bedingte Entlassung und durch Anrechnung von Untersuchungshaft". Allerdings ist der Sanktionswandel - legt man eine deliktspezifische Betrachtung der Analyse zugrunde - fast ausschließlich auf den Bereich der Klein- und Bagatellkriminalität beschränkt geblieben.

(87) Vgl. W. Heinz (1982), S. 654.

(88) Man unterscheidet drei Arten von Häusern: "Maisons centrales" nehmen die zu einer Zuchthaus- und Gefängnisstrafe Verurteilten auf. Straftäter, die zu einer Gefängnisstrafe von weniger als einem Jahr verurteilt worden sind, gelangen in die "Maisons de corrections" und in die "Maisons d'arrêt et de correction" werden die Straftäter, die zu einer Gefängnisstrafe wegen einer Übertretung verurteilt worden sind, sowie Untersuchungsgefangene und andere inhaftierte Personen eingewiesen. Vgl. G. Kaiser (1983), S. 90 ff.

(89) Vgl. Y. Marx , X. Nicot (1979), S. 68.

(90) In Toul gehörte der sogenannte "Zwangsgürtel", eine moderne Ausführung der Zwangsjacke, zu den Requisiten, von denen das Strafvollzugspersonal häufig Gebrauch machte. Als vollzugsinterne Sanktion zählte die verschärfte Haft vor allem an Wochenenden zu den beliebtesten Mitteln. Schikanen gegenüber den Gefangenen gehörten dabei noch zu den weniger gravierenden Maßnahmen des Vollzugspersonals.

---

(91) Vgl. Y. Marx , X. Nicot (1979), S. 59.

(92) "Mit dieser Gesetzesreform (Gesetz vom 2. Februar 1981) ("renforcant la sécurité et protegeant la liberté des personnes" - der Verf.) wurde der repressive Charakter des Strafrechts durch Verschärfung der Strafen bei Gewaltverbrechen sowie der Rückfallbestimmungen, durch eine Einschränkung der Strafaussetzung und der Maßnahmen des gelockerten Vollzugs im Bereich der Strafvollstreckung wieder in der Vordergrund gerückt". A. Bernards (1985), S. 318 ff.

(93) Vgl. B. Huber (1977), S. 225.

(94) Vgl. B. Huber (1983), S. 361; 4. Report des Home Affairs Committee (1981), Vol.II: Evidence and Appendices, London.

(95) Vgl. G. Kaiser (1983), S. 79 ff.

(96) Z. B. die kleinen Gerichtsgefängnisse.

(97) Hierbei handelt es sich um Gesamtkapazitäten. Diese umfassen sowohl den Untersuchungshaftvollzug, den Erwachsenen- und Jugendstrafvollzug, als auch den Vollzug einer Maßregel der Sicherung und Besserung. Vgl. G. Kaiser, H.-J. Kerner, H. Schöch (1982), S. 279.

(98) Vgl. F. Dünkel, A. Rosner (1982), S. 29.

(99) Vgl. A. Kreutzer (1985), S. 9.

(100) Der Eintritt ist definiert als die Summe der Erstaufnahmen und erstmaligen Aufnahmen eines Gefangenen in die jeweilige Strafvollzugsanstalt.

(101) Vgl. Statistisches Bundesamt, Fachserie 10: Rechtspflege, Reihe 4, Strafvollzug.

(102) Zur Problematik des statistischen Ausweises dieser Daten vgl. W. Heinz (1981), S. 152, FN 13.

(103) Vgl. C. Homann (1984), S. 337.

(104) Vgl. F. Dünkel, A. Rosner (1982), S.30 ff.

Literaturverzeichnis

AHRENS, Wilfried (1978): Die Einstellung in der Hauptverhandlung gem. §§ 153 II, 153a II StPO, Göttingen

ANCEL, Marc (1970): Die neue Sozialverteidigung. Eine Bewegung
humanistischer Kriminalpolitik, Stuttgart (Dieses Werk ist
1954 unter dem Titel "La défense sociale nouvelle" in erster Auflage erschienen.)

BAUMANN, Jürgen (1985): Freiheit des Bürgers und Gewaltmonopol
des Staates. Wie hat sich der demokratische Rechtsstaat
seit Bestehen der Bundesrepublik Deutschland entwickelt?
In: Festschrift für R. Wassermann zum 60. Geburtstag, hrsg.
von Chr. Broda, E. Deutsch, Hans-Ludwig Schreiber und Hans-
Jochen Vogel, Darmstadt, S. 247-25

BERLIT, Uwe/ Horst DREIER (1984): Die legislative Auseinandersetzung mit dem Terrorismus. In: Fritz Sack und Heinz
Steinert (Hrsg.), Protest und Reaktion, Analysen zum Terrorismus, Bd. 4/2, Opladen, S. 227-318

BERNARDS, Annette (1985): Die Freiheitsstrafe und ihre Surrogate in Frankreich. In: Hans-Heinrich Jescheck (Hrsg.), Die
Freiheitsstrafe und ihre Surrogate im deutschen und internationalen Recht, 3 Bände, Baden-Baden, S. 259-325.

BLANKENBURG, Erhard /Klaus SESSAR /Wiebke STEFFEN (1978): Die
Staatsanwaltschaft im Prozeß strafrechtlicher Sozialkontrolle, Berlin

DÜNKEL, Frieder/Anton ROSNER (1982): Die Entwicklung des
Strafvollzugs in der Bundesrepublik Deutschland, 2. Auflage, Freiburg

DÜNKEL, Frieder (1983): Rechtliche, rechtsvergleichende und
kriminologische Probleme der Strafaussetzung zur Bewährung.
In: Zeitschrift für die gesamte Strafrechtswissenschaft,
Bd. 95, S. 1039-1075

DÜSING, Bernhard (1952): Die Geschichte der Abschaffung der
Todesstrafe in der Bundesrepublik Deutschland, Offenbach
a.M.

FELTES, Thomas (1983): Der Staatsanwalt als Sanktions- und Se-
lektionsinstanz. In: Hans-Jürgen Kerner (Hrsg.), Diversion
statt Strafe?, Heidelberg, S. 55-94

GARETY, Pierce (1980): A French Program to Reduce Pretrial
Detention: Controle Judiciaire. In: Crime and Delinquency,
Bd. 26, S. 22-34

GASSIN, Raymond (1979): Die Strafrechtsreform in Frankreich.
In: Zeitschrift für die gesamte Strafrechtswissenschaft,
Bd. 91, S. 163-191

GREBING, Gerhardt (1977): Polizei und Staatsanwaltschaft im internationalen Vergleich. In: Polizei und Justiz, hrsg. vom Bundeskriminalamt, Wiesbaden, S. 31-38

GREBING, Gerhardt (1979): Die Strafrechtsreform Frankreichs im Vergleich mit der Strafrechtsreform der Bundesrepublik Deutschland. In: Hans Lüttger (Hrsg.), Strafrechtsreform und Rechtsvergleichung, Berlin/ New York, S. 86-114

GREBING, Gerhardt (1979a): Staatsanwaltschaft und Strafverfolgungspraxis in Frankreich. In: Hans-Heinrich Jescheck und Rudolf Leibinger (Hrsg.), Funktion und Tätigkeit der Anklagebehörde im ausländischen Recht, Baden-Baden, S. 13-81

HAFERKAMP, Hans (1980): Herrschaft und Strafrecht, Opladen

HAFERKAMP, Hans (1982): Politische Herrschaft und Diebstahlsverbot. In: G. Albrecht und M. Brusten (Hrsg.), Soziale Probleme und soziale Kontrolle, Opladen, S. 210-226

HEILAND, Hans-Günther (1983): Wohlstand und Diebstahl, Bremen

HEINZ, Wolfgang (1981): Entwicklung, Stand und Struktur der Strafzumessungspraxis. In: Monatsschrift für Kriminologie und Strafrechtsreform, Bd. 64, S. 148-173

HEINZ, Wolfgang (1982): Strafrechtsreform und Sanktionsentwicklung - Auswirkungen der sanktionenrechtlichen Regelungen des 1. und 2. StRG 1969 sowie des EGStGB 1974 auf die Sanktionspraxis. In: Zeitschrift für die gesamte Strafrechtswissenschaft, Bd. 94, S. 632-668

HOMANN, Conrad (1984): Freiheitsentziehende Sanktionen und Haftplatzbedarf, dargestellt an der Entwicklung von Verurteiltenzahlen und Belegungszahlen in den Justizvollzugsanstalten 1971 bis 1982. In: Monatsschrift für Kriminologie und Strafrechtsreform, Bd. 67, S. 332-338

HORSTKOTTE, Hartmuth (1973): Tendenzen in der Entwicklung des heutigen Strafrechts: Die Gesetzgebung. In: H. Horstkotte, G. Kaiser und W. Sarstedt, Tendenzen in der Entwicklung des heutigen Strafrechts, Frankfurt a. M., S. 7-28

HOUGH, Mike / Pat MAYHEW (1983): The British Crime Survey: first report, Her Majesty's Stationery Office, Home Office Research Study No. 76, London

HUBER, Barbara (1977): Neue Wege zur Kriminalitätsbewältigung in England. In: Zeitschrift für Strafvollzug und Straffälligenhilfe, Bd. 26, S. 225-230

HUBER, Barbara (1978): Die Geldstrafe in England und Wales. In: Hans-Heinrich Jescheck und Gerhardt Grebing (Hrsg.), Die Geldstrafe im deutschen und ausländischen Recht, Baden-Baden, S. 341-395

HUBER, Barbara (1979): Funktion und Tätigkeit des Anklägers in England und Wales. In: Hans-Heinrich Jescheck /Rudolf Leibinger (Hrsg.), Funktion und Tätigkeit der Anklagebehörde im ausländischen Recht, Baden-Baden, S. 545-585

HUBER, Barbara (1983): Die Freiheitsstrafe in England und Wales, Köln /Berlin /Bonn /München

JANN, Werner (1983): Staatliche Programme und "Verwaltungskultur", Opladen

JESCHECK, Hans-Heinrich (1979): Die Krise der Kriminalpolitik. In: Zeitschrift für die gesamte Strafrechtswissenschaft, Bd. 91, S. 1037-1064

KAISER, Günther (1972): Strafprozeßreform und Strafzumessung. In: Strategien und Prozesse strafrechtlicher Sozialkontrolle, Frankfurt a. M., S. 71-99

KAISER, Günther (1972). Entwicklungstendenzen des Strafrechts. In: Festschrift für R. Maurach, hrsg. von F. Schroeder, Karlsruhe, S. 391-406

KAISER, Günther (1983): Strafvollzug im europäischen Vergleich, Darmstadt

KAISER, Günther/HansJürgen KERNER/Heinz SCHÖCH (1982): Strafvollzug, Heidelberg

KREUTZER, Arthur (1985): Kriminalpolitik auf dem Prüfstand. Gefängnisüberfüllung und Kriminalitätsanstieg in der Diskussion. In: das parlament, Beilage (B11/85), S. 3-16

LÜDEMANN, Christian (1986): Gesetzgebung als Entscheidungsprozeß, Opladen

MARX, Yvonne/Xavier NICOT (1979): The French Penal System. In: R. J. Wicks / H. H. A. Cooper (Hrsg.), International Corrections, Lexington /Massachusetts /Toronto, S. 57-69

MOEHLMANN, Claus C. (1978): Strafzweck und Amnestie nach französischem Strafrecht, Frankfurt a. M./ Bern/ Las Vegas

NAUKE, Wolfgang (1983): Die Sozialphilosophie des sozialwissenschaftlich orientierten Strafrechts. In: W. Hassemer/K. Lüderssen / W. Nauke, Fortschritte im Strafrecht durch die Sozialwissenschaften?, Heidelberg, S. 1-38

PATEY, Jacques (1960): Recent Reforms in French Criminal Law and Procedure. In: The International and Comparative Law, Bd. 9, S. 383-395

RIEG, Alfred (1969): Die modernen Tendenzen des französischen Strafrechts. In: Zeitschrift für die gesamte Strafrechtswissenschaft, Bd. 81, S. 411-424

RIEß, Peter (1979): Vereinfachte Verfahrensarten für die kleinere Kriminalität. In: Strafprozeß und Reform, Neuwied/Darmstadt, S. 113-142

RIEß, Peter (1982): Zur Entwicklung der Geschäftsbelastung in der ordentlichen Gerichtsbarkeit. In: Deutsche Richterzeitung, Bd. 60, S. 201-215

SCHREIBER, Hans-Ludwig (1979): Tendenzen der Strafrechtsreform. In: Strafprozeß und Reform, S. 15-29

SEIDEL, Horst (1980): Prozesse der Normsetzung. Inhaltsanalyse parlamentarischer Beratungen der Strafrechtsreform in der Bundesrepublik Deutschland, Bremen (unveröffentlichtes Manuskript, 109 S.)

SESSAR, Klaus (1973): Die Entwicklung der Freiheitsstrafe im Strafrecht Frankreichs. Eine juristische und kriminalpolitische Untersuchung, Bonn

SESSAR, Klaus (1977): Ergebnisse einer wissenschaftlichen Untersuchung zum Thema Polizei/Staatsanwaltschaft. In: Polizei und Justiz, hrsg. vom Bundeskriminalamt, Wiesbaden, S. 25-30

STEFFEN, Wiebke (1976): Analyse polizeilicher Ermittlungstätigkeit aus der Sicht des späteren Strafverfahrens, Wiesbaden

TEUFEL, Gerhard (1978): Reformen zur Ersetzung der kurzen Freiheitsstrafe in Frankreich, Diss., Freiburg i. B.

TEUFEL, Gerhard/ Jean PRADEL (1978): Die Geldstrafe in Frankreich. In: Hans-Heinrich Jescheck und Gerhardt Grebing (Hrsg.), Die Geldstrafe im deutschen und ausländischen Recht, Baden-Baden, S. 397-455

BIEG, Alfred (1981), Die neue neue Jugendszene und Fremden...

R.th, Peter (1979), Jugendkultur. Generationen...

...

TEIL II: ANALYSEN DER STRAFENPOLITIK IN ZWEI STRAFGESETZEN
DER BUNDESREPUBLIK DEUTSCHLAND

ZUR SETZUNG VON WIRTSCHAFTSSTRAFRECHT IN WOHLFAHRTSSTAATEN - ENTWICKLUNGEN UND ENTSCHEIDERKALKÜLE*

Joachim J. Savelsberg

1. Fragen und Überblick

Sind Wohlfahrtsstaaten milde Staaten? Oder sind sie eher Staaten, in denen es ehemals Mächtigen zugunsten ehemals unterprivilegierten Gruppen "an den meist weißen Kragen geht"? Oder sind sie gar nicht in erster Linie Wohlfahrtsstaaten, sondern kapitalistische Gesellschaften, über die lediglich ein staatliches Mäntelchen einer häufig mit ausgeklügelten Kontrollverfahren verknüpften Wohlfahrt gedeckt wurde? Welches wären jeweils die Folgen für die Entwicklung von Strafrecht?

Verschiedene Theoretiker beantworten diese Fragen unterschiedlich. Ihre Aussagen sollen hier mit einem Stück bundesrepublikanischer Strafrechtspolitik der vergangenen fünfzehn bis zwanzig Jahre konfrontiert werden. Vor dem Hintergrund von Liberalisierungstendenzen, vor allem in der sozial-liberalen Ära, gab es zum Teil erfolgreiche Verschärfungsbemühungen bei der Setzung neuer Strafrechtsnormen und der Strafverfolgung gegen Wirtschaftskriminalität. Gleichzeitig trat eine gut organisierte Gegenwehr von seiten der Wirtschaft erfolgreich gegen zentrale, vor allem Unternehmer betreffende Tatbestände des geplanten Gesetzgebungsprogramms auf.

Ein adäquater Theorieansatz müßte diese vielfältigen, zumindest auf den ersten Blick auch widersprüchlich erscheinenden empirischen Entwicklungen erklären können. Verschiedene dominierende strafrechtssoziologische Ansätze sollen in der folgenden Diskussion zur Genese eines Wirtschaftsstrafgesetzes an diesem Anspruch gemessen werden. Wenngleich eine Einzelfalluntersuchung nur ganz begrenzt generalisierbare Ergebnisse abwirft, so ist

sie doch geeignet, eine Vielzahl verbreiteter, zum Teil speku-
lativ gewonnener, zum Teil durch selektive Exemplifizierung ge-
stützte Thesen und Theorieansätze zu entkräften, zu falsifizie-
ren oder zumindest als modifizierungsbedürftig zu identifizieren. Dies wird hier versucht, während gleichzeitig ein eigener
Erklärungsansatz vorangetrieben wird.

Zur Entwicklung von Wohlfahrtsstaaten hat kürzlich Jens Alber
eine umfassende, international vergleichende empirische Untersuchung vorgelegt (1). Darin unterscheidet er vier Typen von
Ansätzen, die versuchen, den Ursprung und die Entwicklung von
Wohlfahrtsstaaten zu erklären. Diese Typen gewinnt er durch die
Berücksichtigung zweier dichotomisierter Dimensionen: marxistisch
vs. pluralistisch (bzw. differenzierungstheoretisch) und funktionalistisch vs. konfliktgruppentheoretisch. Alber ordnet die relevante europäische und nordamerikanische soziologische Literatur diesen Dimensionen zu. Er mißt die Gültigkeit der darin enthaltenen Aussagen, indem er sie einem umfassenden, international
vergleichenden Datenmaterial gegenüberstellt. Alber kommt zu dem
Ergebnis, daß differenzierungs- und konfliktgruppentheoretisch
angelegte Ansätze die Ursprünge und die Entwicklung von Wohlfahrtsstaaten am ehesten erklären können.

Nun sind alle Sozial- und Wohlfahrtsstaaten auch mit negativen
Sanktionsmöglichkeiten ausgestattet. Strafrecht mit einem entsprechenden Sanktionsapparat ist ein konstitutiver Bestandteil
aller "real existierenden" Wohlfahrtsstaaten. Positive (wohlfahrtsstaatliche) und negative (strafrechtliche) Steuerungssy-
steme müssen, wo sie nebeneinander existieren, ohne Zweifel als
interdependent angesehen werden. Kann daraus gefolgert werden,
daß die von Alber erforschten Fragen entsprechende Antworten
finden, wenn die Entwicklung von Strafrecht im Sozialstaat untersucht wird? Dies zu klären, soll im folgenden versucht werden.

Zunächst werden verschiedene für unseren Zusammenhang relevante
strafrechts- und allgemeine rechtssoziologische Erklärungsan-
sätze zusammengefaßt (2.). Dabei geht es um Webers Idee eines

Einbrechens materialer Kriterien in die formale Rationalität
des Rechts unter den Bedingungen des Wohlfahrtsstaates und um
Haferkamps herrschaftstheoretischen Ansatz, der eine wachsende
Liberalisierung von Strafrecht im Wohlfahrtsstaat annimmt. Diese Ansätze werden mit anderen kontrastiert, die eine direkte
Abhängigkeit strafrechtlicher Entwicklungen von Bedingungen
des ökonomischen Systems oder spezifischer: von Kapitalverwer-
tungsinteressen nachzuweisen suchen.

Es folgt ein Überblick über unseren empirischen Fall: die Strafgesetzgebung und -verfolgung gegen Wirtschaftskriminalität, insbesondere das Zweite Gesetz zur Bekämpfung der Wirtschaftskriminalität (2. WiKG) (3.). Eine Gegenüberstellung der wichtigsten
Entwicklungen mit den zuvor charakterisierten Theorieansätzen
macht die Vielfalt der Betroffenheiten und Reaktionen deutlich und weist auf den Bedarf an einem differenzierten Erklärungsansatz hin.

Dieser Bedarf wird spezifiziert und in Ansätzen zu beantworten
versucht (4.). Dabei wird zunächst der Fall des 2. WiKG mit den
Konzepten Interesse, Konflikt und Konsens konfrontiert. Folgerungen für die eingangs diskutierten Theorietypen werden gezogen (4.1). Sodann geht es um Macht, Kommunikation und Rationalitäten von Entscheidern. Hier werden vor dem Hintergrund
der vorausgegangenen Diskussion Entscheiderkalküle mit Hilfe
des methodischen Instruments der kognitiven Karten analysiert
(4.2). Dazu wird das Protokoll der Sitzung des bei diesem Gesetz
federführenden Rechtsausschusses des Deutschen Bundestages herangezogen, in der über den Tatbestand des Ausschreibungsbetrugs
beraten worden war. Diese Analyse erlaubt Schlußfolgerungen,
die von strafrechtssoziologischer, entscheidungstheoretischer
und politikwissenschaftlicher Relevanz sind.

2. Soziologien der (Straf-)Rechtsentwicklung im Wohlfahrtsstaat

Es gibt verschiedenartige Versuche von Soziologen, die Entwicklung von Strafrecht unter den Bedingungen des Wohlfahrtsstaates
zu erklären oder zu prognostizieren. Hier werden einige dieser

- 140 -

Positionen zunächst knapp referiert und den oben genannten,
von Alber unterschiedenen Theorie-Typen zugeordnet.

Tabelle 1 gibt einen Überblick über die Diskussion in diesem
Abschnitt.

Tab. 1: Theorien zur (Straf-)Rechtsentwicklung in modernen
Staaten

Theorietyp	(Straf-)Rechtssozio- logische Beispiele	Programm für die (Straf-) Rechtsentwicklung
differenzierungs- theoretisch, handlungs-/konflikt- gruppentheoretisch	(a) M. Weber (1976)	Partikularisierung; Zu- nahme materialer Rationa- litätskriterien der nicht- rechtlichen Sphären
	(b) H. Haferkamp (1980, 1983, 1984)	Abbau von Strafrecht/Sank- tionsverzicht (Umver- teilung von Kriminali- sierungschancen)
(neo-) marxistisch, handlungs-/konflikt- gruppentheoretisch	(c) G. Turkel (1980)	Partikularisierung; Zunah- me materialer Rationali- tätskriterien der nicht- rechtlichen Sphären vor allem im Sinne zunehmend mächtiger Akteure des öko- nomischen Systems
(neo-) marxistisch, funktionalistisch	(d) A. Pilgram, H. Stei- nert (1975) H. Steinert (1978)	Anpassung des Strafrechts an die Funktionserforder- nisse des ökonomischen Sy- stems oder an Kapitalver- wertungsinteressen (Libe- ralisierung und Verschär- fung möglich)
Modell sozial- staatlicher Reak- tion auf abwei- chendes Verhalten	(e) F. Sack (1983)	Aufgabe von Kriminali- sierungen; statt derer: Strukturreformen

a) Eine frühe Diskussion zur Entwicklung von (Straf-)Recht in Wohlfahrtsstaaten finden wir in Max Webers immer noch unterbelichteter (2) "Rechtssoziologie" (3). Seine Analyse der Entwicklung und Ausdifferenzierung von Strafrecht von seinen irrationalen Quellen zu einem System formaler Rationalität, in das unter den Bedingungen des Wohlfahrtsstaates Kriterien materialer Rationalität einfließen, ist von unmittelbarem Interesse für unsere Fragestellung.

Nachdem es ursprünglich keine Strafverfolgung "von Amts wegen" gegeben habe, "Rache" am Ausgangspunkt des Weges zu einem "Kriminalverfahren" gestanden habe (4) und "magischer Glaube" eine der ursprünglichsten Quellen von Strafrecht sei, habe Strafrecht sich erst entwickelt, als das Handeln einzelner den nachbarschaftlichen, sippenmäßigen oder politischen Verband in seiner Gesamtheit bedrohte. Weber weist damit auf die "irrationalen" Wurzeln des Strafrechts hin. Seine Ausdifferenzierung und Entwicklung versteht er jedoch im Rahmen des Rationalisierungsprozesses von Recht. Bekanntlich typisiert Weber Recht entlang den Dimensionen "Rationalität vs. Irrationalität" einerseits und "formeller vs. materieller Bezug" andererseits. Im Rahmen des modernen Rechts sind insbesondere die Typen formaler und materialer Rationalität von Interesse. Für unsere Diskussion ist bedeutsam, daß hinter diesen Formen von Rationalität einander entgegengesetzte Sozialideale und Freiheitsbegriffe stehen, die die Entwicklung von Strafrecht und der ihm zugrunde liegenden Rationalität ebenso berühren wie die wohlfahrtsstaatlicher Leistungen (5). Das Sozialideal formaler Rationalität ist, bei einer Enthaltung von Wertstellungnahmen, das Interesse an einem Maximum an Ermessensspielraum für wirtschaftliches, politisches, soziales und persönliches Handeln und an der Gewährleistung rechtsgeschäftlicher Privatautonomie. Bei materialer Rationalität findet Begriffsbildung und -deutung in stetem Rückgriff auf die konkreten Probleme und Konflikte der gegebenen Sozialordnung statt. Der Maßstab für Rationalität ist hier die "Vernünftigkeit" der zu realisierenden Sozialmodelle. Das Sozialideal ist die wohlfahrtsstaatliche Sozialgarantie für Sicherheit, Versorgung, Friedlichkeit und Chancengleichheit

der überwiegenden Mehrheit der Bevölkerung. Bei formaler Rationalität geht es um Freiheit im Sinn des liberalen bürgerlichen
Rechtsstaates, bei materialer Rationalität geht es um Freiheit
im soziologischen Sinn, wobei Weber als "Hauptimpedimentum" die
Art der von der Rechtsordnung legalisierten Besitzdifferen-
zierung gilt (6).

Es gibt nach Weber einen unvermeidlichen Widerspruch zwischen
dem abstrakten Formalismus der Rechtslogik und dem Bedürfnis
nach Erfüllung materieller Postulate. Unter den Bedingungen des
spezifischen Rechtsformalismus funktioniert der Rechtsapparat
auch im Strafrecht "wie eine technisch rationale Maschine" (7).
Er erlaubt zwar ein relatives Maximum an Spielraum für die Be-
wegungsfreiheit der Rechtsinteressenten und die rationale Be-
rechnung der Folgen von Zweckhandeln (8), in Verbindung mit der
Ungleichheit der ökonomischen und Macht-Verteilung bedeutet
dies aber eine Verletzung inhaltlicher Gerechtigkeitsideale.
Diese Verletzung ist um so größer, wenn den "breiten Massen"
der Zugang zum Recht tendenziell versperrt wird, wie dies etwa
durch die Kostspieligkeit der Anwaltsjustiz geschieht.

Diesen Eigenarten des Rechtsformalismus sind nach Weber wohlfahrtsstaatliche Ideale entgegengesetzt, und für die Rechtsentwicklung im Wohlfahrtsstaat konstatiert und prognostiziert er
Gegentendenzen zur Formalisierung des Rechts (9). Dabei gehe
es um eine zunehmende Partikularisierung des Rechts: nicht mehr
nach Personengruppen, sondern nach sachlichen Qualitäten von
rechtsrelevanten Handlungen und nach sachlicher (zweckrational
sinnhafter) Zugehörigkeit des Handelnden (etwa zum Zweckver-
band des Betriebes). Den modernen Partikularrechten entsprechen
Partikulargerichte und partikuläre Sonderprozeduren (10).

Weber nennt zwei Gründe für die Partikularisierung des Rechts:
erstens die Berufsdifferenzierung und die steigende Rücksichtnahme, die wirtschaftliche Interessen sich erkämpft ("erzwungen") haben, zweitens den Wunsch, den formalen Rechtsprozeduren
zu entgehen im Interesse einer dem konkreten Fall angepaßten
Rechtspflege. Praktisch bedeute dies eine Abschwächung des Rechts-

formalismus aus materialen Interessen. Materiale "Erwartungen"
der "Rechtsinteressenten" werden immer wieder durch die rein
fachjuristische Logik, die juristische "Konstruktion" von Tatbeständen anhand abstrakter "Rechtssätze" und der Ausschließ-
lichkeitsmaxime enttäuscht. Es sei z.B. für den Laien unver-
ständlich, daß der Elektrizitätsdiebstahl - heute ist es der
Diebstahl von Computerprogrammen - nicht unter die Diebstahls-
definition falle. Der so begründete Protest der Interessenten
und - mit dem Erwachen moderner Klassenprobleme - die materialen
Anforderungen eines Teils der Rechtsinteressenten und von
"Rechtsideologen", Ansprüche auf materiale Gerechtigkeit statt
formaler Legalität also, begründeten die materialen Einbrüche
in das formale Prinzip. Diese Entwicklungen, verstärkt durch
Standesideologien und -interessen von Rechtspraktikern, bewirken nach Weber, daß in modernen, differenzierten und wohl-
fahrtsstaatlich verfaßten Gesellschaften zunehmend soziologische, ökonomische und ethische Räsonnements an die Stelle juristischer Begriffe treten.

Kurz: Weber nennt Bedingungen der strukturellen Basis und des
Verhaltens der gesellschaftlichen Akteure, die zu spezifischen
Änderungen des Rechtssystems in modernen Gesellschaften führen:
die wachsende Berufsdifferenzierung; steigende Rücksichtnahme,
die wirtschaftliche Interessen sich "erzwungen" haben; der
Wunsch, formalen Prozeduren zu entgehen; Standesideologien von
Rechtspraktikern; Ansprüche auf materiale Gerechtigkeit statt
formaler Legalität. All dies wird artikuliert im Protest der
Rechtsinteressenten, die - mit dem Erwachen moderner Klassenprobleme - Ansprüche auf materiale Gerechtigkeit artikulieren.
Die Folgen sind eine Partikularisierung von Recht, materiale Einbrüche in das formale Prinzip und die Ersetzung juristischer Begriffe durch soziologische, ökonomische und ethische Räsonnements.

Nicht ganz klar sind Webers Ausführungen u. E., wenn es um die
Frage geht, zu wessen Gunsten diese "materialen Einbrüche" aus-
fallen. Wenn Weber annimmt, daß die formale Rationalität des
Rechts letztlich den gesellschaftlich Mächtigen, in Austausch-

prozessen Überlegenen nutzt, könnte daraus geschlossen werden,
daß die Materialisierung des Rechts gesellschaftlich Schwachen
zugute kommt, also im Sinne wohlfahrtsstaatlicher Prinzipien
wirkt.

Versuchen wir den Ansatz Webers nach seiner Theorieorientierung
im Rahmen von Albers Typologie zu verorten, so ist er erstens
als pluralismustheoretisch, zweitens als handlungs- bzw. konfliktgruppentheoretisch zu kennzeichnen.

b) Dem selben Theorietyp ist auch der Ansatz von Haferkamp zuzuordnen, der spezifisch auf die Entwicklung von Strafrecht bezogen ist (11). Haferkamp macht die Verteilung von Macht und
Herrschaft als Folge gesellschaftlicher Funktions- und
Leistungsdifferenzierung zum Schlüsselpunkt seiner Analyse.
Danach bedingt wachsende funktionale Differenzierung eine zunehmende Abhängigkeit moderner Gesellschaften von einer immer
größeren Zahl spezialisierter Populationen. Diese Entwicklung
bedeutet eine Auflösung und Umverteilung von Herrschaft weg von
ehemals herrschenden Gruppen und Klassen. Wenn das Sanktions-
instrument Strafrecht als ein - vermittelter - Ausdruck von
Herrschaftsverhältnissen verstanden werden kann, dann impliziert diese Entwicklung eine Korrektur innerhalb des Systems
von Strafrechtsnormen in dem Sinne, daß gegen ehemals Mächtige
gerichtete Normen verschärft und solche gegen ehemals eher
Macht-Unterworfene gelockert werden. Der entscheidende Vorteil
dieses Arguments ist der, daß es Liberalisierungen des allgemeinen Strafrechts (12) ebenso erklären kann wie bestimmte Verschärfungen etwa im Nebenstrafrecht (13). Im Ergebnis stimmt
diese Analyse mit den Prognosen Webers überein: Formal-recht-
liche Gleichheit, die als die entscheidende Basis für das freie
Spiel der gesellschaftlichen Kräfte und die daraus erwachsenen
Ungleichheitsverhältnisse identifiziert worden war, wird in
zunehmendem Maß zugunsten einer materialen (Wohlfahrts-)Ratio-
nalität konterkariert und durchbrochen im Bestreben um eine
stärkere Verwirklichung materialer Gleichheit. Materiale
Gleichheit aber meint: Gleiche Chancen der Mitglieder einer
Gesellschaft, bestimmte Güter zu gewinnen und Einschränkungen

zu vermeiden. Solche Einschränkungen schließen die realen Chancen ein, daß Verhalten kriminalisiert und durch staatliche Autoritäten sanktioniert wird.

Haferkamps Ansatz bedeutet eine Systematisierung all der Versuche, die Entwicklungen von Strafrecht durch die Aktivitäten von Interessengruppen erklären wollen, gleich ob damit die Oberschicht (14), die Mittelschicht (15) oder Organisationen von Sanktionsstäben, Moralkreuzzüglern oder Berufsgruppen (16) gemeint sind. In seiner Diskussion solcher Untersuchungen kommt Haferkamp zu dem Ergebnis, daß vor allem in der letztgenannten Gruppe von Arbeiten überzeugende Ansätze vorliegen, deren Einordnung in einen systematischen Zusammenhang allerdings noch ausstehe, da die dort untersuchten Interessengruppen nach sehr heterogenen Kriterien unterschieden sind. Weiterführen könne hier eben ein Rückgriff auf die Herrschaftsdimension, nach der die Gruppen zu unterscheiden wären. Haferkamps These ist die, daß Strafrechtsetzung maßgeblich von Gruppen verschiedener Herrschaftsbereiche (Funktionsbereiche) und Herrschaftslagen beeinflußt wird, die miteinander konkurrieren, die sich artikulieren, Norminteressen definieren und deren Durchsetzung organisieren (17). Vor allem in seiner Untersuchung zur Entwicklung von Strafrechtsnormen gegen Eigentumsdelikte (18) und bei seiner Diskussion vielfältiger Sanktionsbereiche (19) findet Haferkamp Hinweise auf zwei Entwicklungen: erstens, daß das Herrschaftsgefälle in modernen Gesellschaften zunehmend abflache, wofür als Indikator die wachsende Partizipation herrschaftsunterworfener Gruppen in verschiedenen gesellschaftlichen Bereichen herangezogen wird; zweitens, daß in der Folge herrschende Schichten immer mehr gezwungen seien, auf Pönalisierung und negative Sanktionen zu verzichten (20).

Zwei Anmerkungen scheinen hier erforderlich, die möglicherweise eine Modifikation von Annahmen Haferkamps in dem Sinne erforderlich machen, daß parallel zu Prozessen funktionaler Differenzierung auch Prozesse der Konzentration von Kapital oder von politischer Macht zu beobachten sind, die ihrerseits Rechtsentwicklung beeinflussen. Erstens muß neben dem Anstieg von

Partizipationspotentialen und -aktivitäten, die in der Tat
einen Herrschaftszugewinn der Herrschaftsunterworfenen indizieren, ein Verlust an Partizipationspotentialen, etwa im Blick
auf die Gewerkschaftsbewegung, registriert werden. Zweitens ist
auf Prozesse der Kapitalkonzentration und vor allem der internationalen Verflechtung von Kapital und ökonomischen Prozessen
zu verweisen. Wie erheblich auf systemübergreifender Ebene angesiedelte Machtpotentiale Entscheidungsprozesse im System beeinflussen können, zeigt eine Aufarbeitung der Diskussion über
"absentee owned corporations" unter diesem Gesichtspunkt. Dabei
erweist sich, daß außerhalb des Systems (der Kommune oder des
Staates) angesiedelte Macht von politischen Entscheidern eher
antizipiert wird - da ihr weniger entgegengesteuert werden
kann - als Macht von im System angesiedelten und durch inner-
systemische Prozesse gesteuerten Einheiten (21).

c) Aber auch Konzentrationsprozesse auf nationaler Ebene, z. B.
Prozesse der Konzentration von Entscheidungsmacht in politischen
Parteien oder Prozesse der Kapitalkonzentration sind zu re-
gistrieren und haben Konsequenzen für die Entwicklung von
Recht (22).

Turkel zeigt, daß Kapitalkonzentration einen Widerspruch zwischen den - unter Bedingungen freier Konkurrenz kongruenten
(23) - gesellschaftlichen Strukturfaktoren der kapitalistischen
Wirtschaft einerseits und formal rationaler Rechtssysteme andererseits erzeugen kann (24). Nach seiner Analyse der Genese
eines Subventionsgesetzes in den USA kommt er zu dem Ergebnis,
daß Kapitalkonzentration materiale Einbrüche in die formale
Rationalität von Recht bzw. Partikularisierung von Recht bewirkt - wie dies von Weber prognostiziert wurde - , hier allerdings zugunsten besonders mächtiger Akteure: Auf eine Finanz-
krise des Lockheed-Konzerns reagieren Regierung und Kongreß mit
einem Gesetzentwurf, dessen Subventionsangebot zwar auf den ersten Blick allgemein formuliert - und so legitimiert -, tatsächlich aber exakt auf die Unterstützung des einen Unternehmens zu-
geschnitten ist. Solche Partikularisierung sei bedingt durch die
"Privatisierung" des Staates (Staat als Anteilseigner und von

Lieferungen Abhängiger) und durch Erwartungen an den Staat, in
ökonomischen Krisensituationen zugunsten dominanter Sektoren
der Wirtschaft einzugreifen. Letztlich expandiere der gesetzliche ("legal") Diskurs über Webers Begriff der Formalität hinaus, um ökonomische Rationalität, technische Kriterien und politische Standards einzuschließen.

Kurz: Turkels Analyse bestätigt Webers Prognose eines Einbruchs
materialer Rationalitätskriterien in formal rationales Recht
und einer damit einhergehenden Partikularisierung von Recht.
Bezugspunkte sind hier jedoch nicht - wie bei Haferkamp -
Herrschaftszugewinne neuer "kleiner Herren", sondern Interessen
von im Rahmen von Konzentrationsprozessen zunehmend mächtigen
ökonomischen Akteuren. Dabei steht Turkels Analyse nicht im Widerspruch zu der handlungs- bzw. konfliktgruppentheoretischen
Orientierung bei Weber und Haferkamp. Die Interessen des Lockheed-Konzerns "schlagen" nicht (quasi automatisch) "durch";
ihre Wahrung mußte vielmehr in konflikthaften Prozessen erhan-
delt werden. Widersprochen wird allerdings der pluralismustheo-
retischen Orientierung, wie sie vor allem in den besprochenen
Arbeiten von Haferkamp vertreten wird: zugunsten einer Betonung
mächtiger ökonomischer Interessen.

d) Die Bedeutung ökonomischer Macht, Interessen bzw. Funktionserfordernisse für die Ergebnisse von Rechtsetzungsprozessen,
auch für die Genese von Strafrecht, ist freilich bereits mehrfach dokumentiert worden. So diskutiert Hall die Geschichte der
Diebstahlsgesetzgebung und identifiziert ökonomische Interessen
als die wichtigste Triebkraft (25). Entscheidend sei das Interesse an der Sicherung der in der Frühindustrialisierung schnell
expandierenden ökonomischen Austauschbeziehungen gewesen. Hier
deckten sich die Interessen der mächtigen ökonomischen Gruppen
mit den Funktionsbedingungen des sich entwickelnden industriell-
kapitalistischen Systems. Dem entspricht auch das Ergebnis der
Analyse von Chambliss, der die Geschichte des "Law of Vagrancy"
untersucht (26). Pilgram und Steinert erklären die Richtung der
österreichischen Strafrechtsreform im Rahmen eines politökono-
mischen Ansatzes mit den veränderten Produktions- und Repro-

duktionsbedingungen im Österreich der 1960er Jahre (27). Dabei
wird gezeigt, daß auch Liberalisierungen des Strafrechts kompa-
tibel mit ökonomischen Interessen sein können. Unabhängig von
der Wahrnehmung der Reformer, die liberalisierende Strafrechtsänderungen sozialpolitisch begründen, werden - in einer funktionalistischen Deutung - letztlich ökonomische Funktionserfordernisse als entscheidende Triebkraft behauptet: Bei anhaltendem
Wirtschaftswachstum und stagnierender Bevölkerungsentwicklung
sei in den 1960er Jahren eine Erhöhung der Produktivkraft notwendig geworden. Entsprechend wird die Strafrechtsreform als
Versuch gewertet, Qualifikationshemmnisse bei jungen Arbeits-
kräften zu beseitigen und die Dequalifizierung als Folge herkömmlichen Strafvollzugs zu mildern. Ähnlich kommt Steinert in
einer allgemeinen Analyse der Funktionen von Strafrecht zu dem
Ergebnis, daß die spezifischen Selektivitäten des Strafrechts
auf die Sicherung der Produktions- und Reproduktionsweise abzielen (28). Zu entsprechenden Folgerungen kommt Peters für die
Reform des Jugendwohlfahrts- und Jugendgerichtsgesetzes (29).

Ansätze, die die Qualität von Strafrecht stärker vor dem Hintergrund seiner ökonomischen Rationalität als Überbau eines spezifischen Wirtschaftssystems erklären wollen, sind nicht notwendigerweise funktionalistisch orientiert, wie vor allem das Beispiel von Turkel zeigt (30). Viele tendieren aber - mehr oder
weniger ausgeprägt - dazu, Strafrecht in seiner Qualität über
die Funktionen "erklären" zu wollen, die es für das ökonomische
System erfüllt. Schwierigkeiten entstehen für die Autoren dann,
wenn diejenigen, die über die Entwicklung von Strafrecht entscheiden, mit sozialpolitischen Rationalitäten argumentieren,
wenn Neuerungen des Strafrechts tatsächlich zumindest auch wohlfahrtsstaatlichen Prinzipien dienen und wenn sich die Funktionserfordernisse des ökonomischen Systems, wenn sich auch Kapi-
talverwertungsinteressen in Wahrheit als vielfältig und in sich
widersprüchlich erweisen.

e) Wohlfahrtsstaatliche Orientierung von Strafrecht war bisher
tendenziell als Abbau sanktionierender Normen gegen ehemals
machtlose Gruppen der Gesellschaft und/oder als Umverteilung

von Chancen der Kriminalisierung zwischen verschiedenen Schichten verstanden worden. Daneben wird häufig eine Tendenz von einer Politik des Strafens und Abschottens zu einer Politik der Therapie und (Re-)Sozialisation als Kennzeichen gegenwärtiger Wohlfahrtsstaaten gesehen.

Andere Akzente setzt Sack (1983), wenn er - allerdings nicht analytisch, sondern in einem normativen Entwurf - die Idee sozialstaatlicher Kriminalpolitik beschreibt. Sack diskutiert die unterschiedlichen Konsequenzen, die das an sozialer Befriedigung orientierte Sozialstaatsmodell einerseits, das am Rechtsfrieden orientierte Rechtsstaatsmodell andererseits für die Betrachtung von Kriminalität und Kriminalpolitik implizieren (31): Das Sozialstaatsmodell sieht Kriminalität als Symptom oder Produkt überindividueller Strukturen und Verhältnisse, das Rechtsstaatsmodell als Symptom einer dem Handelnden verfügbaren Persönlichkeit. Das Sozialstaatsmodell sieht den Handelnden als konkretes, historisch gewordenes, sozial geprägtes und situativ eingebundenes Individuum, das Rechtsstaatsmodell als historisch, sozial und gesellschaftlich unberührtes Individuum. Das Sozialstaatsmodell impliziert eine Kriminalpolitik in der Form von Sozial- und Gesellschaftspolitik als strukturverändernde Reform, das Rechtsstaatsmodell dagegen Therapie und (Re-)Sozialisation (und wohl auch Schuld und Sühne). Das Sozialstaatsmodell stellt die Normen in den Mittelpunkt der Enttäuschungsverarbeitung, das Rechtsstaatsmodell dagegen den Normbrecher. An anderer Stelle weist Sack darauf hin, daß aufgrund des (an Individuen gebundenen) Schuldprinzips Zurechnungsprozesse, die sich an soziale Systeme richten, aus dem Bereich des Strafrechts herausdefiniert werden (32). Nach dieser Logik dürfte es in einem Wohlfahrtsstaat, der seinem Namen gerecht wird, kein Strafrecht mehr geben.

3. Der empirische Fall: Strafgesetzgebung gegen Wirtschaftskriminalität

Im folgenden sollen die zum Teil widersprüchlichen Thesen der

bisher zitierten Literatur mit einer kriminal- bzw. straf-
rechtspolitischen Entwicklung konfrontiert werden, die seit
den späten 1960er Jahren, vor allem aber während der 1970er
Jahre, auf eine verstärkte Kriminalisierung von Wirtschafts-
vergehen hinauslief.

Beschreiben wir zunächst knapp die gemeinte Entwicklung: Bereits in den 1960er Jahren hatten einige Bundesländer begonnen,
organisatorische Maßnahmen für eine verbesserte Bekämpfung von
Wirtschaftskriminalität einzuleiten, wie die Einführung von
speziellen Polizeidienststellen, von Schwerpunktstaatsanwaltschaften für Wirtschaftskriminalität und von Sonderkammern bei
den Landgerichten. Im Jahre 1972 war das Thema Wirtschaftskriminalität ein Schwerpunkt der Verhandlungen des 49. Deutschen
Juristentages. Dieses Ereignis und ein zuvor von dem Freibur-
ger Strafrechtswissenschaftler und Kriminologen Tiedemann ver-
faßtes Gutachten (33) waren die konkreten Anlässe für den Bundesminister der Justiz, 1972 eine Sachverständigenkommission
zur Bekämpfung der Wirtschaftskriminalität einzuberufen. Diese
Kommission tagte von 1972 bis 1978 (34). Gleichzeitig gab es
eine verstärkte wissenschaftliche Diskussion zu dem Thema (35)
und seit 1974 Bemühungen um eine verbesserte statistische Erfassung, die "Bundesweite Erfassung von Wirtschaftsstraftaten
nach einheitlichen Gesichtspunkten" (36). Am 1. September 1976
trat, abgeleitet von den Vorschlägen der Sachverständigenkommission, das Erste Gesetz zur Bekämpfung der Wirtschaftskriminalität (1. WiKG) in Kraft. Zentrale Bestandteile waren eine
verschärfte Pönalisierung von Subventionsbetrug, Kreditbetrug,
Konkursdelikten und Wucherdelikten.

Wie schon das 1. WiKG lehnt sich der 1978 vorgelegte erste Referentenentwurf zum 2. WiKG eng an die Vorschläge der Sachverständigenkommission an. In dem (reduzierten) Regierungsentwurf
geht es um eine Neudefinition von Tatbeständen über Computerbetrug, Fälschung gespeicherter Daten, Kapitalanlagebetrüge-
reien und verschiedene sozialversicherungsrechtliche Tatbestände über das Veruntreuen von Arbeitsentgelt. Die Straftatbestände des Börsengesetzes werden praktikabler gestaltet. Außerdem

wird eine bessere Verfolgbarkeit und Zurechenbarkeit von Verantwortung bei Vergehen angestrebt, die von Unternehmen mit komplexen Organisations- und Verantwortungsstrukturen ausgehen.
Die Fortentwicklung des ersten Referentenentwurfs zum Regierungsentwurf nahm vier Jahre in Anspruch. Die lange Dauer ist
nach Ergebnissen von Experteninterviews und Aktenanalysen insbesondere durch den Streit um die Schaffung eines Straftatbestandes des Ausschreibungsbetruges bedingt (37). Dabei war die
Konfliktlinie zunächst weniger entlang Parteilinien als vielmehr zwischen Wirtschafts- (contra) und Justizressort (pro) ge-
gezogen. Das letztliche Scheitern des Ausschreibungsbetrugstatbestandes muß wohl entscheidend auf die Lobby-Aktivitäten der
Industrie zurückgeführt werden (38). Der Regierungsentwurf
passierte den Bundesrat und wurde dem Bundestag zugeleitet.
Nach dem Regierungswechsel im Oktober 1982 wurde derselbe Regierungsentwurf von der CDU/CSU/FDP-Koalition wieder in den Gesetzgebungsprozeß geleitet. Im Bundesrat strebten nun die SPD-
regierten Länder Hessen und Hamburg vergeblich an, über Ergänzungsentwürfe die Kriminalisierung des Ausschreibungsbetrugs
und der illegalen Arbeitnehmerüberlassung durchzusetzen. Im
Bundestag versuchte daraufhin auch die SPD-Fraktion, diese
Tatbestände durch einen Alternativentwurf zu verwirklichen.
Seit September 1983 werden der Regierungs- und der Alternativentwurf in den Ausschüssen des Bundestages beraten. Wieder hat
es erhebliche Verzögerungen gegeben, die eine Verabschiedung
eines der Entwürfe bis heute verhindert haben (39).

Eine erste, noch grobe Konfrontation dieser Bemühungen um eine
Pönalisierung von Verhaltensweisen im Bereich Wirtschaft mit
den oben besprochenen Theorieansätzen macht bereits erhebliche
Erklärungsprobleme deutlich. Zunächst widerlegt der empirische
Fall tendenziell die These einer durchgehenden Liberalisierung
von Strafrecht oder einer grundsätzlich strukturreformieren-
den Reaktion auf Probleme abweichenden Verhaltens im Wohlfahrtsstaat (40). Auf den ersten Blick scheint unser Fall aber doch
mit der These der Umverteilung von Sanktionschancen, der verstärkten Kriminalisierung der Mächtigen (41) infolge des Herr-
schaftszugewinns von zuvor stärker Herrschaftsunterworfenen

übereinzustimmen. Dieser Anschein wird durch die Tatsache gestützt, daß der Beginn der konzentrierten und öffentlichen Diskussion dieses Themas und seine Politisierung mit dem Wechsel
von der konservativ-liberalen zur sozialdemokratisch-liberalen
Mehrheit als - nach ihrem Selbstverständnis - Vertreter eher
Herrschaftsunterworfener zusammenfällt, daß er zweitens in
eine Zeit fällt, in der sich das Unternehmerbild in der Bevölkerung erheblich verschlechtert (42), Sanktionsprogramme gegen
Vergehen von Wirtschaftstätern also mit einer erhöhten Akzeptanz rechnen können (43).

Allerdings ist weder die Tatsache der Umverteilung von Sanktionschancen noch ihre Bedingtheit durch den Regierungswechsel
bzw. den Machtgewinn der Vertreter eher Herrschaftsunterworfener so eindeutig. Zunächst zur Bedingtheit: Erstens wurde die
oben bereits angesprochene Reorganisation und Effektivierung
der Strafverfolgung gegen Wirtschaftstäter in den späten
1960er Jahren auch durch CDU/CSU-regierte Länder durchgeführt.
Zweitens ergeben sich Zweifel bei einem Blick auf die Entwicklung in den USA. Wenngleich die Diskussion über Wirtschaftskriminalität dort schon wesentlich früher, in den 1940er Jahren,
einen Höhepunkt erreicht hatte (44), war es doch in den 1950er
und 1960er Jahren erheblich ruhiger darum geworden. Auch in den
USA lebte die Diskussion erst in den 1970er Jahren, also nach
der Ablösung der eher fortschrittlichen Administrationen der
1960er Jahre durch eher konservative, wieder auf, wurden erst
jetzt wieder Erneuerungen in der Organisation der Strafverfolgung und in der Strafgesetzgebung gegen Wirtschaftsstraftäter
gefordert und realisiert (45).

Es erweist sich auch, daß die verstärkten Bemühungen gegen Wirtschaftskriminalität nicht eine radikale Umverteilung von Kriminalisierungschancen darstellen. Die Zielgruppe ist nicht allein
die Oberschicht. So zeigen die Ergebnisse der bundesweiten Erfassung von Wirtschaftsstraftaten, daß die Schichtverteilung
der Beschuldigten lediglich "eine leichte Verzerrung nach oben,
insbesondere zur oberen Mittelschicht hin" aufweist: Bei bestimmten Delikten (Betrug, Untreue) sind Angehörige der Unter-

schicht überdurchschnittlich häufig vertreten, bei anderen
(Steuerhinterziehung) die untere Mittelschicht, bei Untreue
auch die mittlere Mittelschicht und Oberschicht, bei einfachen
Konkursstraftaten und Vorenthaltung von Beitragsteilen die obere Mittelschicht (46).

Ein Blick auf die geplanten Tatbestände des von uns untersuchten Gesetzes zeigt, daß die Gruppen, die jeweils geschützt
bzw. kriminalisiert werden sollen, auch nach ihrer Herrschafts-
lage höchst verschiedenartig sind. Bei den Tatbeständen gegen
"Subventions- oder "Ausschreibungsbetrug" soll der Fiskus gegen Unternehmen geschützt werden. Im Falle des "Kapitalanlage-
betrugs" und der "Verleitung zu Börsenspekulationsgeschäften"
sollen gutverdienende Kapitalanleger (obere Mittelschicht) vor
unlauteren Unternehmen geschützt werden. Beim "Computerbetrug"
sollen Computerunternehmen oder bestimmte Klientels (Zahlungs-
empfänger) vor Computer-Spezialisten, Angestellten solcher Unternehmen, geschützt werden.

Auf einzelne dieser Tatbestände wird noch detaillierter einzugehen sein. Ein solcher Blick auf die Vielschichtigkeit der
betroffenen Gruppen und Sektoren zeigt jedoch bereits, daß sowohl eine Geneseanalyse als auch eine Funktionsanalyse für solche Gesetzgebung außerordentlich differenziert angelegt sein
muß.

Zusammenfassend läßt sich zunächst festhalten:

1. Unser Fall bestätigt Webers Prognose der Partikularisierung
   von (Straf-)Recht.
2. Unser Fall steht im Widerspruch zu Sacks Modell eines struk-
   turreformierenden statt sanktionierenden Sozialstaates,
   wenngleich die Idee einer wirtschafts- statt strafrechtlichen Reaktion auf das Ansteigen von Wirtschaftskriminalität in der Sachverständigenkommission berücksichtigt war.
3. Haferkamps These eines generellen Sanktionsverzichts im
   Wohlfahrtsstaat ist durch unseren Fall widersprochen.

4. Auch kann für die Wirtschaftsstrafgesetzgebung nur tendenziell, nicht grundsätzlich, von einer Umverteilung von Sanktionschancen von "unten" nach "oben" gesprochen werden.

5. Wirtschaftsstrafgesetzgebung wurde in der Bundesrepublik
   zwar unter einer SPD/FDP-Koalition eingeleitet, kann aber
   nicht grundsätzlich als Programm solcher Administrationen
   verstanden werden, die sich als Vertreter von Herrschaftsunterworfenen definieren.

6. Gruppen, die durch Wirtschaftsstrafrecht geschützt bzw. kriminalisiert werden sollen, sind - auch nach ihrer Herr-
   schaftslage - höchst vielfältig.

4. Interesse und Konflikt, Macht, Kommunikation und Handlungs-rationalitäten: Zur Entwicklung eines komplexen Theorie-rahmens

Der Bau eines komplexen Theorierahmens in einem soziologischen
Sondergebiet scheitert häufig daran, daß verschiedenartige Konzepte beziehungslos nebeneinander gesetzt, als "labels" durch
verschiedene Schulen eher grob als differenziert behandelt, sodann einzeln verworfen oder gefeiert werden (47). Das Erforder-
nis eines komplexen Ansatzes wird im folgenden in der Auseinandersetzung mit den oben charakterisierten Entwürfen zur Theorie
des Strafrechts und weiterer aktueller strafrechtssoziologischer
Literatur nachgewiesen. Dabei werden diese Arbeiten mit den gesetzgeberischen Initiativen zur Bekämpfung der Wirtschaftskriminalität, vor allem zum 2. WiKG, konfrontiert.

Gleichzeitig wird ein eigener Ansatz skizziert, wobei der Blick
insbesondere auf Entscheidungshandeln im Rahmen von Prozessen
der Strafrechtsnormgenese und auf die Bedingungen dieses Handelns gerichtet wird. Zunächst soll der Theorieentwurf zusammengefaßt werden. Die Diskussion wird sodann den zentralen Begriffen folgen und diese mit der relevanten Literatur und Er-
scheinungen unseres Falls konfrontieren.

Ich nehme an, daß Handeln in Prozessen der Strafrechtsetzung
interessengeleitetes Handeln ist. Dabei kann es um ideelle und

um materielle Interessen gehen (Weber). Die Art, Verteilung,
Einheitlichkeit oder Widersprüchlichkeit von Interessen ist
durch die Bedingungen der ökonomischen und sozialen Struktur
bestimmt. Je funktional differenzierter solche Strukturen sind -
und das sind sie in modernen Gesellschaften in sehr hohem Maße -,
desto vielfältiger, gleichzeitig jedoch interdependenter sind
die Interessen verschiedener Gruppen und Sektoren einer Gesellschaft. Für alle Mitglieder einer Gesellschaft verbind-
lich zu treffende Entscheidungen, z. B. Entscheidungen über
Strafrechtsnormen, betreffen dann eine Vielzahl mehr oder weniger widersprüchlicher, konfligierender Interessen. Diese Interessen können den Entscheidern in kommunikativen Prozessen
vermittelt oder von ihnen antizipiert werden. Dies gilt für
Interessen gesellschaftlicher Gruppen ebenso wie für Interessen der politisch-administrativen Instanzen und Organisationen, in die Entscheider eingebunden sind. Interessen haben um
so größere Chancen, durch die Entscheider berücksichtigt zu
werden, d. h. ihre Träger sind um so einflußreicher, je besseren Zugang sie (in Kommunikationsprozessen) zu den Entscheidern haben, je mehr ihre Interessen durch die Entscheider antizipiert werden und je folgenreicher ihre erwarteten Reaktionen auf die Entscheidung für die Entscheider sind, d. h. je
mächtiger sie ihnen gegenüber sind. Gesellschaftliche Tatbestände und zentrale Theoriekonzepte, die in unserem Modell zu
berücksichtigen und in der hier erst grob charakterisierten
Weise aufeinander zu beziehen sind, sind also: (ideelle und materielle) Interessen; Konflikte; soziale und ökonomische Strukturen und Prozesse; Kommunikation; Macht, Herrschaft und Einfluß - und zuletzt: Kriminalisierungen begründende (Entschei-
dungs-)Handlungen und diesen zugrunde liegende Handlungsratio-
nalitäten.

4.1 Interessen, Konflikt und Konsens und der Fall des 2. WiKG

Bevor wir die Frage nach den in unserem Fallbeispiel relevanten
Interessenlagen aufrollen und daraus Folgerungen für einen
adäquaten Theorieansatz ziehen wollen, muß zunächst festgestellt werden, daß der Interessenbegriff auch in der Straf-

rechtsoziologie in ganz verschiedenartigen Versionen genutzt
worden ist. Eine erste Gruppe von Autoren setzt an gesellschaftlichen Subsystemen, in der Regel an dem ökonomischen,
an. Eine zweite Gruppe argumentiert klassen- oder schichttheo-
retisch, eine dritte in Begriffen von mehr oder weniger organisierten Gruppen. Während jene Ansätze häufig eher Funktionserfordernisse im Sinn haben, geht es bei diesen mehr um wahrgenommene Interessen.

Wenn es in unserer Analyse um Strafrechtsnormen geht, die in
erster Linie das ökonomische System berühren, dann sind Interessen von Inhabern ökonomisch definierter Positionen auf verschiedenen Stufen des Schichtsystems, Kapitaleigner und Lohn-
abhängige, regelmäßig in unterschiedlicher Weise betroffen. Das
gleiche gilt für verschiedene Sektoren (Bauwirtschaft, Bergbau,
Chemie etc.) und Regionen ebenso wie für verschiedene Organisationen, die die funktionalen, segmentären, regionalen und
schichtbezogenen Teilbereiche und -gruppen des Wirtschaftssystems repräsentieren. Interessenwidersprüche sind nicht nur
zwischen dem ökonomischen, dem Rechts- und dem politischen System möglich und wahrscheinlich, sondern auch innerhalb jedes
dieser Systeme. Umgekehrt sind freilich Koalitionen zwischen -
etwa nach der klassenspezifischen Betrachtungsweise - entge-
gengesetzten "Lagern" innerhalb eines Systems möglich, wie im
Fall des 2. WiKG versteckt zwischen dem Verband der Bauindustrie und der IG Bau gegen die im ursprünglich geplanten Tatbestand des Ausschreibungsbetrugs sich niederschlagenden fiska-
lischen und rechtspolitischen Interessen (48).

Wir hatten oben auf solche Ansätze hingewiesen, die die Entwicklung von Strafrecht auf (manifeste und artikulierte) Interessen wirtschaftlich mächtiger Akteure oder/und auf die
(latenten) Funktionserfordernisse des ökonomischen Systems zu-
rückführen. Wie gezeigt, nehmen die Vertreter dieser Richtungen an, daß solche Interessen oder Funktionserfordernisse aus
gewandelten Austauschbeziehungen (49) oder aus veränderten Pro-
duktions- und Reproduktionsbedingungen (50) erwachsen.

In der Tat finden wir auch im Falle unseres Untersuchungsob-
jektes Beispiele, die die Plausibilität solcher Studien unterstützen. So kann die geplante Einführung der Tatbestände im
Bereich der Computerkriminalität ohne Zweifel in eben dem Sinne interpretiert werden, in dem Hall das Diebstahls-Verbot
und Chambliss die Einführung und Wandlungen des Vagrancy-Ver-
bots diskutiert hatten: als von mächtigen Unternehmen und auf-
strebenden Berufsgruppen geforderte, die Sicherung von infor-
mationellen und ökonomischen Austauschprozessen fördernde, damit Produktivitätszuwächse und den Fortschritt von Technolo-
gien und Produktivkräften sichernde Maßnahme.

Dennoch darf nicht von einer notwendigen oder automatischen
Anpassung des Rechtssystems an irgendwelche angenommenen Funktionserfordernisse der Ökonomie ausgegangen werden. Hier folgen wir Hagans Ablehnung funktionalistisch orientierter polit-
ökonomischer ("moral Marxism") und struktur-funktionalistischer
("moral functionalism") Arbeiten (51). Theoriegeleitete und
empirisch belegte Zweifel an solchen Ansätzen lassen sich auch
am Beispiel der Strafrechtsetzung gegen Wirtschaftskriminalität verdeutlichen. Steht im Hintergrund dieser Arbeiten mehr
oder weniger eine holistische, reifizierende oder vergegen-
ständlichende Sicht des Staates oder der Ökonomie, so wird diese der für unseren Fall dokumentierten Differenziertheit von
Betroffenheiten, Wahrnehmungen, Reaktionen und Entscheidungen
nicht gerecht. Und ebenso wie Interessen einzelner Sektoren
der Ökonomie denen anderer widersprechen mögen, mögen die arti-
kulierten und wahrgenommenen Interessen der organisierten Einheiten eines Wirtschaftssektors der Produktivitätsentwicklung
des Sektors als Ganzem oder der gesamtwirtschaftlichen Entwicklung widersprechen. In Begriffen von Karl Marx geht es um
den möglichen Widerspruch zwischen (wahrgenommenen) Interessen
von "Einzelkapitalien" und Funktionsbedingungen des "Gesamtkapi-
tals". Beispielhaft kann auch hier auf die Diskussion um den
Ausschreibungsbetrug im Rahmen des 2. WiKG verwiesen werden.
In der Argumentation der Bauindustrie (Unternehmerverband und -
im Verborgenen - IG Bau) und schließlich des vom Hauptverband
der Deutschen Bauindustrie in internen Abstimmungsprozessen

heftig gedrängten BDI wurde immer wieder auf die schwierige
Auftragslage der Bauindustrie hingewiesen. Eine strafrechtliche Kontrolle des Ausschreibungsverbots werde Konkurse und
Verluste von Arbeitsplätzen zur Folge haben. Finsinger argumentiert dagegen in seiner Stellungnahme anläßlich des Hearings
des Bundestags-Rechtsausschusses, daß ein Verzicht auf den
Tatbestand des Ausschreibungsbetrugs dieses Delikt weiterhin
ermöglichen werde, dadurch das Überleben unwirtschaftlicher
Baufirmen sichern und so letztlich Innovations- und Marktan-
passungsprozesse verhindern, der Bauwirtschaft als Ganzer und
der gesamtwirtschaftlichen Entwicklung schaden werde.

Nun ist der Tatbestand des Ausschreibungsbetrugs auf dem Weg
vom letzten Referenten- zum Regierungsentwurf "verloren gegan-
gen", sind die Versuche Hessens, ihn über den Bundesrat einzu-
bringen, gescheitert (52), hat der Alternativentwurf der SPD-
Fraktion, der den "Ausschreibungsbetrug" noch einmal aufgreift,
angesichts bestehender Mehrheitsverhältnisse wohl keine Chance.
Ökonomische. Einzelinteressen haben sich gegen ökonomische Ge-
samtinteressen durchgesetzt. Mindestens drei Erklärungen für
ein solches Ergebnis sind denkbar: Die Sanktionspotentiale der
Einzelinteressenten fallen eher in den zeitlichen Relevanzhori-
zont von Regierung und Abgeordneten (Legislaturperiode). Es
gibt konkrete Interessenverflechtungen zwischen Interessenten
und Entscheidern. Einzel- und organisierte Interessen können
sich artikulieren, im Gegensatz zu langfristigen systemischen
Funktionserfordernissen.

Insgesamt kommt es hier darauf an, daß sich auch im Rahmen des
2. WiKG Beispiele für die Bildung solcher Rechtsnormen finden,
die funktional für zukünftige Produktivitätsentwicklungen unter
neuen technologischen Bedingungen sind (Computer-Tatbestände),
daß aber gleichzeitig Falsifikationen des Funktionalitätsprin-
zips vorliegen, die sogar durch Interessen aus dem ökonomischen
System selbst bedingt sind. Eine Analyse, die dieses adäquat
erfassen will, muß auf wahrgenommene Interessen, auf die konkreten Kontexte und Situationen von Entscheidungshandeln rekur-
rieren.

Dies ist eine Bestätigung der konfliktgruppentheoretischen bzw.
handlungstheoretischen Herangehensweisen, wie sie oben durch
die Ansätze von Weber, Haferkamp und Turkel repräsentiert worden sind (siehe 2., Tabelle 1). Der Widerspruch innerhalb der
Gruppen dieser Arbeiten lag darin, daß Weber und Haferkamp auf
den Erfolg wohlfahrtsstaatlicher Prinzipien, Turkel dagegen auf
den Erfolg der Interessen mächtiger ökonomischer Akteure "gesetzt" hatte. Die bisher zitierten Beispiele aus der Gesetzgebung gegen Wirtschaftskriminalität zeigen, daß auch in modernen
Wohlfahrtsstaaten die Setzung von Strafrechtsnormen oder ihre
Verhinderung durch die Durchsetzung - jeweils zu bestimmender -
mächtiger ökonomischer Interessenten gekennzeichnet sein kann
(53). Diese Beispiele scheinen die Ergebnisse Turkels zu bestätigen.

Auf der anderen Seite finden sich in der Literatur zahlreiche
Fälle, in denen andere als ökonomische Interessen durch verschiedenartige Lobby-Gruppen artikuliert und durchgesetzt wurden. Hagan findet in seiner vergleichenden Analyse von 43 Fallstudien zur Strafgesetzgebung in den USA, daß (manifeste) Ge-
schäfts- und Kapitalinteressen eine eher untergeordnete Rolle
spielen (54). Bei den untersuchten Fällen handelte es sich allerdings um spezifische Tatbestandsbereiche: Jugenddelinquenz,
Alkohol- und Drogen-Gesetze sowie gesetzliche Regelungen zu
"sexuellen Psychopathen" und zur Prostitution. In diesen Fallstudien häufig genannte Interessenten sind Sanktionsstäbe (Im-
plementeure von Strafrecht) und Professionsgruppen, auf die ursprünglich vor allem Becker aufmerksam gemacht hatte (55).
Häufig sind dies Vertreter von Sozialbürokratien, die "neuen
kleinen Herren", wie sie bei Haferkamp als wichtige Machtgrup-
pen des Wohlfahrtsstaates charakterisiert werden.

Im Rahmen des Gesetzgebungsprozesses zum 2. WiKG sind sowohl
interessierte Professionsgruppen und Vertreter der Sozialbüro-
kratie als auch Vertreter von ökonomische Macht repräsentierenden Organisationen "weit", das heißt bis in das Hearing des
Bundestags-Rechtsausschusses vorgedrungen. Dabei handelt es sich
(neben mehreren Strafrechtswissenschaftlern) um: Sanktionsstäbe

und Kontrollinstanzen (die Staatsanwaltschaft, das Bundeskriminalamt und 2 Landeskriminalämter, das Bundeskartellamt und eine
Landeskartellbehörde), Wirtschaftsunternehmen und Verbände
(Bund Deutscher Industrie, Hauptverband der Deutschen Bauindustrie, Bund Deutscher Arbeitgeber, Zentraler Kredit-Ausschuß,
Gesamtverband der Deutschen Versicherungswirtschaft und die Unternehmen DATEV und Nixdorf) sowie - als Vertreter des Fiskus
und der Parafisci - der Deutsche Städtetag und die Bundesan-
stalt für Arbeit. Von gewerkschaftlicher Seite waren Vertreter des Deutschen Gwerkschaftsbundes (DGB) und der IG Bau
auf Vorschlag der SPD-Mitglieder im Rechtsausschuß eingeladen
worden, aber nicht erschienen. Im Gegensatz zum DGB hatte die
IG Bau zumindest eine schriftliche Stellungnahme abgegeben.

Die Vertreter der Wirtschaft waren bei einzelnen Verhaltensweisen
für eine Pönalisierung eingetreten (Computerdelikte), bei anderen hatten sie sich strikt dagegen gewehrt (Ausschreibungsbetrug). Unter den Sanktionsstäben ist insbesondere die Staatsanwaltschaft an der Schaffung neuer Tatbestände interessiert, wobei sie erstens einen Aufgabenzuwachs erwartet, zweitens eine
effektivere und erfolgreichere Bearbeitung von Fällen, d. h.
also: Wachstum und Legitimitätszuwachs. Die Interessen der Kar-
tellbehörden an dem Gesetz haben sich als ambivalent erwiesen.
Einer "Aufwertung" des Wettbewerbsschutzes hätte eine Übergabe
von Kompetenzen an die Staatsanwaltschaft gegenübergestanden.
Dies kam in den Willens- und Meinungsbildungsprozessen zum Ausdruck: Hatte sich das Bundeskartellamt unter einem Präsidenten
für den Ausschreibungsbetrugstatbestand eingesetzt, so wendet
es sich gegenwärtig unter dessen Nachfolger dagegen (56).

Angesichts sehr unterschiedlicher, zum Teil einander widerspre-
chender Interessenlagen sind die Abstimmungs- und Entscheidungsprozesse, in denen diese Interessen artikuliert werden, zumindest teilweise konflikthafte Prozesse. Entsprechend der Differenzierung des Interessenbegriffs sollte hier zwischen latenten
und manifesten Konflikten unterschieden werden (57). Ein spezi-
fischerer und differenzierterer Sprachgebrauch wendet den Begriff "Konflikt" nur auf der handlungstheoretischen Ebene an

(als manifesten Konflikt) und unterscheidet auf den vorgelagerten Ebenen zwischen objektiven Strukturbedingungen (-widersprüchen) und der Definition dieser Bedingungen durch die Akteure. Konflikthafte Prozesse mögen dann die Folge sein (58).

In der strafrechtssoziologischen Diskussion wurde das Konzept des Konflikts in der Tradition von Hobbes und Mills gegen ein in der Strafrechtsliteratur weit verbreitetes Konsensmodell eingeführt. Lange war der Fundus an Strafrechtsnormen als Kern eines von der gesamten Gesellschaft getragenen, herauskristallisierten oder sedimentierten normativen Einverständnisses interpretiert worden. Dieses Verständnis ist überzeugend beispielsweise von Sack zurückgewiesen worden (59).

Freilich geht es, wie etwa Hopkins nachgewiesen hat, nicht darum, das eine Konzept durch das andere zu ersetzen (60). Der Übergang zwischen Konflikt und Konsens kann fließend sein. Auch können in konflikthaften Prozessen generierte Normen durch ihre Institutionalisierung konsensual werden. Oder Akteure mögen konflikthafte - und dadurch "teure" - Verläufe etwa von Verhandlungen trotz zugrundeliegender Interessenwidersprüche und unter Aufgabe eigener Zielvorstellungen unterdrücken.

In seiner empirischen Analyse der österreichischen Strafrechtsreform weist Pohoryles für die Verhandlungen im Justizausschuß des österreichischen Bundesparlaments nach, wie politische Parteien Konfliktvermeidung für besonders nutzbringend bzw. ihren politischen Interessen entsprechend einschätzen und aus solchen Erwägungen auf grundlegende Reformprogramme verzichten (61). Die SPD versuchte in diesem Fall zu konsensualen Formulierungen zu finden und dabei mögliche Konfliktpunkte durch öffentliche Dethematisierung zu entschärfen. Ihre Rechtspolitiker entwickelten Strategien, die das Umschlagen unterschiedlicher Zielvorstellungen und offensichtlich vorhandener latenter Konfliktlagen in der Öffentlichkeit in manifeste Konflikte vermeiden sollten. Dabei wurde die Umwandlung eines "sozialpolitisch orientierten zu einem eher "pragmatischen" Programm in Kauf genommen. Verspricht allerdings das Eingehen von Konflikten Gewinne in der Wählergunst, dann werden Konflikte wahrscheinlich. In dem von Pohoryles untersuchten Fall der österreichischen Strafrechtsreform war diese Situation bei der Debatte um die Abtreibungsfrage gegeben. Hier gab es eine engagierte Öffentlichkeit, und die öffentliche Mehrheitsmeinung trat für eine Liberalisierung ein. Indem der Liberalisierung darum ein hoher politischer "Tauschwert" zugeschrieben wurde, wurde der Konflikt in Kauf genommen und genutzt (62).

Für uns entscheidend an der Analyse von Pohoryles ist, daß erstens auch dort, wo verschiedenartige Ausgangspositionen und unterschiedliche Tendenzen in der Öffentlichkeit existieren, die konkreten politischen Entscheidungsprozesse häufig konfliktfrei verlaufen, daß dies zweitens, wenn nicht außergewöhnliche Bedingungen vorliegen (§ 218 StGB), von den Entscheidern auch als der bevorzugte Weg gewählt wird, daß dabei drittens in dem beschriebenen Fall die Einbringung einer grundsätzlich sozialpolitischen Orientierung in das Strafrecht scheiterte.

Beziehen wir diese Diskussion auf unseren Fall des 2. WiKG, so fällt auch hier das starke konsensuale Moment auf. Von zwei verschiedenen Regierungen wurde ein und dieselbe Gesetzesvorlage ins Parlament eingebracht. Freilich hatte an dieser Kontinuität der gemeinsame Koalitionspartner FDP entscheidenden Anteil. Aber auch der Regierungsentwurf und der Alternativentwurf der SPD-Fraktion stimmen in der Mehrzahl der Tatbestandsformulierungen überein.

Wir hatten auf der anderen Seite bereits gesehen, daß es konfligierende Meinungen und offene Konfliktprozesse gab, insbesondere bei den brisanten und entscheidenden Tatbeständen des Ausschreibungsbetruges und der illegalen Arbeitnehmerüberlassung. In abgeschwächtem Maße gilt es auch für die Auseinandersetzung um andere Tatbestände. Hier trifft die Kritik Waldmanns an dem konflikttheoretischen Modell der Strafrechtsnormgenese nicht zu, wenn er auf das Fehlen von identifizierbaren Konfliktparteien, das Fehlen wahrnehmbarer Konfrontationen oder das mangelnde In-

teresse betroffener Gruppen (die auf eine milde Implementation
hoffen) abstellt (63).

Im Gegensatz zu seiner Auffassung muß vielmehr die Forderung
Quinneys nach einem interessen- bzw. konflikttheoretischen Ansatz in der Strafrechtssoziologie ernst genommen werden, der
Recht als Resultat von Interessenauseinandersetzungen versteht,
in dem die Interessen spezifischer gesellschaftlicher Gruppen
verkörpert sind (64). Die Fragen nach der Qualität der invol-
vierten Interessen und ausgetragenen Konflikte, nach der Art
der Konfliktparteien und nach den Ergebnissen verschiedenar-
tiger Konfliktverläufe sind damit freilich erst aufgeworfen.
Die These von der unterschiedlichen "Durchschlagskraft" konfligierender Interessengruppen oder subsystem-spezifischer Rele-
vanzkriterien auf Entscheidungen und "outcomes" des politisch-
administrativen Systems bleibt die Antwort auf die Frage nach
dem Funktionieren dieser Prozesse, den zugrundeliegenden Ge-
setzmäßigkeiten, Wahrnehmungen und Situationsdefinitionen sowie daraus resultierenden Entscheidungen schuldig. Statt Konfliktprozesse als "black box" zu behandeln, gilt es, deren innere Mechanismen zu beschreiben und zu erklären (65).

Die konflikthaften Prozesse in der Auseinandersetzung um verschiedene Tatbestände des 2. WiKG vermögen zumindest den Bedarf
an einer differenzierten Konflikt-Analyse etwa für die Ebene
der parlamentarischen Beratungen zu verdeutlichen.

Beispiel 1: Ausschreibungsbetrug und illegale Arbeitnehmerüber-
            lassung

Die offensichtlichsten und dennoch nicht stabilen Konfliktlinien traten bei dem im SPD-Alternativentwurf enthaltenen, bereits im Referentenentwurf vorgesehenen, vom Rechts- und Innenausschuß des Bundesrates in der 9. Legislaturperiode vorgeschlagenen und in der 10. Wahlperiode vom Land Hessen in den
Bundesrat eingebrachten Tatbestandsformulierungen zum Ausschreibungsbetrug auf. Die Konfliktlinie, die ursprünglich
zwischen Ressorts (Recht und Wirtschaft) verlaufen war, hat

sich später zu einer Linie zwischen den - inzwischen zur Mehrheit und Koalition gewachsenen - Mehrheitsfraktionen der CDU/
CSU und FDP auf der einen Seite und der Oppositionsfraktion
der SPD auf der anderen verschoben.

Beispiel 2: Haftung von Vertretungsberechtigten

Eine ähnliche Frontenstellung zwischen Ressorts bzw. Bundesrats-
Ausschüssen ergab sich bei der Diskussion um eine Verschärfung
des § 35 VII a 2 Gewerbeordnung (GewO) (Haftung von Vertretungsberechtigten). Bei dem Regierungsentwurf ging es darum, daß die
Untersagung eines Gewerbes auch auf solche Personen erstreckt
werden kann, die Vertretungsberechtigte eines Gewerbetreiben-
den, oder die mit der Leitung eines Gewerbebetriebs beauftragt
sind. Es ging also darum, das Gesetz an die Bedingungen größerer Arbeitsteiligkeit in der Wirtschaft bzw. an differenzierter gewordene Organisationsstrukturen eines Gewerbebetriebs anzupassen und so die Chancen der Strafverfolgung zu erhöhen. Rechts-
und Innenausschuß wollten einen Schritt weiter gehen, indem die
Einleitung eines Untersagungsverfahrens gegen den Gewerbetrei-
benden selbst nicht Bedingung für die Einleitung eines Verfahrens gegen Vertretungsberechtigte sein sollte. Diesem Votum wi-
dersetzte sich der Wirtschaftsausschuß erfolgreich. Das Plenum
des Bundesrates lehnte eine solche Erweiterung des geplanten
Paragraphen ab.

Beispiel 3: Vertreterhaftung

Wiederum anders war die Frontenstellung bei der Diskussion um
die Novellierung der §§ 14 II 1 und 9 II 1 StGB (Vertreterhaftung). Nach dem Regierungsentwurf sollten Mitglieder eines
Unternehmens nicht erst dann straffähig sein, wenn sie ausdrück-
lich mit einer bestimmten Handlung beauftragt sind, sondern immer schon, wenn sie "beauftragt (sind), in eigener Verantwortung
Aufgaben wahrzunehmen, die dem Inhaber des Betriebes obliegen".
Der Innen- und der Wirtschaftsausschuß des Bundesrates hielten
diese Formulierung für zu weitgehend. Der Rechtsausschuß wider-
sprach dem und setzte sich damit im Plenum des Bundesrates durch.

Beispiel 4: Arbeitnehmerüberlassungsgesetz

Im Falle des Arbeitnehmerüberlassungsgesetzes (AOG) traten alle drei genannten Ausschüsse für eine Erweiterung in dem Sinne
ein, daß die Überlassung und Beschäftigung eines "illegalen"
Leiharbeitnehmers von einer Ordnungswidrigkeit zu einem Ver-
gehenstatbestand heraufzustufen sei. Sie fanden die Zustimmung
des Plenums. Die Bundesregierung (noch SPD/FDP) lehnte diese
Vorschläge in ihrer Gegenäußerung jedoch ab. Daß dies aufgrund
der Initiative oder des Drucks der FDP bzw. des Wirtschaftsmi-
nisteriums geschehen ist, können wir nur vermuten, nicht jedoch belegen.

Nachdem der Gesetzentwurf zum zweiten Mal in den Bundestag geleitet und dort zur 1. Lesung gekommen war, spielte sich die
Diskussion insbesondere über die umstrittenen Tatbestände vor
allem im federführenden Rechtsausschuß ab. Die Konfliktlinien
waren dort wieder relativ klar zwischen Regierungsmehrheit und
Opposition gezogen, was sich etwa auf einem am 6. Juni 1984
vom Rechtsausschuß durchgeführten Hearing zum Ausschreibungsbetrug, zur illegalen Arbeitnehmerüberlassung und zur Computerkriminalität widerspiegelte.

Diese Beispiele unterstreichen, worauf in der Diskussion zum
Interessen-Begriff bereits hingewiesen wurde: Nicht nur sind
Konfliktlinien durch das parlamentarische und das Regierungs-
system gezogen; sie verschieben sich auch im Verlauf des Gesetzgebungsprozesses, und sie trennen für verschiedene Paragraphen
desselben Gesetzes unterschiedliche Gruppierungen. Sie verlaufen in einem Fall oder Stadium zwischen Vertretern unterschiedlicher Systemrationalitäten (z. B. Wirtschaft vs. Recht), im
anderen Fall oder Stadium zwischen Vertretern unterschiedlicher politischer Parteien.

Einige Ergebnisse sollen hier wieder zusammengefaßt werden:

1. Einzelne Regelungen können als funktional im Sinne der Entwicklung der Produktivkräfte verstanden werden (Computer-

tatbestände).

2. Allerdings werden Regelungen, die die Interessen konkreter Akteure innerhalb eines Wirtschaftszweiges bedrohen, aber einer besseren Marktanpassung dieses Sektors und damit der Produktivitätsentwicklung bzw. dem Fortschritt der Produktivkräfte dienen würden, durch die gut organisierten Aktionen der Wirtschaftsverbände abgewehrt.

3. Konkrete Interessen werden damit gegenüber abstrakten Funktionserfordernissen durchgesetzt.

4. Dies gelingt um so mehr, als es im ökonomischen Subsystem verdeckt Koalitionen zwischen Industrieverbänden und Gewerkschaften gibt.

5. Im politischen Prozeß besteht über die Mehrzahl der geplanten Tatbestände Konsens.

6. In entscheidenden Fällen kommt es jedoch zu konflikthaften Prozessen, die zunächst (in der Sachverständigenkommission, in der ministerialen Phase, im Bundesrat) zwischen den Sektoren, Ministerien bzw. Ausschüssen Recht vs. Wirtschaft verlaufen und die sich erst tendenziell im Bundesrat, dann aber endgültig im Bundestag zu einer Konfliktlinie zwischen politischen Parteien entwickeln.

7. Innerhalb des Bundesrates kommt es zu sehr verschiedenartigen Koalitionen zwischen unterschiedlichen Ausschüssen für oder gegen die Verschärfung verschiedener Tatbestände mit wechselndem Ausgang.

8. Kontrollinstanzen setzen sich dann für eine Pönalisierung ein, wenn sie einen Legitimations- und Aufgabenzuwachs erwarten.

4.2 Macht, Kommunikation und Entscheiderkalküle

Konfligierende Interessen schlagen sich nicht "automatisch" in Entscheidungen nieder. Sie müssen von Entscheidern zunächst einmal wahrgenommen, sodann als entscheidungsrelevant eingestuft werden. Interessen müssen also antizipiert oder kommuniziert werden, bevor sie in Entscheidungen berücksichtigt werden können. Ihre (Nicht-)Berücksichtigung muß zudem als folgenreich für die Zwecke wahrgenommen werden, die intendiert sind. Sind die anti-

zipierten Reaktionen anderer Handelnder oder Systeme auf eine
Entscheidungshandlung so, daß mit dieser Handlung verfolgte
Zwecke konterkariert oder andere vom Entscheider verfolgte
Zwecke gefährdet werden, so haben die Interessen dieser Handelnden (die Funktionserfordernisse dieser Systeme) große Chancen, durch den Entscheider berücksichtigt zu werden. Dies gilt
unabhängig davon, ob es sich bei den von Entscheidern verfolg-
ten Zweck um politische der Machtgewinnung oder -erhaltung,
um die Verwirklichung ethischer Postulate oder rechtspolitischer Prinzipien oder um die Verfolgung von Karriereinteres-
sen handelt, wie immer diese wiederum miteinander verknüpft
sind.

Die Chancen anderer Handelnder oder von gesellschaftlichen Teil-
systemen, durch Entscheider berücksichtigt zu werden, werden in
der soziologischen Diskussion durch ein häufig unzureichend spe-
zifiziertes Machtkonzept erfaßt. In der kriminalsoziologischen
Diskussion ist "Macht" in sehr vielfältiger Form berücksichtigt
worden (66). Im Zusammenhang mit der Genese von Strafrechtsnormen interessiert sie uns als unabhängige Variable. Macht als
Bedingung für Strafrechtsetzung im Wohlfahrtsstaat ist bisher
nur selten diskutiert worden. Nach dem oben diskutierten Ansatz
Haferkamps sind Machtpotentiale in modernen, hochdifferenzier-
ten Gesellschaften in zunehmendem Maße auf eine Vielzahl funktional ausdifferenzierter Gruppen verteilt (67). Entsprechend
würden (wohlfahrts-)staatliche Leistungen immer breiter verteilt und negative Sanktionen zugunsten ehemals herrschaftsunterworfener Gruppen abgebaut.

In polit-ökonomischen Ansätzen dagegen wird Macht weitgehend
als - ungebrochene - Macht des ökonomischen Systems verstanden (68). Die Diskussion des von uns untersuchten Falles zeigt
zumindest den Differenzierungsbedarf relativ allgemein gehal-
tener Hypothesen.

Wir wollen hier die Aufmerksamkeit auf einen spezifischen Aspekt
der Macht-Diskussion lenken: die Verknüpfung von Macht, Information und Wahrnehmung von Wirklichkeit. In einer der frühen

Arbeiten, die die Relevanz von Macht für Prozesse der Kriminalisierung thematisiert haben, versteht Becker Macht vor allem als Zugang zu Kanälen der Bekanntmachung von Normen und Regelverstößen (69). Als entscheidend für die Verbreitung kriminalisierender Normen werden hier also Kommunikationschancen angesehen. In der soziologischen Diskussion des Zusammenhangs zwischen Kommunikation und Macht wurde vor allem auf die relevante Eigenschaft von Macht hingewiesen (70). Macht kann nur dann "funktionieren", wenn sie von den Adressaten wahrgenommen wird. Macht ist danach auf die Vermittlung dieser Wahrnehmung, auf Prozesse der Kommunikation angewiesen. Nach Deutsch haben Kommunikationsprozesse an sich bereits eine durchschlagendere Wirkung in Prozessen sozialer Steuerung als Macht (71). Luhmann bezieht das Machtkonzept unter eine Kommunikationstheorie, indem er Macht als ein symbolisch generalisiertes Kommunikationsmedium begreift, dessen Funktion die Sicherstellung von Selektivitätsleistungen ist: "Macht erbringt ihre Obertragungsleistung dadurch, daß sie die Selektion von Handlungen (oder Unterlassungen) angesichts anderer Möglichkeiten zu beeinflussen vermag" (72).

Der Zugang zu Kommunikationskanälen kann also als Macht, als notwendige Bedingung für Macht oder als Substitut für Macht angesehen werden. Angesichts dieser hohen Bedeutsamkeit von Kommunikationsprozessen für das Ergebnis von Entscheidungsprozessen sind im Rahmen unserer Untersuchung die Kommunikationsströme und -netzwerke zwischen Verbänden und Vertretern des politischen Systems umfassend aufgearbeitet worden. Die Ergebnisse sind ausschnitthaft von Brühl für diesen Band dargestellt worden.

Hier geht es nun um die Wirkungen von Kommunikationsprozessen und Machtpotentialen in den Kognitionen und Argumentationen der politischen Entscheider. Beispielhaft analysieren wir die Diskussion zum "Ausschreibungsbetrug" im Rechtsausschuß des Bundestages. Dabei ist zunächst unentschieden, ob sich in den Argumentationen Rationalitäten widerspiegeln, die den Entscheidungen der Politiker zugrunde liegen, oder ob es sich um Ratio-

nalisierungen handelt, mit denen aufgrund anderer Gesichtspunkte bereits gefällte Entscheidungen nur noch argumentativ
abgesichert und legitimiert werden sollen.

Bei der Analyse der Argumentationsstrukturen bedienen wir uns
des Cognitive Mapping Ansatzes, wie er insbesondere von Axelrod
entwickelt worden ist (73). Eine kognitive Karte ist danach die
Darstellung der Annahmen einer Person zu einem begrenzten Problem (74). Sie erfaßt die Struktur der kausalen Annahmen eines
Akteurs. In Verbindung mit der Kenntnis von Zielen und Wertur-
teilen dieser Person gibt sie also Aufschluß über die Konsequenzen für das (Entscheidungs-)Handeln der jeweiligen Entscheider.

Kognitive Karten bestehen aus zwei grundlegenden Typen von Elementen: erstens aus Konzepten (Variablen), zweitens aus angenommenen positiven (+) oder negativen (-) Kausalbeziehungen, die
in den Karten durch Pfeile repräsentiert sind (in der Art von
Pfadanalysen). Das Vorgehen ist nach vier wichtigen Schritten
zu unterscheiden: der Vercodung des Textes, der Erstellung eines
Konzept-Wörterbuches (Concept Dictionary), der Erstellung von
Beziehungskarten (Relationship cards) und zuletzt der Konstruktion kognitiver Karten (75).

Der Text, für den im folgenden die kognitiven Karten analysiert werden sollen, umfaßt die Seiten 15 bis 30 des Protokolls
der Sitzung des BT-Rechtsausschusses vom 24. 11. 1983, bei der
es um das 2. WiKG, genauer um die Diskussion des Ausschreibungs-
betrugs-Tatbestandes ging. Acht Personen meldeten sich zu Wort,
deren Statements allerdings nicht in jedem Fall Kausalannahmen
enthielten. Es sind dies (mit zugeordneten Code-Nummern): MdB
B (1) (CSU), MdB A (2) (SPD), MD Z (3) (BMJ), RiOLG X (4)
(LJM Hessen), RD Y (5) (Land Bayern), MdB E (6) (SPD), MDB C
(7) (CDU), MdB D (8) (CDU) (76).

Bevor wir die einzelnen kognitiven Karten der Entscheider disku-
tieren, ist bereits ein Überblick über die Verteilung der von
verschiedenen Beteiligten genutzten Konzepte von Interesse (siehe
Tab. 2). Wir haben die Konzepte nach unterschiedlichen sozialen

Sphären differenziert.

Tab. 2: Verteilung genutzter Konzepte (davon Zielkonzepte) nach
Entscheidertypen und nach gesellschaftlichen Bereichen

Entscheider-typen	Konzepte aus gesellschaftlichen Bereichen			
	Ökonomie	Legitimation	Rechts-/ Kriminal-politik	insge-samt
SPD-Abg.	2(1)	1(1)	8(3)	11 (5)
LJM-Beamter SPD-Land	2(1)	0(0)	11(4)	13 (5)
CDU/CSU-Abg.	10(3)	0(0)	4(1)	14 (4)
insgesamt	14(5)	1(0)	23(8)	38(14)

Mit Ausnahme eines Konzepts, das der Legitimationssphäre zuzuordnen ist (I1: Verwunderung der Bürger), lassen sich die
anderen dem ökonomischen Funktionsbereich (z. B. A2: Eigenkapitalquote, D5: Schaden durch Konkurse, D2: Schadensentwick-
lung) und dem rechts- und kriminalpolitischen Funktionsbereich (z. B. C1: Strafempfinden, F3: Hilflosigkeit der Justiz,
H2: Verletzung des Gleichheitsprinzips) zuordnen. Es über-
rascht bei einem Rechtsausschuß nicht, daß über 60 % der Konzepte (=23) dem Rechtsbereich zuzuordnen sind. Offensichtlich
spielt jedoch die ökonomische Sphäre eine wichtige Rolle (14
Konzepte). Interessant ist ein Vergleich zwischen den Entscheidertypen. Bei den SPD-Abgeordneten berührten knapp 20 % der
Konzepte den Legitimationsaspekt, mehr als 70 % dagegen rechts-
bzw. kriminalpolitische Kriterien. Noch etwas stärker ausgeprägt war dieses Übergewicht rechtspolitischer Konzepte bei dem
Beamten aus dem Landes-Justizministerium des SPD-regierten Landes (das im Mai 1983 im Bundesrat den Ergänzungsentwurf zum 2.
WiKG eingebracht hatte). Fast umgekehrt ist das Verhältnis der
Konzepte bei den CDU/CSU-Abgeordneten.

Sie benutzten in der Debatte des BT-Rechtsausschusses um das Strafrechtsgesetz 2. WiKG mehr als doppelt so viele der ökonomischen Sphäre als der Rechts-Sphäre zugehöriger Konzepte. Wenngleich die Kategorisierung der Konzepte hier noch grob ist und über inhaltliche Tendenzen im Sinne der Zielrichtung der Argumente noch nichts gesagt ist, kann dieses Ergebnis doch schon als Indiz für die These von Schick (1981) interpretiert werden, wonach im Nebenstrafrecht mehr Konflikte zwischen kriminalpolitischen Zielvorstellungen von Regelbedürfnissen der nicht-strafrechtlichen Materien wahrscheinlich sind. Dieses Argument zielt in die gleiche Richtung wie das von Weber, der - wie wir oben sahen - bei zunehmender Partikularisierung des Rechts mit einem zunehmenden Einbruch materialer Gesichtspunkte auch aus nicht-rechtlichen Lebensbereichen in das formell-rationale Recht rechnet, d.h. mit der Berücksichtigung deren jeweiligen Interessenlagen und Funktionserfordernisse.

Um die Argumentation der Entscheider genauer verstehen zu können, sollen im folgenden alle aus dem genannten Protokoll ableitbaren kognitiven Karten, d. h. also alle kausal-argumentativen Beiträge der beteiligten Entscheider vorgestellt werden. Insgesamt wurden von sechs Personen entsprechende Beiträge formuliert. Es handelt sich um drei CDU/CSU-Abgeordnete, zwei SPD-Abgeordnete und den Referenten aus dem Justizministerium des SPD-regierten Landes Hessen.

Folgen wir zunächst den Argumentationen der CDU/CSU-Abgeordneten in der Reihenfolge, in der sie - unterbrochen von anderen Beiträgen - vorgetragen wurden. Der erste Beitrag enthält die (sehr einfache) kognitive Karte des Berichterstatters der CDU/CSU-Franktion für das 2. WiKG zum Tatbestand des Ausschreibungsbetrugs (Schema 1).

Schema 1: Cognitive Map des Abgeordneten B (CDU/CSU) zum
Ausschreibungsbetrug

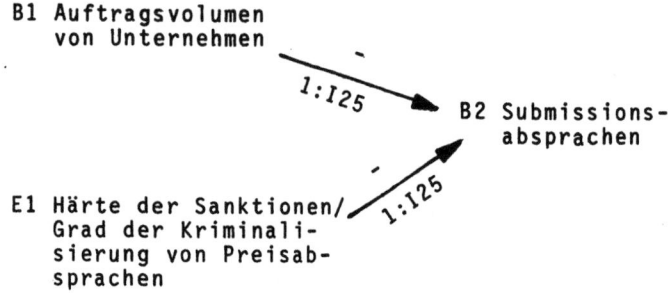

B1 Auftragsvolumen
von Unternehmen

1:125

B2 Submissions-
absprachen

E1 Härte der Sanktionen/
Grad der Kriminali-
sierung von Preisab-
sprachen

1:125

B sagt hier erstens, daß Submissionsabsprachen eine (negative)
Funktion des Auftragsvolumens von Unternehmen sind. Offensichtlich wird damit das Ansteigen von Submissionsabsprachen in Zeiten ökonomischer Krisen und geringen Auftragsvolumens der Bauindustrie erklärt. Zweitens sieht B einen negativen Zusammenhang zwischen der Härte der Sanktionen bzw. dem Grad der Kriminalisierung von Preisabsprachen und dem Ausmaß an Submissionsabsprachen. Dies impliziert die Annahme einer generalpräventi-
ven, abschreckenden Wirkung eines neuen Tatbestandes des Ausschreibungsbetrugs auf Submissionsabsprachen. Er geht also von
einem ökonomischen Modell des Unternehmers als Wirtschaftsde-
linquenten aus. Nun würde dieses Argument für sich genommen ja
gegen die Position der eigenen Partei/Fraktion gerichtet sein
und die der SPD für den neuen Tatbestand stützen. Es wird
allerdings modifiziert durch die Erklärung des abweichenden
Unternehmer-Verhaltens, indem dies auf eine akute ökonomische
Notlage der Unternehmen (Anomie) zurückgeführt wird. Das an anderen Stellen (bei anderen Tätergruppen) hier möglicherweise
auftretende Argument der "kriminellen Energie" fehlt. Es wäre
zu prüfen, ob bestimmte Abgeordnete bei Debatten über andere
Tatbestände (Täterkategorien) dieses Argument ebenso konsequent
meiden.

Dem Diskussionsbeitrag von B folgten die der SPD-Vertreter und
des Landesjustizbeamten. Hier sollen aber zunächst die Argumentationen von zwei Abgeordneten der CDU/CSU-Fraktion dargestellt
werden, die die Diskussion abschließen. Diese Abgeordneten versuchten über ökonomische Argumente, ihre Position gegen die
Einführung des Tatbestandes zu stützen. Die kognitive Karte für
den Abgeordneten C ist in Schema 2 wiedergegeben.

Schema 2: Cognitive Map des Abgeordneten C (CDU) zum Ausschreibungsbetrug

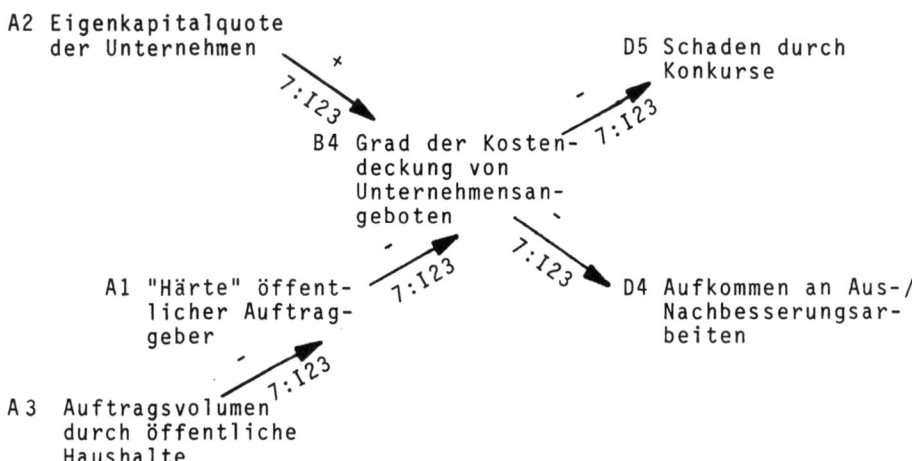

Die Argumentation von C enthält weder das Konzept des Submissionsbetruges noch das der Norm. Stattdessen wird die problematische
ökonomische Situation der Bauunternehmen mit ihren Bedingungen
und Folgen diskutiert. Im Zentrum der Argumentation steht der Grad
der Kostendeckung von Unternehmensangeboten. Dieser sei einerseits durch die Eigenkapitalquote der Unternehmen, andererseits
durch die "Härte" öffentlicher Auftraggeber bei Vertragsverhand-
lungen und -abschlüssen bedingt. Da diese "Härte" jedoch als
Funktion des (gegenwärtig geringen) Volumens der Investitions-
haushalte der öffentlichen Hand angenommen und die Eigenkapitalquote als gering eingeschätzt wird, folgt, daß die Angebote der
Unternehmen bei öffentlichen Haushalten sehr knapp kalkuliert
sind und damit die mit den Aufträgen verbundenen Kosten kaum
decken. Daraus folge sodann erstens ein hohes Aufkommen an Aus-
und Nachbesserungsarbeiten (ökonomischer Schaden für die öffentliche Hand) und ein hoher Schaden durch Konkurse. Die Argumentation enthält keine (direkten) Aussagen über die (Nicht-)
Wünschbarkeit der Einführung des Submissionsbetrugstatbestandes.
Sie entbehrt überhaupt völlig kriminal- oder rechtspolitischer
Argumente. Konsequenzen im Sinne der Ablehnung des Tatbestandes
ergeben sich in Verbindung mit der zuvor beschriebenen Argumentation des Abgeordneten B, wonach die Einführung des Tatbestandes Submissionsabsprachen erschwert, d. h. also nach C die Kostendeckung noch einmal vermindert und die resultierenden Schäden (Konkurse, Nachbesserungsbedarf) erhöht.

Wenngleich die kognitiven Muster von Individuen ihren eigenen
Stellenwert haben, müssen sie wohl gerade in Gruppendiskussio-
nen, also auch in diesem Fall, im Zusammenhang mit den Argumentationen der Vorredner gesehen werden, da sie wahrscheinlich auf diese bezogen sind. So knüpft auch der nächste CDU-
Vertreter (D) an die Argumentation seines Vorredners an. Man
könnte auch sagen: Er führt sie zu einer kriminalpolitischen
Konsequenz (siehe Schema 3).

Schema 3: Cognitive Map des Abgeordneten D (CDU) zum Ausschreibungsbetrug

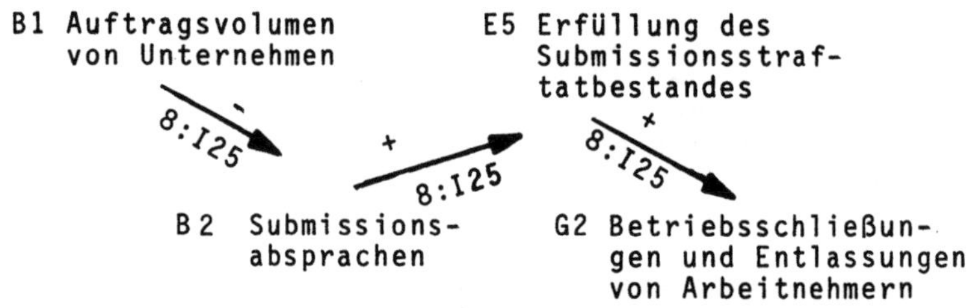

B1 Auftragsvolumen   E5 Erfüllung des
   von Unternehmen   Submissionsstraf-
                               tatbestandes

8:125   +   8:125   8:125

B2 Submissions-   G2 Betriebsschließun-
   absprachen   gen und Entlassungen
                               von Arbeitnehmern

Nach D führt das (geringe) Auftragsvolumen der Unternehmen zu
vermehrten Submissionsabsprachen. Submissionsabsprachen werden
damit - nach der Einführung des Tatbestandes - zu Betriebs-
schließungen und Entlassungen von Arbeitnehmern führen. Auch
hier wird implizit auf Argumente der Vorredner der eigenen Fraktion Bezug genommen, indem erstens von einer Erhöhung der Kostendeckung durch Submissionsabsprachen, zweitens von der Abschrek-
kungswirkung eines Tatbestandes des Submissionsbetrugs ausgegangen wird. Am Ende der Argumentation der CDU-Abgeordneten
wird also das besonders in ökonomischen Krisenzeiten schlag-
kräftigste ökonomische Argument gegen die rechts- und kriminalpolitischen Argumente des hessischen Vertreters und der
SPD-Abgeordneten (dazu unten) gesetzt: der - nach D - drohen-
de Verlust von Arbeitsplätzen.

Einige zentrale Ergebnisse dieser Analyse der Redebeiträge von
CDU/CSU-Repräsentanten sollen zusammengefaßt werden:

1. Die Argumentationen der CDU/CSU-Parlamentarier sind logisch stimmig. In ihrer inhaltlichen Konsequenz stützen
   sie die Normforderung ihrer Fraktion.
2. Die CDU/CSU-Abgeordneten nehmen an, daß eine Kriminalisierung des Submissionsbetruges eine abschreckende Wirkung hat.
3. Dennoch wenden sie sich gegen eine Pönalisierung.
4. Ihre Ablehnung stützen sie vor allem mit ökonomischen Argumenten.
5. Die Überlegungen der CDU/CSU-Parlamentarier richten sich erstens auf die Erklärung des Submissionsbetruges durch schwierige ökonomische Bedingungen, zweitens auf negative ökonomische Folgen einer Pönalisierung. Die Zielrichtung ist damit
   der bei anderen Strafrechts-Diskussionen entgegengerichtet,
   bei denen CDU/CSU-Abgeordnete in besonderer Weise die Eigen-
   verantwortung des Individuums bzw. des Täters ebenso betonen
   wie das Bekenntnis zum Schuldstrafrecht (77).
6. Die Argumentationen der CDU/CSU-Abgeordneten stehen im Ein-
   klang mit den Prognosen Webers zum zunehmenden Gewicht nicht-
   rechtlicher Rationalitätskriterien im Rechtssystem und mit
   denen Turkels, der eine zunehmende Durchsetzung des rechtlichen Diskurses mit an Interessen mächtiger ökonomischer
   Gruppen ausgerichteten Kriterien annimmt. Haferkamps These
   der Bereitschaft zum Sanktionsverzicht im Wohlfahrtsstaat
   scheint bestätigt, allerdings zugunsten mächtiger ökonomischer Gruppen.

Wenden wir uns nun den Argumentationen der beiden SPD-Abgeordneten zu. Entsprechend dem Fall der CDU/CSU-Abgeordneten wird
die Argumentation durch den Berichterstatter der Fraktion für
das 2. WiKG, den Abgeordneten A, eröffnet (siehe Schema 4).

Schema 4: Cognitive Map des Abgeordneten A (SPD) zum Ausschreibungsbetrug

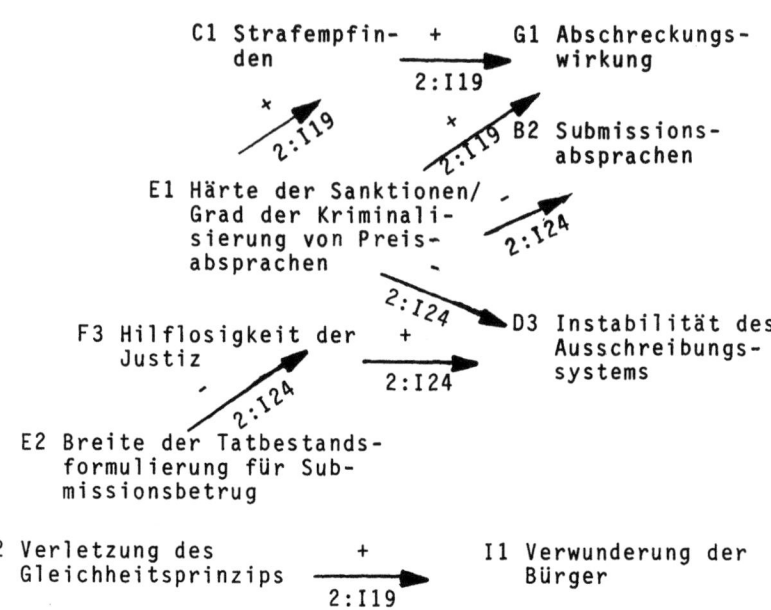

Bei A finden wir zwei voneinander getrennte Argumentationsstränge (Graphen). Die Zielkategorie des kürzeren Graphen ist das "Erstaunen der Bürger", das durch die "Verletzung des Gleichheitsprinzips" gegeben sei. A impliziert, daß durch die gegebene Rechtslage die Chance unterschiedlicher Personengruppen, für Schädigungen und abweichendes Verhalten durch kriminalisierende Normen und Sanktionen belangt zu werden, ungleich ist zugunsten von Wirtschaftsstraftätern. Diese "Chancenungleichheit" vor dem Gesetz erzeuge "Verwunderung der Bürger" oder, wie man generalisierender sagen könnte: Legitimationsdefizite. Dieses Argument stützt die Forderung der SPD-Fraktion nach der Einführung eines Tatbestandes des Ausschreibungsbetrugs. Das gleiche gilt für den komplexeren Argumentationsstrang: Die operativen Variablen stehen am Ausgangspunkt der Kausalkette: "Breite der Tatbestandsformulierung ..." und "Härte der Sanktionen ...". Das Argument sagt, daß eine breite (umfassende) Tatbestandsformulierung der (gegenwärtigen) Hilflosigkeit der Justiz entgegenwirken könne. Diese Hilflosigkeit sei aber ein die (gegebene) Instabilität des Ausschreibungssystems fördernder Faktor. Die Einführung des von der SPD eingebrachten, umfassend formulierten Tatbestandes wirke also dieser Instabilität entgegen. Das gleiche gilt nach As kognitiven Annahmen für die geforderte Härte der Sanktionen, also die Kriminalisierung von Preisabsprachen. Diese fördere außerdem das Strafempfinden, erhöhe über dieses vermittelt und direkt die Abschreckungswirkung und vermindere das gegenwärtige Ausmaß an Submissionsabsprachen. Durch die Einführung des von der SPD-Fraktion geforderten Tatbestandes werde also die Abschreckungswirkung erhöht, das Ausmaß an Submissionsabsprachen und die Instabilität des Ausschreibungssystems vermindert, sowie die Legitimation des Rechtssystems gestärkt. Diese Argumentation unterstützt manifest die Position der SPD-Fraktion. A stimmt mit B in der Annahme der funktionierenden Abschreckung überein. Im Gegensatz zu B argumentiert er jedoch nicht über die (positiven) Bedingungen der gegenwärtig hohen Rate an Absprachen.

Die Argumentation As wird durch die seines Fraktionskollegen E unterstützt (siehe Schema 5).

Schema 5: Cognitive Map des Abgeordneten E (SPD) zum Ausschreibungsbetrug

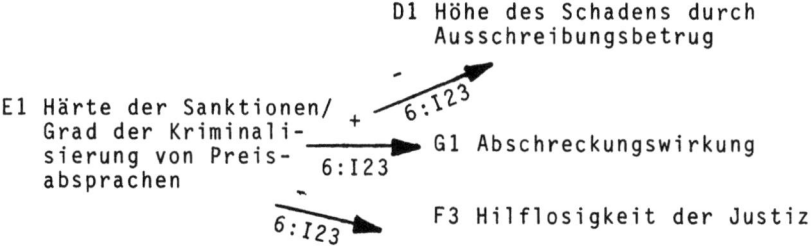

D1 Höhe des Schadens durch
    Ausschreibungsbetrug

E1 Härte der Sanktionen/
   Grad der Kriminali-
   sierung von Preis-
   absprachen

G1 Abschreckungswirkung

F3 Hilflosigkeit der Justiz

Nach E würde die mit der Einführung des Tatbestandes begründete Kriminalisierung von Preisabsprachen bei Ausschreibungen drei Folgen haben. Sie würde erstens die "Hilflosigkeit der Justiz" vermindern, zweitens die Abschreckungswirkung erhöhen und drittens die Höhe des durch Ausschreibungsbetrug bedingten Schadens begrenzen. Auch die Argumentation von E stützt also die Position der SPD für die Einführung des Tatbestandes.

Zusammengefaßt ergeben die Argumentationen der SPD-Parlamentarier folgende weitere Ergebnisse:

7. Auch sie sind logisch stimmig und stützen die Normforderung ihrer Fraktion.

8. Auch die SPD-Abgeordneten nehmen an, daß eine Kriminalisierung des Submissionsbetrugs eine abschreckende Wirkung hat.

9. Aus diesem Grunde befürworten sie jedoch - im Gegensatz zu den CDU/CSU-Abgeordneten - eine Pönalisierung.

10. Sie argumentieren - wiederum im Gegensatz zu den CDU/CSU-
    Abgeordneten - überwiegend mit rechtspolitischen Kriterien.

11. Die Überlegungen der SPD-Parlamentarier richten sich vor
    allem auf rechts- und kriminalpolitisch positiv gewertete
    Folgen einer Pönalisierung. Sie beschäftigen sich nicht
    mit den Bedingungen des problematisierten Verhaltens. Wie
    bei den CDU/CSU-Parlamentariern ist ihre Zielrichtung der
    bei anderen Strafrechts-Diskussionen genau entgegengerich-
    tet. SPD-Politiker sind es, die sonst dazu tendieren, die
    gesellschaftliche Bedingtheit von Tathandlungen zu betonen
    und auf problematische Folgen einer Pönalisierung hinzu-
    weisen (78).

12. In den Argumentationen der SPD-Politiker finden wir Wider-
    legungen der Thesen Webers und Turkels. Auch Haferkamps
    These der Bereitschaft zum Sanktionsverzicht wird gerade
    von Seiten der Partei, die sich als Vorreiter des Wohl-
    fahrtsstaates versteht, widerlegt. Zieht man aber aus
    seiner Theorie der Umverteilung von Herrschaft die Konse-
    quenz, daß diese nicht auf eine generelle Aufgabe, sondern
    auf eine Umverteilung von Sanktionschancen hinausliefe, so
    wird diese Annahme bestätigt.

Weitere Folgerungen sind möglich, wenn CDU/CSU- und SPD-Argu-
mentationen verglichen und in Beziehung zueinander gesetzt
werden:

13. Die Tatsache, daß CDU/CSU und SPD jeweils ihre kriminal-
    und rechtspolitischen Rollen vertauschen, wenn es hier um
    eine Gruppe geht, die in anderen strafrechtlichen Diskus-
    sionen in der Regel kaum betroffen ist, nämlich die der
    Unternehmer, scheint uns den folgenden Schluß zu erlauben:
    Die Parteien sind nicht konsistent in der Durchhaltung
    einer eher punitiven oder eher sozialpolitischen Idee um
    dieser selbst willen. Sie setzen diese Ideen nach Bedarf
    ein bzw. tauschen sie aus, um ihre jeweiligen Klientels zu
    bedienen: mit Schutz vor Sanktionierung für die eigene und
    mit Pönalisierung der jeweils anderen. Dies bestätigt Ha-
    ferkamps Konzept, Strafrechtspolitik als herrschaftsgrup-

penbezogene Politik zu verstehen (79).

14. Zwei weitere Beobachtungen lassen eine Folgerung zu, die
    allgemein für parlamentarische Willensbildungsprozesse be-
    deutsam ist. Erstens sind die Argumentationsstränge der
    Abgeordneten so kurz, daß kaum angenommen werden kann, sie
    gäben die kognitiven Strukturen der Sprecher wieder. Zwei-
    tens greifen die Sprecher der beiden Fraktionen in keiner
    Weise die Argumente der jeweils anderen auf. Jede Seite
    dokumentiert ihre Betrachtungsweise - in verkürzter Form -
    und beläßt es dabei. Dies widerlegt für diesen Fall die
    allgemein verbreitete These, in den Ausschüssen des Parla-
    ments werde die eigentliche Arbeit geleistet. Im Falle der
    Ausschreibungsbetrugs-Diskussion ging es anscheinend nur
    darum, durch die Fraktionen bereits gefaßte Beschlüsse zu
    bekräftigen und sie durch allgemeine Argumente zu rechtfer-
    tigen und zu legitimieren. Anders war etwa die Qualität der
    Auseinandersetzungen um die Tatbestände der Computerkrimi-
    nalität. Hier wurde gemeinsam an Formulierungen gearbeitet.
    Die These ist, daß eine rein legitimatorische Auseinander-
    setzung in den Ausschüssen dann wahrscheinlich ist, wenn
    ein Thema zwischen den Parteien umstritten ist, und wenn
    die Diskussion stark polarisiert ist.

15. Die Argumentationsstrukturen der CDU/CSU-Abgeordneten waren
    nochmals "kürzer" und weniger komplex als die der SPD-Abge-
    ordneten. In Übereinstimmung mit anderen entscheidungstheo-
    retischen Untersuchungen kann diese Differenz auf den hö-
    heren Argumentationsdruck zurückgeführt werden, der auf
    Vertretern von Minderheitsmeinungen bzw. Akteuren mit ge-
    ringeren Machtpotentialen, hier also auf den SPD-Abgeord-
    neten, lastet (80).

Wenden wir uns abschließend der weitaus vielfältigsten Argumentation zu, die von dem Vertreter des hessischen Justizministe-
riums stammt (siehe Schemata 6,7).

Schema 6: Cognitive Map des hessischen Vertreters zum Ausschreibungsbetrug (I)

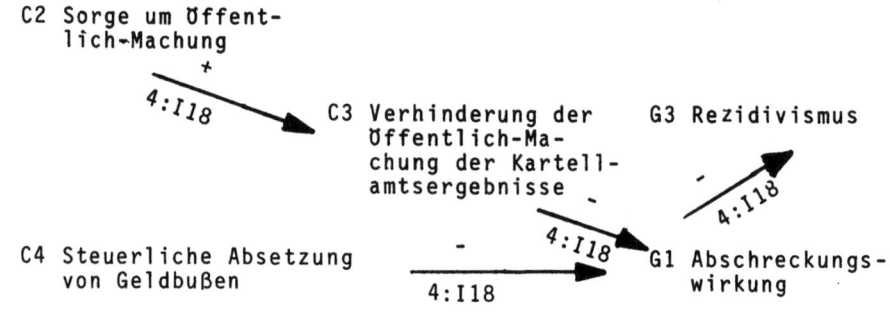

Nach der Argumentation von X trägt die "Sorge (der Unternehmen) um die Öffentlichmachung" der Kartellamtsergebnisse zur Verhinderung solcher Veröffentlichungen bei. Dies bewirke, ebenso wie die Praxis der steuerlichen Absetzung von Geldbußen, eine (deutliche) Reduzierung der Abschreckungswirkung von Kartellamtsverfahren. Da diese mit Kartellamtsverfahren verbundenen Faktoren also deren Präventionswirksamkeit verminderten, trügen sie zu einer hohen Rezidivismusrate bei. Die Zielvariable des zweiten Graphen ist "Unverständnis der Justiz gegenüber dem Gesetzgeber", die durch die Erfolglosigkeit gesetzgeberischer Initiativen zur Kriminalisierung des Ausschreibungsbetruges bedingt sei.

Im folgenden (siehe Schema 7) argumentiert X, daß die quantitative Entwicklung von Wirtschaftskriminalität erstens eine Steigerung des durch sie bedingten Schadens, zweitens ein Anwachsen der staatsanwaltlichen Tätigkeit in diesem Bereich bewirke. (Eine umgekehrte Kausalitätsannahme wäre im Sinne eines kontroll- oder definitionstheoretischen Argumentes vorstellbar.). Die staatsanwaltschaftliche Tätigkeit habe in der Folge allerdings zu vermehrten Anhaltspunkten für Preisabsprachen geführt. Gleiches gelte für die durchgeführten Kartellamtsverfahren, die außerdem einen Anstieg der Bußgeldbescheide bewirkt haben. Ausgegangen wird hier also von einem (nicht näher bezeichneten) Anstieg von Wirtschaftskriminalität. Durch die Aktivitäten der Kontrollinstanzen (Staatsanwaltschaft und Kartellamt) sei dieser Anstieg (lediglich) ausgemacht worden.
In einem dritten Argumentationsstrang wird als Bedingung für die "Hilflosigkeit der Justiz" die Kooperationsunwilligkeit

Schema 7: Cognitive Map des hessischen Vertreters zum Ausschreibungsbetrug (II)

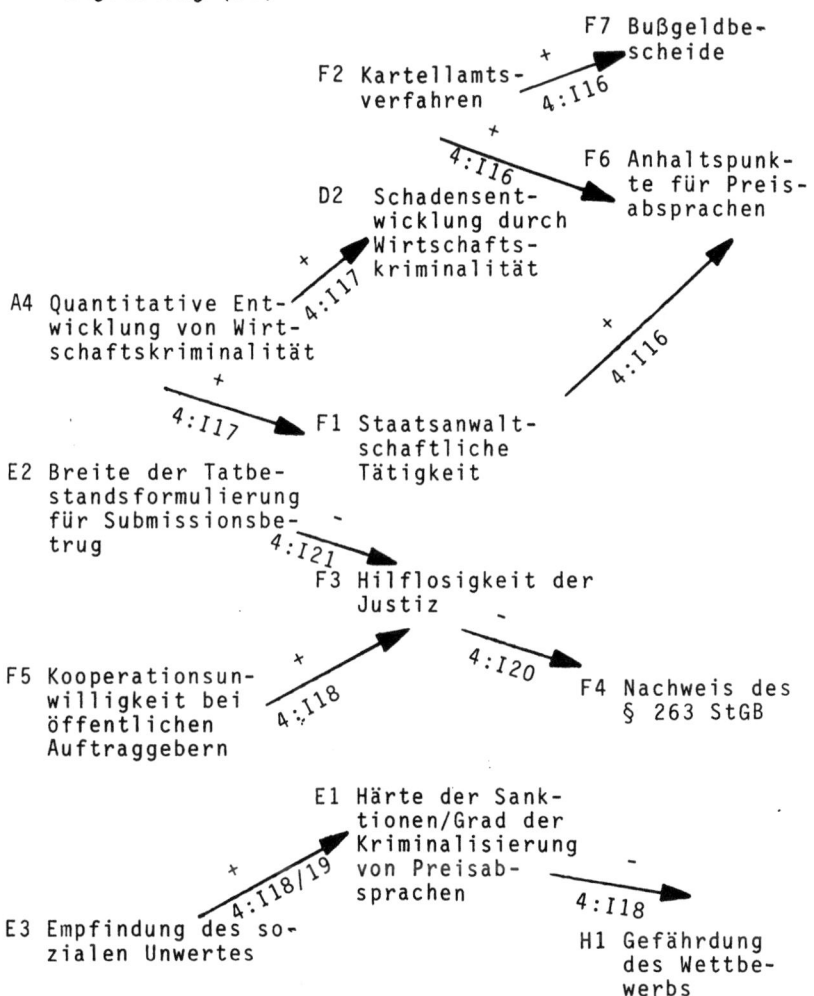

öffentlicher Auftraggeber genannt. Reduziert würde diese "Hilflosigkeit" durch einen breit formulierten Tatbestand des Submissionsbetruges. Folge der gegenwärtigen "Hilflosigkeit" sei der
mangelnde Nachweis des Betrugstatbestandes nach § 263 StGB.
In dem letzten Graphen ist Xs Annahme abgebildet, daß die
"Empfindung des sozialen Unwertes des Submissionsbetruges" eine
stärkere Kriminalisierung wahrscheinlich macht, daß weiterhin
eine solche Verschärfung der Sanktionen die (bestehende) Gefährdung des Wettbewerbs vermindern würde.

Zusammengefaßt kann über die Argumentation des Ministerialbeamten gesagt werden:

16. Die Argumentation des Ministerialbeamten ist mit Abstand am
    komplexesten. Erklärt werden kann dies durch seine Rolle als
    Spezialist, als Vertreter eines Landes, dessen Position er
    referieren muß, durch seine Zugehörigkeit zur Oppositions-
    meinung und durch die Tatsache, daß er ein vorbereitetes
    Statement vorträgt.
17. Seine Argumentationen stützen die Forderung der SPD nach Ein-
    führung des Ausschreibungsbetrugs-Tatbestandes. Dies ist
    doppelt erklärlich. X spricht für ein SPD-regiertes Land
    (das zudem einen entsprechenden Entwurf im Bundesrat einge-
    bracht hatte), und er spricht als Vertreter einer Justizbe-
    hörde.
18. X argumentiert überwiegend rechts- und kriminalpolitisch,
    nutzt aber auch ein ökonomisches Argument ("Gefährdung des
    Wettbewerbs") für die Begründung seiner Position.
19. Zur Legitimation dieser Position nutzt er gleichzeitig ein
    "ätiologisches" und ein definitionstheoretisches Argument.
    Er geht von einem autonomen Anstieg von Wirtschaftskrimi-
    nalität aus, führt aber gleichzeitig die staatsanwalt-
    schaftliche Tätigkeit als Bedingung für die ansteigende
    Zahl identifizierter Verstöße an - eine Legitimationsstra-
    tegie aller Kontrollinstanzen, die gleichzeitig einen wach-
    senden Bedarf an ihrer eigenen Tätigkeit und eine Identifi-
    kation (Definition) problematischer Fälle durch sich selbst,
    also eine positive Erfolgsbilanz, konstatieren.

5. Ergebnisse und Folgerungen

Am Ausgangspunkt unserer Überlegungen hatte die Frage gestanden,
wie sich die Aussagen unterschiedlicher Theorieansätze bzw. Modelle zur Strafrechtsetzung in modernen Wohlfahrtsstaaten mit
der empirischen Wirklichkeit der Wirtschaftsstrafrechtsetzung
in der Bundesrepublik vereinbaren lassen. Bei der Auswahl von
Theorieansätzen hatten wir uns - in Anlehnung an Alber - an den

Dimensionen funktionalistisch vs. handlungs-/konfliktgruppen-
theoretisch und marxistisch vs. differenzierungs-/pluralismus-
theoretisch orientiert. Für Erklärungsversuche zum Wohlfahrtsstaat hatte Alber gefunden, daß differenzierungstheoretische
und konfliktgruppentheoretische Ansätze den größten Erklärungswert haben. Wir hatten gefragt, ob unser Beispiel den gleichen
Schluß für Strafgesetzgebung als "negatives" Komplement "positiver" wohlfahrtsstaatlicher Steuerungsmittel nahelegt.

Die Diskussion unserer empirischen Materialien hat neben Hinweisen auf andere, allgemeinere Fragen der politischen Soziologie und der Entscheidungstheorie vielfältige Ergebnisse für
die Beantwortung der gestellten Fragen erbracht. Abschließend
werden nun einige der gefundenen Antworten - nach Theorieansätzen systematisiert - zusammengefaßt. Dem Charakter einer Einzel-
fallstudie entsprechend kann es sich dabei freilich nur um Falsifikationen und um Vorschläge für die Modifikation bestehender
Hypothesen sowie um die Formulierung weiterführender Forschungsfragen handeln. Zunächst wird kurz auf Sacks präskriptives Modell eingegangen (1.), sodann auf die (neo-)marxistisch-funk-
tionalistischen Ansätze (2.), auf den (neo-)marxistisch-hand-
lungs-/konfliktgruppentheoretischen Ansatz von Turkel (3.) und
auf die differenzierungs- und handlungs- bzw. konfliktgruppentheoretischen Ansätze von Haferkamp (4.1) und Weber (4.2).

1. Entsprechend Sacks präskriptivem Modell einer Kriminalpolitik
im Wohlfahrts- oder Sozialstaat dürfte es keine strafrechtlichen oder kriminalisierenden Reaktionen auf abweichendes Verhalten geben. Angemessene Reaktionen wären vielmehr die Anpassung des Normensystems, mit dem die Abweichler in Konflikt geraten sind, oder die Reform solcher gesellschaftlicher Strukturen, auf die die Abweichungen zurückzuführen sind.

Diesem Modell entspricht die Reaktion auf neue Delikttypen im
Bereich Wirtschaft freilich nicht. Stattdessen gibt es einen
deutlichen Trend, über die Schaffung neuer Strafrechtsnormen
und über die Reorganisation von Kontrollinstanzen mit Kriminalisierungen zu reagieren.

Modifiziert wird dieser Trend durch die Einberufung von Wirt-
schaftsrechtlern in die die gesetzlichen Maßnahmen vorberei-
tende Sachverständigenkommission und durch wirtschaftsrechtliche Empfehlungen, die von dieser Kommission ausgegangen und
die zum Teil vom Gesetzgeber auch umgesetzt worden sind.

Es ist freilich eine offene Frage, ob dies letztlich auf die so-
zialstaatliche Orientierung von Experten und politischen Entscheidern zurückzuführen ist oder auf wahrgenommene Interessen
möglicherweise betroffener mächtiger Schichtgruppen oder auf
wahrgenommene Funktionserfordernisse ökonomischer Teilbereiche.
Darum geht es in den folgenden Folgerungen.

2. Die als Vertreter des (neo-)marxistisch-funktionalisti-
schen Theorietyps genannten Autoren hatten mehr oder weniger
die Entwicklung von Strafrecht durch Funktionserfordernisse
des kapitalistischen Wirtschaftssystems, durch die Produktions-
verhältnisse oder durch die abstrakten Interessen wichtiger ökonomischer Funktionsgruppen "erklärt".

So wie diese Autoren in ihren Werken eindrucksvolle Illustrationen für ihre Thesen bieten, ließen sich auch innerhalb unseres Gegenstandsbereichs Exemplifikationen vornehmen. In diesem
Zusammenhang sind die Computertatbestände diskutiert worden. Entsprechend kann der "Kapitalanlagebetrug" als Norm angesehen werden, die eine hinreichende Kapitalversorgung der Wirtschaft
sicherstellen soll.

Betrachten wir den funktionalistischen Aspekt dieses Theoriean-
satzes, so muß er trotz gelungener Illustrationen oder Exemplifikationen als falsifiziert zurückgewiesen werden. "Staat" und
"Ökonomie" haben sich (wiederum) als außerordentlich differenziert erwiesen. Wir haben dies auf verschiedene Weise belegt.
Erstens ist die große Vielfalt von Betroffenheiten deutlich geworden, die die unterschiedlichen wirtschaftsstrafrechtlichen
Tatbestände für nach funktionalen und schichtspezifischen Kriterien unterschiedene Gruppen bewirken. Zweitens wurden die Differenziertheit und die Flexibilität der konflikthaften Prozesse,
der Konfliktlinien und der Koalitionen nach Tatbeständen und im

Zeitverlauf dokumentiert. Drittens wurde für die Vertreter
staatlicher Sanktionsinstanzen (z. B. Kartellamt, Staatsanwalt-
schaften) gezeigt, wie die verschiedenen organisationsspezifischen Eigeninteressen einen hohen Stellenwert für die Position
dieser Akteuere im Entscheidungsprozeß haben. Auch diese Interessen sind vielfältig und widersprüchlich. Viertens wurde für
den "Ausschreibungsbetrug" gezeigt, wie sich konkrete und artikulierte Interessen ökonomischer Akteure im Widerspruch zu abstrakten ökonomischen Funktionserfordernissen befinden können
und wie jene gegen diese durchgesetzt werden.

Offensichtlich ist der funktionalistische Aspekt dieses Theorie-
ansatzes durch unser Fallbeispiel widerlegt. Auf die Kontrover-
se marxistisch vs. differenzierungs-/pluralismustheoretisch ist
nun einzugehen.

3. Die Argumente, die oben gegen eine funktionalistische Vorgehensweise genannt wurden, bestätigen gleichzeitig das hand-
lungs-/konfliktgruppentheoretische Vorgehen Turkels. Auch
seine marxistisch orientierten Thesen, die die zunehmende Durchsetzung des rechtlichen Diskurses (legal discourse) mit materialen Rationalitätskriterien mächtiger ökonomischer Akteure annehmen und die letztlich mit deren Erfolg rechnen, finden Bestätigung: erstens in den Argumentationsstrukturen der CDU/CSU-
Abgeordneten, zweitens im Erfolg des Kampfes der Industrie ge-
gegen den Ausschreibungstatbestand.

Dennoch weckt unsere Analyse auch Zweifel an den marxistisch
orientierten Thesen. Für diese Zweifel stehen erstens die Argumentationen der anderen am Entscheidungsprozeß beteiligten
Akteure, zweitens die Tatsache, daß insgesamt die Strafrechts-
setzung und Strafverfolgung gegen die - immerhin tendenziell -
mächtigeren und statushöheren Wirtschaftsstraftäter in vielen
Bereichen erfolgreich war. Drittens wird Turkels Rede von den
"mächtigen ökonomischen Akteuren" wiederum der Vielfalt der Betroffenheiten nicht gerecht. Viertens kann er nicht die sich
durchsetzenden autonomen, d. h. organisationsspezifischen Interessen der Sanktionsinstanzen erklären.

Wenn dem marxistischen Ansatz dennoch zumindest für Teilbereiche ein Erklärungswert zugebilligt werden kann, so muß
gleichzeitig ein Spezifizierungsbedarf angemeldet werden:
Welcher Anteil des Erfolges "mächtiger ökonomischer Akteure"
ist auf klassen-, welcher auf sektorspezifische Interessen zurückzuführen? Mit dem "Ausschreibungsbetrug " ist erstens eine
Tatbestandsnorm abgewehrt worden, die Unternehmer bedrohte
(klassenspezifisches Argument), zweitens eine, zu deren Abwehr
sich die Gewerkschaften in eine (stille) Koalition mit Industrieverbänden begeben hatten (sektorspezifisches Argument).

4.1 Auch Haferkamp geht von einem handlungstheoretischen Ansatz
aus. Die konfliktgruppentheoretische Perspektive spezifiziert er,
indem er Strafrechtspolitik als herrschaftsgruppenbezogene Politik versteht. Aus der These des Herrschaftsverlusts als Folge zunehmender funktionaler Differenzierung von Gesellschaften folgert
er entsprechend die Annahme eines zunehmenden Sanktionsverzichts
oder einer Umverteilung von Kriminalisierungschancen zwischen
verschiedenen Schichten.

Die Bestätigung des handlungstheoretischen im Gegensatz zum
funktionalistischen Prinzip gilt freilich auch für Haferkamps
Ansatz. Der Aktionismus der Industrieverbände zur Verhinderung
des Tatbestands des Ausschreibungsbetrugs sei noch einmal in Er-
innerung gerufen (vgl. auch Brühl in diesem Band).

Auch für den herrschaftstheoretischen Aspekt von Haferkamps Theorie finden wir Belege, insbesondere in den Argumentationen der
Politiker im Rechtsausschuß, genauer: in der "Umkehrung" ihrer
herkömmlichen Argumentationsmuster angesichts der nicht-herkömm-
lichen Zielgruppe der Unternehmer. Andererseits finden wir in
allen dem Parlament vorausgegangenen Entscheidungsphasen weniger
herrschaftsgruppenbezogene Konfliktlinien als vielmehr sektorspezifische.

Zur These des Sanktionsverzichts bietet unser Fall freilich ein
deutliches Gegenbeispiel. Auf das zunehmende Phänomen und neue
Formen von Wirtschaftskriminalität reagiert der Gesetzgeber -

bei allen oben genannten Einschränkungen - wesentlich mit
strafrechtlichen Programmen. Überdies gehen entsprechende Initiativen zur Kriminalisierung stärker - wenngleich nicht ausschließlich - von sozialdemokratischen Politikern aus, die als
Vertreter eher herrschaftsunterworfener Gruppen nach Haferkamp
doch eher Vorreiter einer De-Kriminalisierung sein müßten.

Alternativ könnten sozialdemokratische Politiker nach der Theorie Haferkamps allerdings auch als Vorreiter einer Umverteilung
von Sanktionschancen in Richtung auf eher herrschende Gruppen
vermutet werden. Auf den ersten Blick scheint dies ja auch bestätigt zu sein. Erstens war der sozialdemokratische Einsatz
(wie die Industrie-verbandliche und die Christ-Demokratische
Abwehr) beim gegen Unternehmer gerichteten Ausschreibungstatbestand besonders stark. Zweitens ging es ja um die Sanktionierung
von Wirtschaftstätern, nach allgemeiner Vorstellung also mächtigen und statushohen Tätern. Wir hatten allerdings gesehen,
daß diese letzte Vorstellung nur sehr begrenzt richtig ist.
Für einen großen Teil wirtschaftsrechtlicher Kriminalisierungen
gilt also auch die "Umverteilungs-"these nicht. Selbst wenn aufgrund von Herrschaftsverlust als Folge funktionaler Differenzierung der Intention nach Umverteilungsprogramme initiiert
werden, dann sind aufgrund desselben Differenzierungsprozesses
die Folgen solcher Programme unüberschaubar und möglicherweise
kontraproduktiv. Dies gilt insbesondere, wenn im Implementati-
onsprozeß weiterhin "Restherrschaft", um diesen Begriff Haferkamps aufzugreifen, zum Tragen kommt.

4.2 Zentrale Voraussagen Webers wurden durch unseren Fall bestätigt. Dies gilt erstens für die Partikularisierungsthese,
die durch die Ausbildung bzw. Ausweitung eines gesonderten Wirtschaftsstrafrechts mit zugehörigen spezialisierten Institutionen
(z. B. Schwerpunktstaatsanwaltschaften) bestätigt wird. Auch Webers Ankündigung eines zunehmenden Einbruchs materialer Rationalitätskriterien in rechtliche Rationalität als Folge der Partikularisierung fand deutliche Bestätigung. Eine allgemeine Hypo-
these könnte vorläufig gefolgert werden: Mit zunehmender Bin-
nendifferenzierung öffnen sich die Grenzbereiche des Rechtssy-

stems den Rationalitätskriterien der gesellschaftlichen Bereiche, die zu kontrollieren sie geschaffen wurden.

Um diese und andere in diesem Beitrag formulierte Hypothesen und Forschungsfragen weitergehend zu klären, wären weitere Analysen von Argumentationsstrukturen erforderlich, z. B. mit Hilfe des Ansatzes der kognitiven Karten: zu unterschiedlichen Rechtsnormen aus verschiedenen Rechtsgebieten, auf verschiedenen Ebenen des Normgenese- und -implementationsprozesses und zu verschiedenen historischen Zeitpunkten.

A n m e r k u n g e n

(*) Den Ausführungen liegt die Arbeit an einem von der DFG in ihrem Förderungsschwerpunkt "Empirische Sanktionsforschung" geförderten Forschungsprojekt zugrunde (Projekt Nr. Ha 1014/10-1-3). Der Titel des Projektes ist "Zur Genese strafrechtlicher Vorschriften des Zweiten Gesetzes zur Bekämpfung der Wirtschaftskriminalität. Eine empirische Studie über Entscheidungsstrukturen und Entscheidungsprozesse". Das Projekt war von H. Haferkamp und Ch. Lüdemann beantragt worden. Es wird vom Verfasser dieses Beitrags in Zusammenarbeit mit P. Brühl bearbeitet. Der Beitrag von P. Brühl in diesem Band ist auf dasselbe Projekt bezogen und muß darum in engem Zusammenhang mit diesem Beitrag gesehen werden, wie zahlreiche Querverweise belegen. Eine abschließende Buchveröffentlichung zum Projekt ist für Ende 1986 geplant.

(1) Vgl. J. Alber (1982).

(2) W. Schluchter weist darauf hin, daß die Literatur über Webers Rechtssoziologie "äußerst schmal" ist, "obgleich etwa Talcott Parsons in der Rechtssoziologie ein Kernstück der Weberschen Soziologie sieht, und Johannes Winckelmann von ihr sagt, in ihr liefen "alle Gedankenfäden seines soziologischen Hauptwerks, sich überkreuzend, zusammen ..."" (1979), S. 128. Erst kürzlich wurde ein Schritt zur Behebung dieses Defizits von St. Breuer und M. Treiber (1984) unternommen.

(3) Im folgenden beziehe ich mich auf Max Webers "Rechtssoziologie" (1976), S. 387-513.

(4) Vgl. M. Weber (1976), S. 390; siehe dazu in der ethnologischen Literatur (differenzierend) R. Redfield (1967).

(5) Vgl. J. Winckelmann (1976), S. 120.

(6) Ebenda, S. 146-148.

(7) M. Weber (1976), S. 470.

(8) Die Differenzierung zwischen formaler und materialer Rationalität durch Weber und seine (apologetischen und kritischen) Interpreten wird durch W. Schluchter kritisiert (1976, S. 132-163). Er betont, daß auch das formale Recht immer sowohl formelle als auch materielle Gesichtspunkte beinhaltet. Revisionen von Urteilen können sich immer auf beide Aspekte beziehen (ebenda, S. 143). Ethik dagegen impliziere immer nur materielle Komponenten. Wo eine Vermittlung zwischen Ethik und Recht über Rechtsgrundsätze gelinge, trete neben das formelle Rechtsstaatsprinzip, das sich vor allem auf Rechtssicherheit beziehe, ein materielles Rechtsstaatsprinzip, das sich auf 'Gerechtigkeit' beziehe. Damit ist freilich das Spannungsverhältnis zwischen Rechtsstaatsprinzip (nach Schluchter: formelles Rechtsstaatsprinzip) und Sozial-

staatsprinzip (nach Schluchter: materielles Rechtsstaatsprinzip) nicht aufgehoben.

(9) Vgl. M. Weber (1976), S. 503-513.

(10) Im Zusammenhang mit der sozialstaatlichen Entwicklung ist
dabei freilich an die zunehmende Bedeutung von Sozial-
und Arbeitsgerichten zu denken. Aber auch innerhalb des
Strafrechts sind - bei einer generellen Ausdehnung des
Nebenstrafrechts - gerade im Zusammenhang mit dem von uns
untersuchten Wirtschaftsstrafrecht Partikularisierungs-
tendenzen erkennbar. Seit Mitte der 1960er Jahre hat die
Einführung von Schwerpunktstaatsanwaltschaften und Sonderkammern einerseits zu einer Erfassung von mehr Straftaten geführt, andererseits zu einer deutlichen Anhebung
des Schadensbetrages, unterhalb dessen Verfahren wegen
Geringfügigkeit eingestellt wurden (vgl. K. Liebl (1984),
S. XXXVI-XL).

(11) Vgl. H. Haferkamp (1980, 1983, 1984).

(12) Vgl. H. Haferkamp, H.-G. Heiland (1984) und die Beiträge
von H. Haferkamp, H.-G. Heiland und Ch. Lüdemann in diesem Band.

(13) Vgl. P. Schick (1981).

(14) Vgl. W. G. Carson (1974); J. Hall (1975); K. F. Schumann
(1974).

(15) Vgl. G. Arzt (1976); S. Ranulf (1964); K. F. Schumann
(1974); J. Wolff (1977).

(16) Vgl. R. R. Akers (1975); H. S. Becker (1963); E. Blankenburg, H. Treiber (1975); W. J. Chambliss, R. B. Seidmann
(1971); J. R. Gusfield (1963); J. Matthes (1964); H. Peters (1968); S. J. Pfohl (1977); R. Quinney (1975); P. A.
Roby (1975).

(17) Vgl. H. Haferkamp (1980), S. 53-56.

(18) Ebenda.

(19) Vgl. H. Haferkamp (1984).

(20) Diese Position H. Haferkamps ist von J. Feest (1984) und
K. F. Schumann (1985) zurückgewiesen worden, die vor
allem darauf abstellen, daß der Vollzug funktionale
Äquivalente zu abgeschafften Sanktionen entwickelt
habe. Auf diese Diskussion kann hier nur verwiesen werden.

(21) Vgl. J. J. Savelsberg (1980), S. 114-132.

(22) Dezentralisierungsprozesse, wie sie Haferkamp beobachtet,
sind möglicherweise zumindest teilweise gerade als dia-
lektische Gegenbewegungen zu solchen Konzentrationsprozessen zu verstehen. Vgl. J. J. Savelsberg (1982), S. 120 f.

(23) B. S. Turner (1981), S. 318-351.

(24) Vgl. G. Turkel (1980).

(25) Vgl. J. Hall (1975).

(26) Vgl. W. J. Chambliss (1964).

(27) Vgl. R. Pilgram, H. Steinert (1975).

(28) Vgl. H. Steinert (1978).

(29) Vgl. H. Peters (1968).

(30) Vgl. G. Turkel (1980).

(31) Vgl. F. Sack (1983).

(32) Vgl. F. Sack (1977).

(33) Vgl. K. Tiedemann (1974).

(34) Die Berichte über die fünfzehn Kommissionssitzungen wurden vom Bundesjustizministerium veröffentlicht, vgl. als Resümee: BMJ (Hrsg.) (1980); J. J. Savelsberg (1985) analysiert Strukturen und Entscheidungsprozesse in der Kommission auf der Grundlage der Berichte und von Experteninterviews mit den Kommissionsmitgliedern.

(35) Vgl. G. Kaiser (1980), S. 478; K. Liebl (1983), S. 412.

(36) Vgl. F. H. Berckhauer (1980); K. Liebl (1984).

(37) Vgl. J. J. Savelsberg, P. Brühl (1985).

(38) Vgl. ausführlich J. J. Savelsberg, P. Brühl (1985) und den Beitrag von P. Brühl in diesem Band.

(39) Für eine detailliertere Beschreibung des Regierungsentwurfs vgl. M. Möhrenschlager (1982, 1983a, 1983b); M. Möhrenschlager (1984) bietet weitere Hintergrundinformationen zu den Bemühungen des Gesetzgebers; J. J. Savelsberg, P. Brühl, Ch. Lüdemann (1985) beschreiben weitere Einzelheiten des Gesetzgebungsverfahrens.

(40) Zumindest in einer Anmerkung muß aber einschränkend auf die Rolle von vier Zivil-, Handels-, Wirtschafts- bzw. Gesellschaftsrechtlern innerhalb der Sachverständigenkommission hingewiesen werden. Auch wenn die Vorschläge der Kommission in erster Linie auf strafrechtliche Vorschriften abzielten, wurden strafrechtliche Regelungen doch als ultima ratio angesehen und durch wirtschaftsrechtliche Regelungsvorschläge ergänzt.

(41) Vgl. W. Jubelius, S. Klein-Schonnefeld (1977).

(42) Vgl. Allensbacher Berichte Nr. 27 (1983).

(43) Ebenda: Halten 1965 23 % der Bevölkerung Unternehmer für "rücksichtslos" und 10 % für "gewissenlos", so steigen diese Prozentsätze bis 1976 auf 31 % bzw. 17 %. Die entsprechenden Angaben für 1983 sind 39 % (für 16- bis 29-jährige 48 %) bzw. 25 % (für die jüngere Gruppe 31 %).

(44) Vgl. E. H. Sutherland (1940, 1945, 1949).

(45) Vgl. M. Clinard (1979); D. Whitcomb et al. (1979); J. Z. Underwood (1982).

(46) Vgl. F. H. Berckhauer (1980), S. 223 ff.

(47) Beispielhaft sei hier auf die Debatten "Konflikt vs. Konsens" und "Konflikt vs. Rationalität" in der Strafrechtssoziologie verwiesen.

(48) Der Protest wurde von gewerkschaftlicher Seite nie öffentlich vorgebracht. Nachdem die IG Bau, Steine, Erden zunächst informell entsprechende Schritte unternommen hatte, wurde sie vom DGB von weiteren Bemühungen zurückgehalten. Als Vertreter des DGB und der IG Bau zu einem Hearing des Bundestags-Rechtsausschusses eingeladen wurden, um zum Ausschreibungsbetrugs-Tatbestand Stellung zu nehmen, blieben sie fern. Hinter dieser gemeinsamen Opposition stand die Vermutung, daß eine Pönalisierung von Preisabsprachen vor allem unter Baufirmen öffentlichen Auftraggebern gegenüber Unternehmen entweder unangenehme Gerichtsverfahren und Strafen einbringen würde oder sie von solchen Absprachen abschrecken würde. Im letzteren Fall, so ist die nächste Annahme, müßten wohl zahlreiche Firmen, die mit marginalen Gewinnspannen oder bereits in der Verlustzone arbeiten, Konkurs anmelden, was - so die Erwartung - auch zum Verlust zahlreicher Arbeitsplätze vor allem in der Bauwirtschaft führen würde.

(49) Vgl. J. Hall (1975).

(50) Vgl. H. Steinert (1978); A. Pilgram, H. Steinert (1975).

(51) Vgl. J. Hagan (1980); siehe auch M. V. Tushnets (177) Kritik an Friedmans Analyse der amerikanischen Rechtsgeschichte; zu ähnlichen Argumenten zur Entwicklung der Sozialpolitik siehe Ch. v. Ferbers (1977) Kritik an staatstheoretischen Ansätzen.

(52) Vgl. J. J. Savelsberg (1984).

(53) Zu den Mechanismen siehe die Analyse von P. Brühl in diesem Band; für ein Beispiel aus Spanien siehe R. Bustos et al. (1982).

(54) Vgl. J. Hagan (1980).

(55) Vgl. H. S. Becker (1963).

(56) Eine detailliertere Darstellung der Positionen findet sich in J. J. Savelsberg, P. Brühl, Ch. Lüdemann (1985); J. J. Savelsberg, P. Brühl (1985).

(57) Vgl. R. Dahrendorf (1974).

(58) Vgl. W. Bühl (1973).

(59) Vgl. F. Sack (1973).

(60) Vgl. A. Hopkins (1975).

(61) Vgl. R. Pohoryles (1981).

(62) Ebenda. Zum Konzept des politischen "Tauschwerts" in der Strafrechtspolitik siehe auch W. Stangl (1985), dessen Analyse der österreichischen Strafrechtsreform von Savelsberg (im Erscheinen) besprochen und vor dem Hintergrund des hier vorgestellten Ansatzes kritisiert wird.

(63) Vgl. P. Waldmann (1979).

(64) Vgl. R. Quinney (1975).

(65) Vgl. W. Bühls (1973) Forderungen an konfliktsoziologische Ansätze, daß es die soziale Kontextbedingtheit von Konflikten zu berücksichtigen gelte, ihre mehrdimensionale Qualität sowie ihre gesellschaftliche Ambivalenz.

(66) Macht wird entweder mit Recht gleichgesetzt bzw. Recht wird als eine Dimension von Macht angesehen, oder Macht wird als Bedingung von Recht, dieses gleichzeitig über feedback-Prozesse als Bedingung von Macht diskutiert. So versteht Becker (1963) Macht vor allem als Zugang zu Kanälen der Bekanntmachung von Normen und Regelverstößen. Carson (1974) diskutiert Recht als "Mechanismus der Machtausübung". Turk (1976) begreift Recht als einen Typ von Macht, "legal power", über den Menschen versuchen, Kontrolle über die Mechanismen zu gewinnen, die Norm-Konformität (über die Grenzen ihrer kulturell homogenen Gruppe hinaus) sicherstellen. Popitz (1968) sieht in der Sanktionierung von Machtunterworfenen einen Mechanismus der Stabilisierung von Machtstrukturen. Für Haferkamp (1980) sind kriminalisierende Handlungen solche, die über die Schaffung von Situationsdefinitionen die bestehenden Besitz- und Machtverhältnisse legitimieren. Auf Recht bezogen heißt das, daß relativ unstabile Machtverhältnisse durch Strafrechtsnormen abgesichert und so in relativ stabile Herrschaftsverhältnisse überführt werden. Nach Lautmann (1975) trägt Kriminalgesetzgebung dazu bei, ein normatives Klima zu schaffen, das der Legitimation von Herrschaftsordnungen dient.

(67) Vgl. H. Haferkamp (1983).

(68) Vgl. z. B. A. Pilgram. H. Steinert (1975); A. Pilgram, M. Strutz (1979); H. Steinert (1978).

(69) Vgl. H. S. Becker (1963).

(70) Vgl. P. Bachrach, M. S. Baratz (1977).

(71) Vgl. K. W. Deutsch (1971).

(72) N. Luhmann (1975), S. 8.

(73) Vgl. R. Axelrod Hrsg. (1976).

(74) Vgl. R. Axelrod (1976) zur theoretischen Entwicklung.

(75) Die vier Schritte wurden wie folgt ausgeführt. (Bei der Analyse folgten wir dem von M. Bonham (American University) und M. Shapiro (University of Hawai) entwickelten Codeplan, für dessen Überlassung wir danken.):

1. Zunächst wird der Text von zwei Kodierern sorgfältig gelesen. Von den Sprechern benutzte Begriffe (Variablen) werden umkreist. Bei einer zweiten Lektüre werden die kausalen Beziehungen zwischen den verwendeten Begriffen identifiziert und durch Pfeile in Richtung der kausalen Abhängigkeit markiert. Bei positiven Kausalbeziehungen werden Pfeile mit einem "+", bei negativen mit einem "-" versehen.

Dieser Schritt wurde für das vorliegende Beispiel von zwei Kodern (Brühl, Savelsberg) unabhängig voneinander vollzogen. Die Übereinstimmung der identifizierten Kausalbeziehungen (Intercoderreliabilität) lag bei 90 %. Bei abweichend voneinander identifizierten Kausalbeziehungen konnte anschließend Einigkeit erzielt werden.

2. Nach dem Verkoden ist das Konzept-Wörterbuch zu erstellen. Dabei werden die verwandten Begriffe zu Konzepten (Variablen) zusammengefaßt. Das heißt: Es werden Karteikarten erstellt, auf denen alle Begriffe aufgelistet sind, die dieselbe Idee ausdrücken. Nach dieser Auflistung wird jeder Karte ein Name als Überschrift gegeben, die das durch die aufgelisteten Begriffe gemeinte Konzept bezeichnet. Nach der Erstellung der Konzept-Karten werden diese mit Identifikationsnummern versehen. Verwandte Konzepte werden mit gleichen Buchstaben gekennzeichnet und zusammen gruppiert. In unserem Fall ergaben sich die folgenden Gruppen von Konzepten: Bedingungen des Unternehmerverhaltens (A), Angebotsverhalten von Unternehmen bei Ausschreibungen (B), Reaktionen der Unternehmen auf Sanktionen oder Sanktionsnormen (C), Folgen von Unternehmerverhalten (D), Sanktionsnormen gegen Ausschreibungsbetrug (E), Aktionen von Strafverfolgungsinstanzen (F), Wirkungen von Sanktionsnormen und Instanzenverhalten (G), schützenswerte Rechtsgüter (H) und Reaktionen der Öffentlichkeit (I).

Zur Gruppe A etwa (Bedingungen des Unternehmerverhaltens) gehören vier Konzepte (A1 bis A4). Unter jeder Konzept-Überschrift sind die zusammengefaßten Begriffe so gekennzeichnet, daß sie im Text wieder auffindbar sind ("I24" vor dem Begriff bedeutet: Dokument Nr. I, Seite 24. Eine Zahl hinter dem Begriff bezeichnet die Codenummer des Entscheiders, der ihn benutzt hat.)

3. In einem dritten Schritt werden die Beziehungskarten erstellt. Jeder im Text umzirkelte Begriff wird jetzt mit

der zugehörigen Konzept-Nummer gekennzeichnet. Jede einzelne Kausalbeziehung wird auf eine Karteikarte übertragen. Die Karteikarten werden durch die auf ihnen verzeichneten Konzept-Nummern und die Richtung der Kausalbeziehungen gekennzeichnet (z.B. "E1, G1 +" heißt: Je härter die Sanktionen bzw. je stärker der Grad der Kriminalisierung von Preisabsprachen, desto größer ist die Abschreckungswirkung). Außerdem wird jede Beziehungskarte mit dem Code der Fundstelle und des Sprechers versehen (z.B. "2:I19": Sprecher 2, d.h. Abg. A auf Seite 19 von Dokument Nr. I). Die Beziehungskarten werden nach Sprechern geordnet.

4. Die kognitiven Karten werden für jeden Sprecher direkt von den Beziehungskarten abgeleitet. Konzeptnamen und Identifikationscodes werden von links (unabhängige Variablen) nach rechts (abhängige Variablen) angeordnet. Die Pfeile werden mit der Fundstelle gekennzeichnet. Die kausalen Annahmen können daher leicht von den kognitiven Karten auf ihren Ursprung im Text zurückverfolgt werden.

(76) Die Namen der beteiligten Akteure wurden durch die Ersetzung durch Buchstaben anonymisiert.

(77) So führt der CDU-Abgeordnete Güde in der ersten Lesung zur Strafrechtsreform programmatisch aus: "Es läßt sich nicht mehr wissenschaftliche Erkenntnis dem Postulat entgegensetzen, daß im Strafrecht der Mensch als sittliche Person angesprochen werden soll und muß ... Wer für den Menschen auch nur relative Freiheit in Anspruch nimmt, muß ihm Verantwortung aufbürden ... Dieser Entwurf bekennt sich zum Schuldstrafrecht." (Protokoll der 70. Sitzung des Deutschen Bundestages vom 28. März 1963, S. 3193).

(78) In derselben Lesung, der das Zitat von Güde entnommen ist (siehe Fußnote 77), führt der SPD-Abgeordnete Wittrock für seine Fraktion programmatisch und richtungsweisend aus: "... daß es ... Verhaltensweisen gibt, die nicht notwendigerweise pönalisiert zu werden brauchen, so wie das der Entwurf tut ... Von dieser Position her ergibt sich die Forderung nach einem strafgesetzlichen Minimalprogramm." (ebenda, S. 3199).

(79) Vgl. auch das Referat von S. Scheerer (1985) über Kriminalisierungsstrategien alternativer politischer Gruppierungen und der Partei der Grünen, dessen Ergebnisse auch für diese Gruppen die hier analysierten Tendenzen bestätigen.

(80) Vgl. I. N. Gallhofer, W. E. Saris (1984).

Literaturverzeichnis

AKERS, Ronald R. (1975): The Professional Association and the Legal Regulation of Practice. In: R. R. Akers und R. Hawkins (Hrsg.), Law and Control in Society, Englewood Cliffs, N.J., S. 80-92

ALBER, Jens (1982): Vom Armenhaus zum Wohlfahrtsstaat. Analysen zur Entwicklung der Sozialversicherung in Westeuropa, Frankfurt/New York

ALLENSBACHER Berichte Nr. 27 (1983): Hrsg. vom Institut für Demoskopie, Allensbach

ARZT, Gunther (1976): Der Ruf nach Recht und Ordnung. Ursachen und Folgen der Kriminalitätsfurcht in den USA und in Deutschland, Tübingen

AXELROD, Robert (1976): Cognitive Mapping Approach to Decision Making. In: R. Axelrod (Hrsg.), Structure of Decision: The Cognitive Maps of Political Elites, Princeton, S. 3-17

BACHRACH, Peter/Morton S. BARATZ (1977): Macht und Armut. Eine theoretisch-empirische Untersuchung, Frankfurt a. M.

BECKER, Howard S. (1963): Outsiders. Studies in the Sociology of Deviance, New York/London

BERCKHAUER, Friedrich Helmut (1980): Die Strafverfolgung bei Wirtschaftsdelikten in der Bundesrepublik Deutschland. In: Forschungsgruppe Kriminologie (Hrsg.), Empirische Kriminologie, Freiburg i. B., S. 218-241

BERK, Richard A. et al. (1977): A Measure of Justice. An Empirical Study of Changes in the California Penal Code 1955-1971. New York/San Francisco/London

BLANKENBURG, Erhard/Hubert TREIBER (1975): Der politische Prozeß der Definition von kriminellem Verhalten, Kriminologisches Journal, Bd. 7, S. 252-262

BMJ (Hrsg.) (1980): Bekämpfung der Wirtschaftskriminalität, Bonn

BREUER, Stefan/Hubert TREIBER (Hrsg.) (1984): Zur Rechtssoziologie Max Webers. Interpretation, Kritik, Weiterentwicklung, Opladen

BÜHL, Walter (1973): Konflikt und Konfliktstrategie. Ansätze zu einer soziologischen Konflikttheorie, München

BUSTOS, Ramirez et al. (1982): Genese und Legitimation von strafrechtlichen Normen in Spanien am Beispiel der Umweltkriminalität. Kurzbeschreibung eines Forschungsprojektes, Kriminologisches Journal, Bd. 14, S. 213-224

CARSON, Wesley G. (1974): Sociology of Crime and the Emergence of Criminal Laws. In: P. Rock und P. und M. McIntosh (Hrsg.), Deviance and Social Control, London, S. 67-90

CHAMBLISS, William J. (1964): Sociological Analysis of the Law of Vagrancy, Social Problems, Bd. 12, S. 67-77

CHAMBLISS, William J./Robert B. SEIDMAN (1971): Law, Order, and Power, Reading, Mass.

CLINARD, Marshall (1979): Illegal Corporate Behavior, Washington D.C.

DAHRENDORF, Ralf ([3]1974): Die Funktionen sozialer Konflikte. In: ders., Pfade aus Utopia, München, S. 263-277

DEUTSCH, Karl W. ([3]1971): Macht und Kommunikation in der internationalen Gesellschaft. In: W. Zapf (Hrsg.), Theorien des sozialen Wandels, Köln, S. 471-483

EDER, Klaus (1978): Zur Rationalisierungsproblematik des modernen Rechts, Soziale Welt, Bd. 29, S. 247-256

FEEST, Johannes (1984): Kritik des 'realen Abolitionismus', Kriminologisches Journal, Bd. 16, S. 229-231

FERBER, Christian von (1977): Soziologie und Sozialpolitik. In: Ch. von Ferber und F. X. Kaufmann (Hrsg.), Soziologie und Sozialpolitik, Opladen, S. 11-34

GALLHOFER, Irmtraud N./Willem E. SARIS (1984): Explanations of the use of decision rules: A study of foreign policy decisions (unveröffentlichtes Papier)

GUSFIELD, Joseph R. (1963): Symbolic Crusade, Urbana, Ill.

HAFERKAMP, Hans (1980): Herrschaft und Strafrecht, Opladen

HAFERKAMP, Hans (1983): Soziologie der Herrschaft, Opladen

HAFERKAMP, Hans (1984): Herrschaftsverlust und Sanktionsverzicht. Kritische Bemerkungen zur Theorie des starken Staates, der neuen sozialen Kontrolle und des ideellen Abolitionismus, Kriminologisches Journal, Bd. 16, S. 112-131

HAFERKAMP, Hans/Hans-G. HEILAND (1984): Herrschaftsverfall und Machtrückgewinn. Zur Erklärung von Paradoxien des Wohlfahrtsstaates. In: H. Haferkamp (Hrsg.), Wohlfahrtsstaat und soziale Probleme, Opladen, S. 60-104

HAGAN, John (1980): The Legislation of Crime and Delinquency. A Review of Theory, Method, and Research, Law and Society Review, Bd. 14, S. 603-628

HALL, Jerome (1975): Diebstahl, Recht und Gesellschaft. Die ökonomischen Verhältnisse und ihr Einfluß auf das Recht. In: Klaus Lüderssen und Fritz Sack (Hrsg.), Seminar: Abweichendes Verhalten II, Frankfurt a. M., S. 87-106

HILL, Hermann (1982): Einführung in die Gesetzgebungslehre, Heidelberg

HOPKINS, Andrew (1975): On the Sociology of Criminal Law, Social Problems, Bd. 22, S. 608-619

JUBELIUS, Werner/Sabine KLEIN-SCHONNEFELD (1977): "Kriminalität der Mächtigen" im Rahmen kriminologischer Theoriebildung - dargestellt am Beispiel der Sanktionspraxis, Kriminologisches Journal, Bd. 9, S. 24-37

KAISER, Günther (1980): § 28 Weiße-Kragen-Kriminalität zwischen Sozialkritik und Wirklichkeit. In: ders., Kriminologie, Heidelberg/Karlsruhe, S. 476-483

LAUTMANN, Rüdiger (1975): Einige Thesen zum Zusammenhang von ' Kriminalisierung und Legitimation, Bremen (unveröffentlichtes Manuskript)

LIEBL, Karlhans (1983): Entwicklung und Schwerpunkt der kriminologischen und rechts-soziologischen Forschungen auf dem Gebiet der Wirtschaftskriminalität in der Bundesrepublik Deutschland. In: H. J. Kerner, H. Kury und K. Sessar (Hrsg.), Deutsche Forschungen zur Kriminalitätsentstehung und Kriminalitätskontrolle, Köln/Berlin/Bonn/München, S. 408-436

LIEBL, Karlhans (1984): Die bundesweite Erfassung von Wirtschaftsstraftaten nach einheitlichen Gesichtspunkten. Ergebnisse und Analysen für die Jahre 1974 bis 1981, Freiburg i. B.

LUHMANN, Niklas (1975): Macht, Stuttgart

MATTHES, Joachim (1964): Gesellschaftspolitische Konzeptionen im Sozialhilferecht. Zur soziologischen Kritik der neuen deutschen Sozialhilfegesetzgebung 1961, Stuttgart

MÖHRENSCHLAGER, Manfred (1982): Der Regierungsentwurf eines Zweiten Gesetzes zur Bekämpfung der Wirtschaftskriminalität, WISTRA, Bd. 1, S. 201-208

MÖHRENSCHLAGER, Manfred (1983a): Der Regierungsentwurf eines Zweiten Gesetzes zur Bekämpfung der Wirtschaftskriminalität, 2. Teil: Sonstige Straftatbestände, WISTRA, Bd. 2, S. 17-22

MÖHRENSCHLAGER, Manfred (1983b): Der Regierungsentwurf eines Zweiten Gesetzes zur Bekämpfung der Wirtschaftskriminalität, 3. Teil: Bekämpfung von Straftaten und Ordnungswidrigkeiten im Unternehmen, WISTRA, Bd. 2, S. 49-55

MÖHRENSCHLAGER, Manfred (1984): Die Reform des deutschen Wirtschaftsstrafrechts. Seine kriminologischen und kriminalpolitischen Grundlagen. In: W. T. Haesler (Hrsg.), Politische
Kriminalität und Wirtschaftskriminalität, Diessenhofen, S.
243-271

NOLL, Peter (1978): Gesetzgebungslehre, Reinbek b. Hamburg

PETERS, Helge (1968): Moderne Fürsorge und ihre Legitimation.
Eine soziologische Analyse der Sozialarbeit, Köln/
Opladen

PFOHL, Stephen J. (1977): The 'Discovery' of Child Abuse, Social
Problems, Bd. 24, S. 310-323

PILGRAM, Arno/Heinz STEINERT (1975): Ansätze zur politisch-öko-
nomischen Analyse der Strafrechtsreform in Österreich, Kriminologisches Journal, Bd. 7, S. 263-277

PILGRAM, Arno/Helmut STRUTZ (1979): Zur symbolischen Produktion von (Un-)Sicherheit - Kriminalität als Thema der politischen Auseinandersetzung in Österreich, österreichische
Zeitschrift für Politikwissenschaft, Bd. 8, S. 447-464

POHORYLES, Ronald (1981): Determinanten und Resultate der
österreichischen Strafrechtsreform in den siebziger Jahren,
österreichische Zeitschrift für Politikwissenschaft, Bd. 10,
S. 39-50

POPITZ, Heinrich (1968): Prozesse der Machtbildung, Tübingen

QUINNEY, Richard (1975): Crime Control in Capitalist Society:
A Critical Philosophy of Legal Order. In: Walton, Young und
Taylor (Hrsg.), Critical Criminology, London/Boston, S. 181-
202

RANULF, Svend (1964): Moral Indignation and Middle-Class
Psychology. A Sociological Study, New York

REDFIELD, Robert (1967): Primitive Law. In: P. Bohannan (Hrsg.),
Law and Warfare. Studies in the Anthropology of Conflict,
Austin, S. 3-24

ROBY, Pamela A. (1975): Politics and Criminal Law: Revision of
the New York State Penal Law on Prostitution. In: R. R. Akers
und R. Hawkins (Hrsg.), Law and Control in Society, Englewood Cliffs, N.J., S. 93-108

SACK, Fritz (1973): Klassenjustiz und Selektionsprozesse, Vorgänge, Bd. 12, S. 55-60

SACK, Fritz (1977): Interessen im Strafrecht: Zum Zusammenhang
von Kriminalität und Klassen (Schicht-) Struktur, Kriminologisches Journal, Bd. 9, S. 248-278

SACK, Fritz (1983): Rechtsfriede und soziale Befriedung, Bewäh-
rungshilfe, Bd. 15, S. 7-27

SAVELSBERG, Joachim J. (1980): Kommunale Autonomie - Autono-
    mie, Macht und Entscheidungen in Gemeinden, Frankfurt a. M.

SAVELSBERG, Joachim J. (1982): Sozialräumliche Strukturen und
    Prozesse. Zum Erklärungswert der Kategorie 'Raum.' für die
    Genese und Konstitution sozialer Probleme. In: L. A. Vasko-
    vics (Hrsg.), Raumbezogenheit sozialer Probleme, Opladen,
    S. 120-135

SAVELSBERG, Joachim J. (1984): Zur Genese strafrechtlicher Vor-
    schriften des Zweiten Gesetzes zur Bekämpfung der Wirt-
    schaftskriminalität. Eine empirische Studie über Entschei-
    dungsstrukturen und Entscheidungsprozesse, Erster Arbeits-
    bericht an die DFG, Bremen

SAVELSBERG, Joachim J. (1985): Rationalities and Experts in
    the Making of Criminal Law Against Economic Crime, Vortrag
    auf dem 1985 World Congress des International Research
    Council for the Sociology of Law, Aix-en-Provence (Abdruck
    in Law and Policy in Vorbereitung)

SAVELSBERG, Joachim J. (im Druck): Rezension von: Wolfgang
    Stangl (1985): Die neue Gerechtigkeit. Strafrechtsreform in
    Österreich 1954-1975, Demokratie und Recht, Bd. 14/1, Wien

SAVELSBERG, Joachim J./Peter BRÜHL (1985): Zur Genese straf-
    rechtlicher Vorschriften des Zweiten Gesetzes zur Bekämpfung
    der Wirtschaftskriminalität. Eine empirische Studie über
    Entscheidungsstrukturen und Entscheidungsprozesse, Zweiter
    Arbeitsbericht an die DFG, Bremen

SAVELSBERG, Joachim J./Peter BRÜHL/Christian LÜDEMANN (1985):
    Genese des Zweiten Gesetzes zur Bekämpfung der Wirtschafts-
    kriminalität - erste Ergebnisse einer empirischen Untersu-
    chung. In: K. Liebl (Hrsg.), Internationale Forschungsergeb-
    nisse auf dem Gebiet der Wirtschaftskriminalität, Pfaffen-
    weiler

SCHEERER, Sebastian (1985): Kriminalpolitik neuer sozialer Be-
    wegungen, Vortrag auf dem 1985er Treffen des Arbeitskreises
    Junger Kriminologen, Gelnhausen

SCHICK, Peter J. (1981): Kritische Überlegungen zur Genese des
    Strafrechtsbestandes. In: G. Winkler und B. Schilcher (Hrsg.),
    Gesetzgebungslehre, Wien/New York, S. 84-99

SCHLUCHTER, Wolfgang (1979): Die Entwicklung des okzidentalen
    Rationalismus, Tübingen

SCHOREIT, Arnim (1974): Kriminalpolitik und Rationalität, Ju-
    ristenzeitung, Bd. 29, S. 254-257

SCHUBARTH, Martin (1980): Das Verhältnis von Strafrechtswissen-
    schaft und Gesetzgebung im Wirtschaftsstrafrecht, Zeit-
    schrift für die gesamte Strafrechtswissenschaft, Bd. 92,
    S. 80-106

SCHUMANN, Karl F. (1974): Gegenstand und Erkenntnisinteressen einer konflikttheoretischen Kriminologie. In: Arbeitskreis Junger Kriminologen (Hrsg.), Kritische Kriminologie, München, S. 69-84

SCHUMANN, Karl F. (1985): Labeling Approach und Abolitionismus, Kriminologisches Journal, Bd. 17, S. 19-28

SEIDEL, Horst (1980): Prozesse der Normsetzung. Inhaltsanalyse parlamentarischer Beratungen der Strafrechtsreform in der Bundesrepublik Deutschland, Universität Bremen (unveröffentlichtes Manuskript)

STANGL, Wolfgang (1985): Die neue Gerechtigkeit. Strafrechtsreform in Österreich 1954-1975, Wien

STEINERT, Heinz (1978): On the functions of Criminal Law, Contemporary Crises, Bd. 2, S. 167-193

SUTHERLAND, Edwin H. (1940): White Collar Criminality, American Sociological Review, Bd. 5, S. 1-12

SUTHERLAND, Edwin H. (1945): Is 'White Collar Crime' Crime? American Sociological Review, Bd. 10, S. 132-139

SUTHERLAND, Edwin H. (1949): White Collar Crime, New York

TIEDEMANN, Klaus (1974): Subventionskriminalität in der Bundesrepublik, Opladen

TURK, Austin T. (1976): Law as a Weapon in Social Conflict, Social Problems, Bd. 23, S. 276-291

TURKEL, Gerald (1980): Rational Law and Boundary Maintenance: Legitimating the 1971 Lockheed Loan Guarantee, Law and Society Review, Bd. 15, S. 41-77

TURNER, Bryan S. (1981): For Weber. Essays on the Sociology of Fate, Boston/London/Hanley

TUSHNET, Mark V. (1977): Commentary Perspectives on the Development of American Law: a Critical Review of Friedman.'s A History of American Law, Wisconsin Law Review, S. 81-109

UNDERWOOD, James Z. (1982): Memorandum: National Institute of Justice Program on White Collar Crime, U.S. Department of Justice (unveröffentlichtes Papier)

WALDMANN, Peter (1979): Zur Genese von Strafrechtsnormen, Kriminologisches Journal, Bd. 11, S. 102-123

WEBER, Max ([5]1976): Rechtssoziologie. In: M. Weber, Wirtschaft und Gesellschaft, Tübingen, S. 387-513

WHITCOMB, Debra et al. (1979): Conneticut Economic Crime Unit, hrsg. vom U.S. Department of Justice, Washington D.C.

WINCKELMANN, Johannes (1976): Erläuterungsband zu Max Weber, Wirtschaft und Gesellschaft. Grundriß der verstehenden Soziologie, Tübingen

WOLFF, Jörg (1977): Normarten, Oldenburg (unveröffentlichtes Manuskript)

WIRTSCHAFTSVERBÄNDE UND DIE ABWEHR VON WIRTSCHAFTSSTRAFRECHT.
ZUR ROLLE VON WIRTSCHAFTSVERBÄNDEN BEI EINER STRAFGESETZGEBUNG
GEGEN WIRTSCHAFTSKRIMINALITÄT *

Peter Brühl

1. Einleitung und Überblick

Ziel des Wohlfahrtsstaates ist die Herstellung sozialer Gerechtigkeit und Gleichheit. Nicht nur durch Umverteilung "positiver
Güter" von den oberen sozialen Schichten zu den am unteren Ende
der Sozial-Skala stehenden, sondern auch durch Übertragung "negativer Güter" in die entgegengesetzte Richtung im Sinne einer
Gleichstellung wird versucht, dieses Ziel zu verwirklichen. Die
Erfassung bestimmter, überwiegend in einer sozialen Schicht
vorfindbarer Verhaltensweisen durch strafrechtliche Sozialkontrolle ist als ein solches negatives Gut anzusehen. Die seit
den 1960er Jahren in Deutschland zu beobachtenden (1) verstärkten Bemühungen um eine strafrechtliche Erfassung wirt-
schaftskrimineller Verhaltensweisen - als Beispiel sei das
sich aktuell im Gesetzgebungsverfahren befindliche "2. Gesetz
zur Bekämpfung der Wirtschaftskriminalität (2. WiKG)" genannt -
können daher als ein Versuch angesehen werden, den Wohlfahrts-
staatsgedanken in einem Teilbereich zu verwirklichen.

Haferkamp/Heiland (2) stellen als neue Machthaber im Wohlfahrtsstaat seine neuen tragenden Gruppen heraus: die Vertei-
lereliten, denen die Masse fügsam Abhängiger gegenüberstehe,
die für die verläßliche Zuteilung von Sozialleistungen mit
Herrschaftsanerkennung zahlten. Sie räumen aber auch ein, daß
diese neue Machtordnung des Wohlfahrtsstaates durch eine
"Rest"-Herrschaft der alten wirtschaftlichen Eliten überlagert
werde. Die Stärke dieser Gruppen zeige sich auch heute noch
gegenüber der Regierung oder ihnen nachgeordneten Behörden,
weil sie oft über beträchtliche Einfluß- und indirekte Sanktionsmöglichkeiten verfügten (3).

Das Gesetzgebungsverfahren zum 2. WiKG ist nun nicht nur ein
Beispiel für die Zielrichtung des Wohlfahrtsstaatsgedankens,
sondern ebenso ein Exempel für die ("Rest"-)Herrschaft der
alten wirtschaftlichen Eliten. Der Versuch der Einführung einer
strafrechtlichen Kontrolle bestimmter wirtschaftlicher Verhaltensweisen im 2. WiKG muß nämlich als am Widerstand der alten
Wirtschaftseliten gescheitert angesehen werden. Wie diesen die
Verhinderung einer Pönalisierung eigener Verhaltensweisen gelungen ist, soll hier in den Grundzügen dargestellt werden.

Dazu wird nach einem kurzen Rekurs auf die Diskussion um den
konflikttheoretischen Ansatz und Ergebnisse der Verbändefor-
schung (2.) ebenfalls knapp der bisherige Verlauf des Gesetzgebungsverfahrens zum 2. WiKG dargestellt (3.). Im Anschluß
daran wird über eine von dem Verfasser bei einem führenden
deutschen Wirtschaftsverband vorgenommene Analyse von Akten zu
diesem Gesetzgebungsverfahren berichtet. Nach einer Darstellung
der Methode der Datenerfassung (4.) sollen dann chronologisch
Aktivitäten des "ökonomischen Sektors" in einem bestimmten
Zeitraum bezüglich eines bestimmten Regelungsbereiches in diesem Gesetzgebungsverfahren beschrieben werden (5.). Anschließend
können daraus erste Folgerungen auf die Struktur der Interessen-
wahrnehmung durch Wirtschaftsverbände gegenüber dem Gesetzgeber
gezogen werden (6.).

2. Das Konfliktmodell und Ergebnisse der Verbändeforschung

Im Gegensatz zum früher dominierenden Konsensmodell der Strafrechtsnormgenese, das davon ausging, daß Strafrechtsnormen aus
allgemein geteilten Interessen entwickelt werden, daß daher im
Strafrecht die Überzeugungen der überwiegenden Mehrheit der Bevölkerung widergespiegelt seien, behauptet das in Auseinandersetzung mit diesen (4) entwickelte Konfliktmodell, daß Recht
als das Resultat eines Konfliktes divergierender Interessen angesehen werden muß (5). Recht, also auch Strafrecht, ist nach
dieser Perspektive die Festschreibung des Ergebnisses einer
Konfliktaustragung zwischen verschiedenen Gruppen einer Gesellschaft. Da die Gruppen ungleiche Einflußmöglichkeiten auf

die Neuformulierung, Aufrechterhaltung und Durchsetzung von
Recht haben, stelle der Faktor der Macht- und Ressourcenver-
teilung die entscheidende Größe in dem Interessenkonflikt dar
(6). Unterscheiden lassen sich innerhalb des Konfliktmodells
Ansätze, die den Oberschichtinteressen einen beherrschenden
Einfluß auf die Setzung von Strafrechtsnormen zuerkennen, von
solchen, die das Strafrecht als Manifestation von Mittel-
schichtinteressen ansehen, und jenen, die die Interessen von
Sanktionsstäben, Moralkreuzzüglern, Berufs- und anderen Gruppen als bestimmende Größe deklarieren (7).

Grundlegende Kritik an dem konflikttheoretischen Modell wurde
in jüngerer Zeit von Waldmann (8) geübt. Insbesondere bezweifelt er die vorausgesetzte Existenz von Konfliktparteien.
Adressaten von Strafrechtsnormen seien mangels Organisations-
und Konfliktfähigkeit nur selten in der Lage, sich zur Wehr zu
setzen. Selbst ökonomisch mächtige Gruppen, bei denen diese
Voraussetzungen grundsätzlich vorlägen, würden gegen ihre Interessen tangierende Normen keinen Widerstand leisten (9).
Stattdessen müsse eine relative Autonomie ("Widerstandskraft")
des Strafrechts konstatiert werden, die es jeder direkten politischen Beeinflussung von außen entziehe.

Speziell gegen die im Rahmen der Konflikttheorie von einigen
Autoren behauptete Dominanz der Interessen von Kapitalbesitzern
im Prozeß der Strafrechtsetzung richtet sich die Untersuchung
von Hagan und Leon (10), die bei der Verabschiedung der Jugend-
strafgesetzgebung in Kanada nur wenig Hinweise auf ein Interesse der Mitglieder der industriellen Elite an diesem Gesetzesvorhaben ausfindig machen konnten. Und in einer vergleichenden
Analyse von 43 Fallstudien zur Strafgesetzgebung in den USA,
vor allem für die Bereiche Jugend- und Drogenkriminalität,
stellt Hagan (11) fest, daß höchst unterschiedliche Interessengruppen sich an den Gesetzgebungsverfahren beteiligt hatten,
daß aber Geschäfts- und Kapitalinteressengruppen eine eher untergeordnete Rolle spielten (12). Haferkamp (13) weist darauf
hin, daß sich ein Interesse von Kapitalbesitzern nicht einmal
an der Gesetzgebung im Bereich der Eigentumsdelikte nachweisen
läßt. Er vertritt die These, daß Kapitalbesitzer sich bei der

Beeinflussung von Gesetzgebung auf andere Rechtsbereiche konzentrierten als auf den des Strafrechts, so z.B. auf den Bereich des Wirtschaftsrechts.

Unterstützung findet diese These in vorliegenden Einzelfallstudien (14) zum Zustandekommen von Bundesgesetzen. Bei einer
Durchsicht dieser empirischen Arbeiten lassen sich zu dem uns
interessierenden Punkt folgende Feststellungen treffen:
1. In der Tat hängt die Beteiligung von Wirtschaftsverbänden
an einem Gesetzgebungsverfahren und das Ausmaß dieser Beteiligung von der Thematik des Gesetzesvorhabens ab. So haben sich
Wirtschaftsverbände nach den betreffenden Studien z.B. nicht
oder nur in geringem Umfang am Zustandekommen der Wahlgesetze
(15) oder des Lastenausgleichgesetzes (16) beteiligt.
2. Eine massive Beteiligung von Wirtschaftsverbänden ist dagegen nachgewiesen in Untersuchungen, die sich mit der Entstehung von Gesetzen im Bereich des Wirtschaftsrechts befassen.
Hervorzuheben sind hier die Untersuchungen von Bethusy-Huc (17),
P. A. Philipp (18), R. Robert (19) und W. Jäckering (20) zu.
Entstehung und Novellierungen des Gesetzes gegen Wettbewerbsbeschränkungen (GWB). Diese empirischen Arbeiten kommen (u.a.)
zu den Ergebnissen, daß
- die Einflußnahme von seiten der Wirtschaftsverbände in diesen
Gesetzgebungsverfahren außerordentlich stark war,
- diese Einflußnahme sich nahezu über den gesamten Zeitraum der
Erarbeitung und Beratung der Gesetzesvorhaben erstreckte,
der Druck auf Legislative und Exekutive aber keineswegs konstant war,
- die Interessengruppen mit einer Vielzahl von Mitteln und Me-
thoden ihren Einfluß geltend machten und diese im Laufe des
Gesetzgebungsverfahrens entsprechend den jeweiligen Erforder-
nissen wechselten (21).
Es ist daher festzuhalten, daß bei diesen untersuchten Gesetzgebungsverfahren im Bereich des Wirtschaftsrechts, deren Rege-
lungsmaterie direkt das Tätigkeits- und Interessenfeld von
wirtschaftlichen Unternehmungen betraf, deren Verbände Einfluß
auf den Inhalt des geplanten Gesetzes zu nehmen versuchten.
Eine ähnlich massive Beteiligung von Wirtschaftsverbänden an
einem Gesetzgebungsverfahren wie auf dem Gebiet des Wirtschafts-

rechts ist danach aber - in Erweiterung und Modifikation der These Haferkamps - grundsätzlich auch auf dem Gebiet des Wirtschaftsstrafrechts zu erwarten, in dem die freie wirtschaftliche Betätigung mit den Mitteln des Strafrechts Einschränkungen erfährt.

Eine Möglichkeit der Überprüfung dieser Annahme bietet sich zur Zeit anhand eines konkreten Falles: des sich im Gesetzgebungsverfahren befindlichen "Zweiten Gesetzes zur Bekämpfung der Wirtschaftskriminalität". Neben Straftatbeständen zur Computerkriminalität, zum Kapitalanlagebetrug, zur Veruntreuung von Arbeitsentgelt, zur illegalen Arbeitnehmerüberlassung und zu weiteren - auch nebenstrafrechtlichen - Neuerungen steht in diesem Gesetzgebungsverfahren auch die Einführung eines Straftatbestandes im Bereich "Kartellrecht" zur Diskussion: des Tatbestandes gegen den "Ausschreibungsbetrug". Pönalisiert werden soll durch diesen Tatbestand das Unterlaufen öffentlicher Ausschreibungen über Waren oder Leistungen durch geheimgehaltene Absprachen (sogenannte "Submissionsabsprachen") der Anbieter über die Konditionen ihrer Angebote.

3. Der bisherige Verlauf des Gesetzgebungsverfahrens

Ausgangspunkt des Gesetzgebungsprozesses zum 2. WiKG waren die Beratungen der "Sachverständigenkommission zur Bekämpfung der Wirtschaftskriminalität - Reform des Wirtschaftsstrafrechts", die, im Jahre 1972 vom Bundesminister der Justiz berufen, ihre Arbeiten 1978 abschloß. Der am 20.10.1978 vorgelegte 1. Referentenentwurf (RefE) eines 2. WiKG machte sich verschiedene Empfehlungen der Kommission zu eigen. Unter mehrfacher Überarbeitung wurde der RefE zum Regierungsentwurf (RegE) vom 4.6. 1982 fortentwickelt (22). Zusammen mit einer den RegE modifizierenden Stellungnahme des Bundesrates wurde dieser am 30.9. 1982 dem Bundestag zugeleitet. Nach Abbruch des Gesetzgebungsverfahrens durch den Regierungswechsel im Oktober 1982 und die Neuwahlen im März 1983 führte die neue Regierung den alten Regierungsentwurf am 8.4.1983 erneut dem Gesetzgebungsverfahren zu. Nachdem von den Ländern Hessen und Hamburg in den Bundesrat eingebrachte Ergänzungsentwürfe vom Plenum des Bundesrates zurückgewiesen worden waren, legten 11 SPD-Abgeordnete und die Fraktion der SPD dem Bundestag einen "Alternativentwurf" zum Regierungsentwurf vor. Beide Gesetzgebungsvorschläge befinden sich zur Zeit nach der 1. Lesung vom 29.9.1983 in den zuständigen Ausschüssen des Deutschen Bundestages (23).

Einer der am stärksten umstrittenen Tatbestände dieses Gesetzgebungsverfahrens ist der des "Ausschreibungsbetrugs" (§ 264a StGB-E). Während die Sachverständigenkommission in ihren Empfehlungen und das Bundesjustizministerium in seinen Referentenentwürfen - unter inhaltlicher Umgestaltung des Vorschlages der Sachverständigenkommission - die Einstellung des § 264a StGB-E in das zukünftige 2. WiKG vorsahen, verzichtete das Bundeskabinett in seinem Kabinettsbeschluß vom 2.6.1982 auf dessen Aufnahme in den Regierungsentwurf. Die von den Ländern Hessen und Hamburg nachfolgend vergeblich in den Bundesrat eingebrachten Ergänzungsentwürfe als auch der "Alternativentwurf" der SPD-Fraktion mach(t)en dagegen wiederum die Einführung des Ausschreibungsbetrugstatbestandes zu ihrem zentralen Anliegen.

Auf diesen, im Widerstreit der Meinungen und Interessen befindlichen Tatbestand werde ich im folgenden meine Darstellung konzentrieren.

4. Aktenanalyse: Die Methode der Datenerfassung

Im Rahmen unseres Forschungsvorhabens "Zur Genese strafrechtlicher Vorschriften des Zweiten Gesetzes zur Bekämpfung der Wirtschaftskriminalität. Eine empirische Studie über Entscheidungsstrukturen und Entscheidungsprozesse" wurde dem Projekt von Seiten eines führenden deutschen Wirtschaftsverbandes angeboten, Einblick in die zu diesem Gesetzesvorhaben in seinen Abteilungen "Recht" und "Wettbewerbsordnung" vorliegenden Akten zu nehmen. Bei der daraufhin von dem Verfasser bei diesem Wirtschaftsverband durchgeführten Aktenanalyse war zentraler Untersuchungsgegenstand der Prozeß der Einflußnahme von Verbänden auf die Willensbildung des Gesetzgebers in diesem Gesetzgebungsverfahren. Erfaßt wurden daher als Träger der Einflußmaßnahmen alle Arten von Kommunikations- und Informations-

strömen (z.B. Brief, Telefonat usw.) zwischen den Akteuren bzw.
den von ihnen verkörperten Institutionen mit deren auf den Prozeß der Beeinflussung bezogenem Inhalt (24).

Zur übersichtlichen Darstellung der Prozesse der Kommunikation
und Information während dieses Gesetzgebungsverfahrens wurden
Schaubilder in Form von Ablaufdiagrammen erstellt, in denen
als zentrale Größe die in den Akten verzeichneten Informationsströme mittels Pfeilen dargestellt werden. Für jede "Informa-
tionsübermittlungseinheit" wurden dazu - falls möglich - die
konkreten Beteiligten, die Richtung des Informationsflusses und
dessen genaue Datierung in dem Diagramm festgehalten. Die Handelnden selbst wurden den Kategorien "Zentral am Gesetzgebungsprozeß Beteiligte", "Mitglieder des ökonomischen Sektors" und
"Drittbeteiligte" zugeordnet.

Unter Punkt 5 sollen nunmehr Ausschnitte aus diesen Ablaufdiagrammen mit den auf den Prozeß der Beeinflussung bezogenen inhaltlichen Passagen vorgestellt werden.

5. Aktenanalyse: Die Kommunikations- und Informationsströme
   (Ausschnitte)

Die ausschnittartige Darstellung soll sich beschränken 1. auf
die Auseinandersetzung um eine strafrechtliche Erfassung von
Delikten im Bereich des Kartellrechts, speziell den Tatbestand
des Ausschreibungsbetrugs, 2. auf den Kommunikationsverlauf
innerhalb des "ökonomischen Sektors" und den zwischen diesem
Sektor und den zentral am Gesetzgebungsprozeß beteiligten Ministerien, 3. auf eine bestimmte Phase des Gesetzgebungsverfahrens, die man als die "Phase der Ministerialbürokratie" be-
zeichnen könnte. Diese setzte ein mit der Übersendung der Beschlüsse der "Sachverständigenkommission zur Bekämpfung der
Wirtschaftskriminalität" zum Deliktbereich "Verstöße gegen das
Kartellrecht" aus deren 10. Arbeitstagung (Oktober/November
1975) an das Bundesministerium der Justiz (BMJ). Sie endete
mit der Beschlußfassung des Bundeskabinetts über den Regierungsentwurf eines 2. WiKG im Juni 1982. Die "Phase der Ministerialbürokratie" kann wiederum mit Hilfe der vom Bundes-

justizministerium vorgelegten, verschiedenen Fassungen des Referentenentwurfs bzw. von Tatbeständen des Referentenentwurfs in Unterphasen untergliedert werden, denen Stufen des Abklärungsprozesses bezüglich des Inhalts des zukünftigen 2. WiKG entsprechen. Im Zusammenhang mit der Diskussion um den Tatbestand des Ausschreibungsbetruges sind insoweit 4 Unterphasen zu verzeichnen.

Unterphase 1: Von den Vorschlägen der Sachverständigenkommission zum 1. Referentenentwurf vom 20.10.1978 (vgl. Abb. 1)

Am 26.8.1976 übersandte der Ministerialbeamte des Bundes (MB) B (25)/Bundesjustizministerium dem Wirtschafts-Dachverband A (25) und weiteren (Mitglieds-)Verbänden die Beschlüsse der Sachverständigenkommission aus deren 10. Arbeitstagung mit der Aufforderung zur Abgabe einer schriftlichen Stellungnahme bis zum 15.11.1976. Dieses Schreiben leitete eine Phase hoher Aktivität im "ökonomischen Sektor" ein.

Am 14.9.1976 informierte Dr. M/Abt. Wettbewerbsordnung des Wirtschafts-Dachverbandes A den Ausschuß für Wettbewerbsordnung und die Mitgliedsverbände darüber, daß der Dachverband A beabsichtige, auf die Anfrage des Ministerialbeamten B eine ausführliche Antwort zu geben. "Wir stellen Ihnen anheim, eine eigene Stellungnahme abzugeben oder sich auf die Gesamtäußerung des (Dachverbandes A) zu beziehen ... Sollten Sie eine eigene Stellungnahme gegenüber dem BMJ früher abgeben, bitten wir um Zusendung einer Kopie" (26). Nachdem Dr. M in diesem Brief noch weiter ausgeführt hatte, daß es voraussichtlich auch zu einer gemeinsamen Stellungnahme der Spitzenverbände der gewerblichen Wirtschaft kommen werde, vermerkte er am 24.8.1976, daß die Spitzenverbände sich inzwischen darauf geeinigt hätten. "Der Text wird gemeinsam vom (Wirtschafts-Dachverband C) und uns ausgearbeitet". Den Strom der nun folgenden Anregungen, Meinungsäußerungen und Stellungnahmen eröffnete die an den Dachverband A gerichtete Bitte des Bauwirtschaftsverbandes 1 um Unterstützung seines Anliegens, beim Bundesjustizministerium eine Fristverlängerung für die Einreichung der Stellungnahme

Abb. 1

Ablaufaiagramm zur Unterphase 1:
Von den Vorschlägen der Sachverständigenkommission zum 1. RefE
vom 20.10.1978 (Ausschnitt)

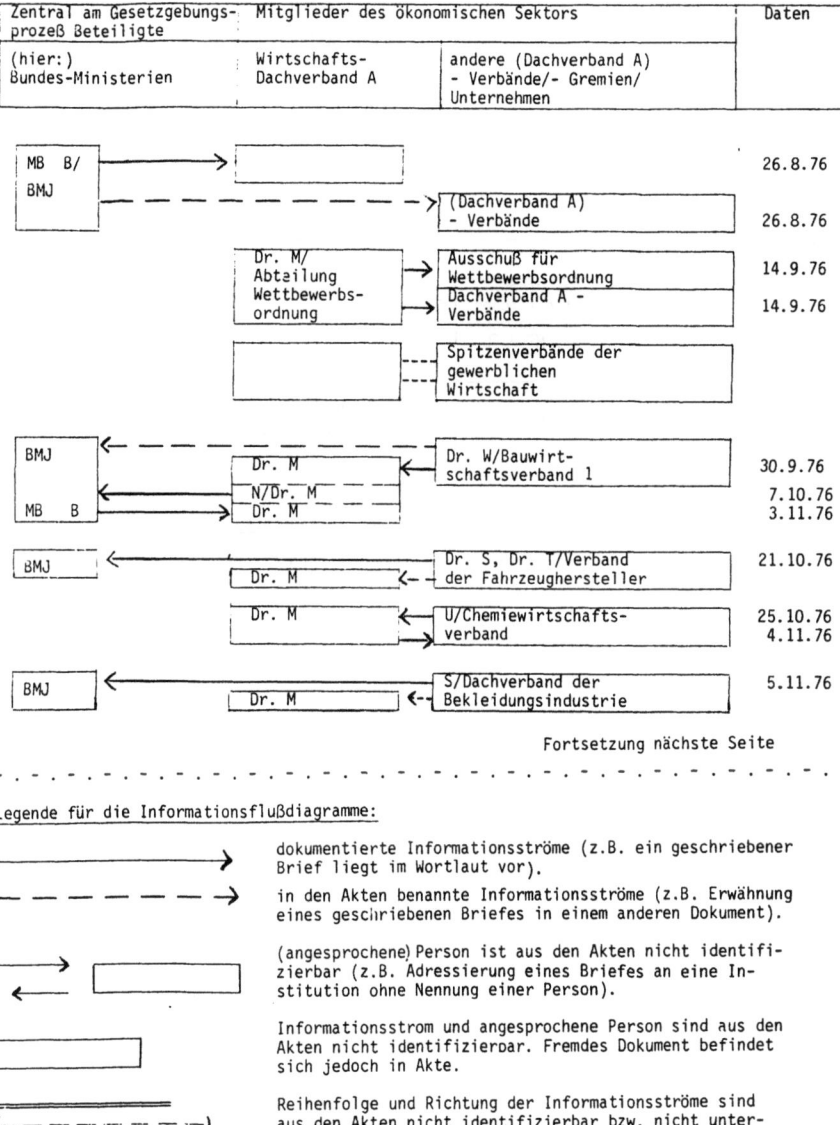

Zentral am Gesetzgebungs- prozeß Beteiligte	Mitglieder des ökonomischen Sektors		Daten
(hier:) Bundes-Ministerien	Wirtschafts- Dachverband A	andere (Dachverband A) - Verbände/- Gremien/ Unternehmen	

MB B/ BMJ ——→ [ ] 26.8.76

— — — — — — —→ (Dachverband A) - Verbände 26.8.76

Dr. M/ Abteilung Wettbewerbs- ordnung → Ausschuß für Wettbewerbsordnung 14.9.76

Dachverband A - Verbände 14.9.76

— — — Spitzenverbände der gewerblichen Wirtschaft

BMJ ←— — — Dr. M ←— Dr. W/Bauwirt- schaftsverband 1 30.9.76

N/Dr. M 7.10.76

MB B → Dr. M 3.11.76

BMJ ←— Dr. M ←— Dr. S, Dr. T/Verband der Fahrzeughersteller 21.10.76

Dr. M ←— U/Chemiewirtschafts- verband 25.10.76

→ 4.11.76

BMJ ←— Dr. M ←— S/Dachverband der Bekleidungsindustrie 5.11.76

Fortsetzung nächste Seite

Legende für die Informationsflußdiagramme:

——————→ dokumentierte Informationsströme (z.B. ein geschriebener Brief liegt im Wortlaut vor).

— — — — —→ in den Akten benannte Informationsströme (z.B. Erwähnung eines geschriebenen Briefes in einem anderen Dokument).

→ ← [ ] (angesprochene) Person ist aus den Akten nicht identifi- zierbar (z.B. Adressierung eines Briefes an eine In- stitution ohne Nennung einer Person).

[ ] Informationsstrom und angesprochene Person sind aus den Akten nicht identifizierbar. Fremdes Dokument befindet sich jedoch in Akte.

(— — — — — —) Reihenfolge und Richtung der Informationsströme sind aus den Akten nicht identifizierbar bzw. nicht unter- scheidbare Mehrfachkontakte.

Fortsetzung Abb. 1

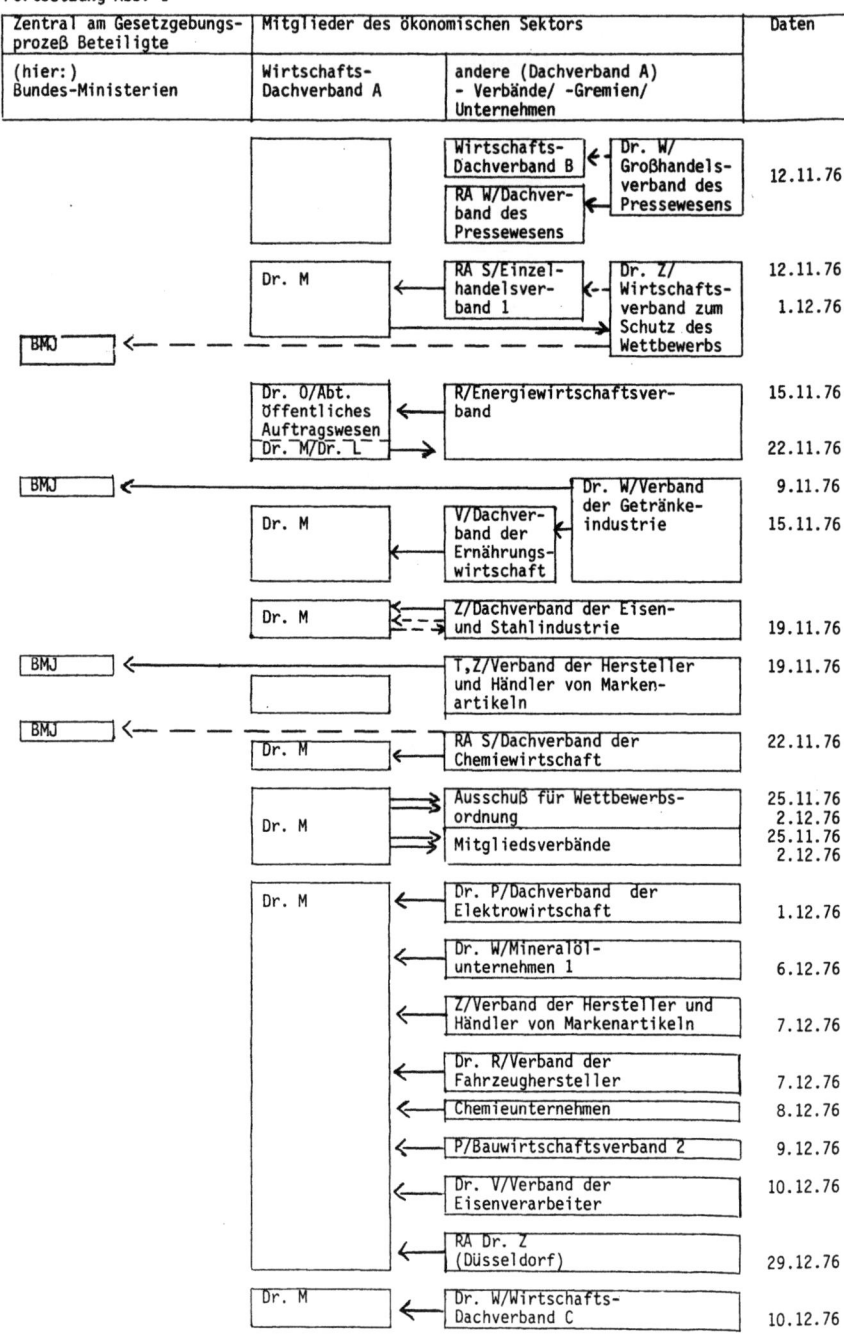

Zentral am Gesetzgebungs- prozeß Beteiligte	Mitglieder des ökonomischen Sektors		Daten
(hier:) Bundes-Ministerien	Wirtschafts- Dachverband A	andere (Dachverband A) - Verbände/ -Gremien/ Unternehmen	

Wirtschafts-Dachverband B ← Dr. W/ Großhandels-verband des Pressewesens — 12.11.76

RA W/Dachver-band des Pressewesens ←

Dr. M — RA S/Einzel-handelsver-band 1 ← Dr. Z/ Wirtschafts-verband zum Schutz des Wettbewerbs — 12.11.76 / 1.12.76

BMJ ←

Dr. O/Abt. Öffentliches Auftragswesen ← R/Energiewirtschaftsver-band — 15.11.76

Dr. M/Dr. L → — 22.11.76

BMJ ← Dr. W/Verband der Getränke-industrie — 9.11.76

Dr. M V/Dachver-band der Ernährungs-wirtschaft ← — 15.11.76

Dr. M Z/Dachverband der Eisen- und Stahlindustrie — 19.11.76

BMJ ← T,Z/Verband der Hersteller und Händler von Markenartikeln — 19.11.76

BMJ ← RA S/Dachverband der Chemiewirtschaft — 22.11.76

Dr. M Ausschuß für Wettbewerbs-ordnung — 25.11.76 / 2.12.76

Mitgliedsverbände — 25.11.76 / 2.12.76

Dr. M Dr. P/Dachverband der Elektrowirtschaft ← — 1.12.76

Dr. W/Mineralöl-unternehmen 1 ← — 6.12.76

Z/Verband der Hersteller und Händler von Markenartikeln ← — 7.12.76

Dr. R/Verband der Fahrzeughersteller ← — 7.12.76

Chemieunternehmen ← — 8.12.76

P/Bauwirtschaftsverband 2 ← — 9.12.76

Dr. V/Verband der Eisenverarbeiter ← — 10.12.76

RA Dr. Z (Düsseldorf) ← — 29.12.76

Dr. M Dr. W/Wirtschafts-Dachverband C ← — 10.12.76

Fortsetzung Abb. 1

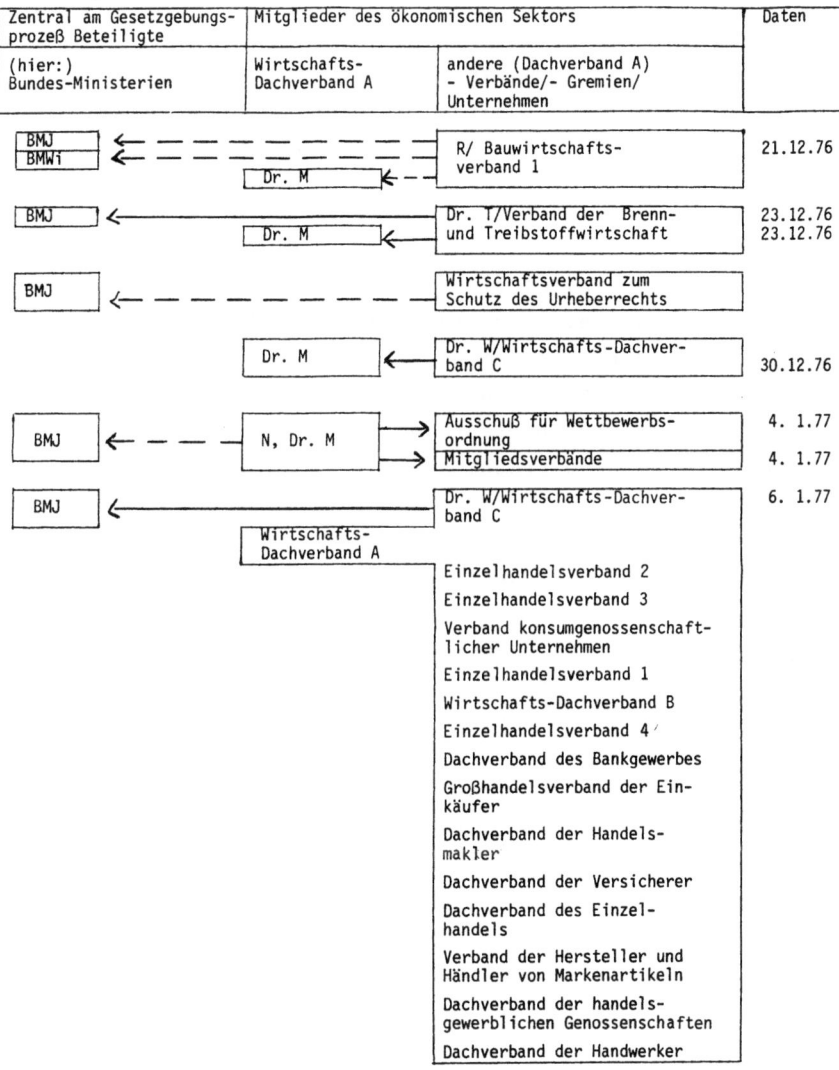

Zentral am Gesetzgebungsprozeß Beteiligte	Mitglieder des ökonomischen Sektors		Daten
(hier:) Bundes-Ministerien	Wirtschafts-Dachverband A	andere (Dachverband A) - Verbände/- Gremien/ Unternehmen	

BMJ BMWi	Dr. M	R/ Bauwirtschafts-verband 1	21.12.76
BMJ	Dr. M	Dr. T/Verband der Brenn- und Treibstoffwirtschaft	23.12.76 23.12.76
BMJ		Wirtschaftsverband zum Schutz des Urheberrechts	
	Dr. M	Dr. W/Wirtschafts-Dachverband C	30.12.76
BMJ	N, Dr. M	Ausschuß für Wettbewerbsordnung	4. 1.77
		Mitgliedsverbände	4. 1.77
BMJ		Dr. W/Wirtschafts-Dachverband C	6. 1.77
	Wirtschafts-Dachverband A	Einzelhandelsverband 2	
		Einzelhandelsverband 3	
		Verband konsumgenossenschaftlicher Unternehmen	
		Einzelhandelsverband 1	
		Wirtschafts-Dachverband B	
		Einzelhandelsverband 4	
		Dachverband des Bankgewerbes	
		Großhandelsverband der Einkäufer	
		Dachverband der Handelsmakler	
		Dachverband der Versicherer	
		Dachverband des Einzelhandels	
		Verband der Hersteller und Händler von Markenartikeln	
		Dachverband der handelsgewerblichen Genossenschaften	
		Dachverband der Handwerker	

zu erwirken. Gemeinsam erreichte man beim Ministerialbeamten B
schließlich eine Fristverlängerung bis Jahresende 1976 (Kommunikationsströme vom 30.9., 7.10., 3.11.1976).

Die erste inhaltliche Meinungsäußerung zu den Gesetzgebungs-
vorschlägen ging der Abteilung Wettbewerbsordnung des Dachverbandes A mit der schriftlichen Stellungnahme des Verbandes der
Fahrzeughersteller gegenüber dem Bundesjustizministerium vom
21.10.1976 zu. Inklusive dieser erreichten Dr. M in der Folgezeit - bis 22.11.1976 - 10 inhaltliche Stellungnahmen verschiedener Verbände, wobei es sich bei 6 von diesen um die von ihm
gewünschten Kopien eigener Stellungnahmen gegenüber dem BMJ
handelte. 4 weitere in dem Diagramm verzeichnete Verbände (27)
traten in diesem Stadium vorwiegend - neben kurzen, beigefügten
Statements - als Transporteure oder anderweitige Adressaten der
Informationsflüsse in Erscheinung.

Da nachfolgend (25.11.76 bis 29.12.76) an der Erörterung eines
von Dr. M versandten Entwurfs einer Stellungnahme des Dachverbandes A weitere 6 Verbände/Unternehmen/Personen erstmalig beteiligt waren und 3 dem Bundesjustizministerium zugesandte und
dem Wirtschafts-Dachverband A in Fotokopie zur Verfügung gestellte Stellungnahmen "neuer" Verbände ab 21.12.76 eintrafen,
nahmen bis zum Ende des Jahres 1976 aus dem "ökonomischen Sektor" - außer dem Wirtschafts-Dachverband A - 23 Personen/Ver-
bände/Unternehmen an der Diskussion um die Vorschläge der
Sachverständigenkommission teil. Von diesen hatten bereits 9
eigene, die Vorschläge ablehnende Stellungnahmen dem Bundesjustizministerium vorgelegt. Und in dem Anschreiben, mit dem
Dr. M am 4.1.1977 eine von ihm verfaßte, ausführliche Stellungnahme des Dachverbandes A dem Bundesministerium der
Justiz übermittelte, betonte er, daß die beiliegende Stellungnahme "auf eingehenden Beratungen mit unseren Mitgliedsverbänden" beruhe, die "in der Mehrzahl zur Vermeidung von Wiederholungen von einer eigenen Äußerung absehen" wollten.

Parallel zu dieser Entwicklung hatten sich in der Zwischenzeit
auch die Spitzenverbände der gewerblichen Wirtschaft auf den
Inhalt einer gemeinsamen Stellungnahme geeinigt (Versendung

von Entwürfen mit den Kommunikationsströmen vom 10.12. und
30.12.1976). Bei deren Einreichung beim Bundesjustizministerium trug sie die Unterschriften von 16 Verbänden (Kommunikati-
onsstrom vom 6.1.77).

Der weitere Verlauf des Jahres 1977 und das Jahr 1978 sind gekennzeichnet durch eine sehr geringe Anzahl von - dokumentierten oder benannten - Informationsströmen zum Problembereich
der strafrechtlichen Erfassung von Kartellrechtsverstößen.
Dieser Zeitraum entspricht, bezogen auf den Fortgang des Gesetzgebungsverfahrens, der Phase der Vorbereitung des 1. Refe-
rentenentwurfes im Bundesjustizministerium. Hinweise auf den
Informationsstand im Wirtschafts-Dachverband A in dieser Periode ergeben sich aus einem Brief der Abt. Wettbewerbsordnung
des Dachverbandes an Dr. W/Bauwirtschaftsverband 1 vom 13.10.
1977. In diesem macht Dr. M den Funktionär des Bauwirtschaftsverbandes auf die "Kleine Anfrage des SPD-Abgeordneten (G)
aufmerksam, in der auch die Submissionsabsprachen aufgeführt
sind. Es ist bemerkenswert, daß Staatssekretär Dr. (H) in seiner Antwort auf dieses Thema überhaupt nicht eingegangen ist.
Ich wage danach die Schlußfolgerung, daß auch die Kriminalisierung der Submissionsabsprachen einstweilen nicht auf der
Tagesordnung steht". Die Formulierung, daß "auch" die Kriminalisierung der Submissionsabsprachen einstweilen nicht auf der
Tagesordnung stehe, erscheint hier als Hinweis auf das Vorliegen eines umfassenderen Informationsstandes beim Wirtschafts-
Dachverband A als dies den ausgewerteten Akten zu entnehmen
war.

Am 22.10.1978 legte das Bundesministerium der Justiz einen 1.
Referentenentwurf eines 2. WiKG vor.

Unterphase 2: Vom 1. Referentenentwurf zur Neufassung des Tatbestandes des Ausschreibungsbetrugs vom 17.7.1979
(vgl. Abb. 2)

Am 22.12.1978 versandte die nunmehr federführend zuständige
Rechtsabteilung des Wirtschafts-Dachverbandes A den Referentenentwurf nach dessen Übermittlung durch das Bundesjustizministeri-

Abb. 2

Ablaufdiagramm zur Unterphase 2:

Vom 1. RefE zur Neufassung des Tatbestandes des
Ausschreibungsbetruges vom 17.7.1979 (Ausschnitt)

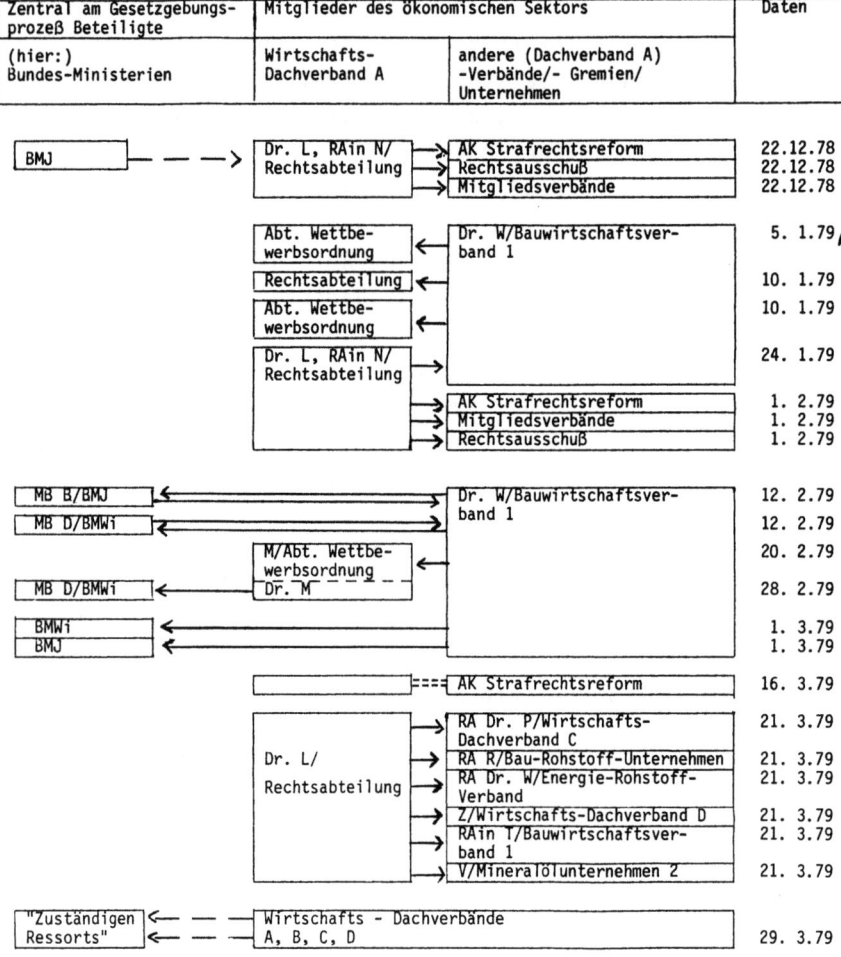

Zentral am Gesetzgebungs-prozeß Beteiligte	Mitglieder des ökonomischen Sektors		Daten
(hier:) Bundes-Ministerien	Wirtschafts-Dachverband A	andere (Dachverband A) -Verbände/- Gremien/ Unternehmen	
BMJ	Dr. L, RAin N/ Rechtsabteilung	AK Strafrechtsreform	22.12.78
		Rechtsausschuß	22.12.78
		Mitgliedsverbände	22.12.78
	Abt. Wettbe-werbsordnung	Dr. W/Bauwirtschaftsver-band 1	5. 1.79
	Rechtsabteilung		10. 1.79
	Abt. Wettbe-werbsordnung		10. 1.79
	Dr. L, RAin N/ Rechtsabteilung		24. 1.79
		AK Strafrechtsreform	1. 2.79
		Mitgliedsverbände	1. 2.79
		Rechtsausschuß	1. 2.79
MB B/BMJ		Dr. W/Bauwirtschaftsver-band 1	12. 2.79
MB D/BMWi			12. 2.79
	M/Abt. Wettbe-werbsordnung		20. 2.79
MB D/BMWi	Dr. M		28. 2.79
BMWi			1. 3.79
BMJ			1. 3.79
		AK Strafrechtsreform	16. 3.79
		RA Dr. P/Wirtschafts-Dachverband C	21. 3.79
	Dr. L/	RA R/Bau-Rohstoff-Unternehmen	21. 3.79
	Rechtsabteilung	RA Dr. W/Energie-Rohstoff-Verband	21. 3.79
		Z/Wirtschafts-Dachverband D	21. 3.79
		RAin T/Bauwirtschaftsver-band 1	21. 3.79
		V/Mineralölunternehmen Z	21. 3.79
"Zuständigen Ressorts"	Wirtschafts - Dachverbände A, B, C, D		29. 3.79

um an seinen Arbeitskreis Strafrechtsreform, seinen Rechtsausschuß und die Mitgliedsverbände. Von den umfassenden Empfehlungen der Sachverständigenkommission zum Kartellrecht hatte nur
ein Straftatbestand gegen Submissionsabsprachen - § 264a StGB-
RefE, "Ausschreibungsbetrug" - Eingang in den Entwurf gefunden.

In einem Telefonat vom 5.1.1979 machte Dr. W vom Bauwirtschaftsverband 1 die Abt. Wettbewerbsordnung des Dachverbandes A erstmalig auf diese neue Sachlage aufmerksam und richtete in 2
Schreiben vom 10.1.79 an diese und die Rechtsabteilung des
Dachverbandes A die Aufforderung, daß "ein Arbeitskreis der besonders betroffenen und interessierten Industriekreise kurzfristig einberufen wird, in dem die Art und Weise des Vorgehens
zur Verhinderung dieses Gesetzentwurfs erörtert wird", weil
"die geplante Einführung eines § 264a in das StGB unter allen
Umständen verhindert werden muß. ... Wir sind der Meinung, daß
hier keine Zeit verloren werden darf". In ihrem Antwortschreiben vom 24.1.79 an Dr. W wies die Rechtsabteilung darauf hin,
daß sie auf ihr Rundschreiben bis zu diesem Zeitpunkt keine
weiteren Zuschriften erhalten habe. In Befolgung des Vorschlages des Bauwirtschaftsverbandes 1, "den Entwurf insgesamt mit
Fachleuten zu erörtern", lud sie am 1.2.79 den Arbeitskreis
Strafrechtsreform, die Mitgliedsverbände und den Rechtsausschuß zu einer Sitzung zur mündlichen Erörterung des Referen-
tenentwurfes auf den 16.3.79 ein.

Am 12.2.1979 führte Dr. W vom Bauwirtschaftsverband 1 Gespräche
mit den Ministerialbeamten B/Bundesjustizministerium und D/Bun-
deswirtschaftsministerium. Insbesondere das Gespräch mit D, der
"für die von uns vorgetragenen Bedenken außerordentlich aufge-
schlossen" war, brachte wertvolle Hinweise für das weitere Vorgehen: "(D) hat darauf hingewiesen, daß es unbedingt erforderlich sei, das Vorgehen mit dem (Wirtschafts-Dachverband A) und
den übrigen Spitzenverbänden der Wirtschaft zu koordinieren.
Wir sollten weniger aus unserer branchenspezifischen Situation
heraus argumentieren, als uns vielmehr zusammen mit der gesamten Wirtschaft gegen den geplanten Einstieg in die Kriminalisierung des Kartellrechts aussprechen. ... Das BMWi wird etwa um den 15.3.79 eine Stellungnahme gegenüber dem BMJ abgeben.

Bis zu diesem Zeitpunkt müßte unsere Äußerung dem BMWi vorliegen. Ebenso sollte sich bis zu diesem Zeitpunkt der (Dachverband A) gegenüber dem BMWi geäußert haben". Den Dachverband A
bat Dr. W daraufhin am 20.2.79, "auf die übrigen Spitzenverbände, den (Wirtschafts-Dachverband C) und den (Dachverband
der Handwerker) einzuwirken, damit über diese Seiten die ablehnende Haltung des BMWi, wie auch von Herrn (D) uns gegenüber angeregt, wirksam flankiert wird". Am 28.2.79 brachte Dr.
M/Abt. Wettbewerbsordnung des Wirtschafts-Dachverbandes A dem
Ministerialbeamten D/Bundeswirtschaftsministerium "vorab einige grundsätzliche Bemerkungen aus wettbewerbspolitischer Sicht"
zum § 264a StGB-RefE zur Kenntnis, "die in einer überarbeiteten
und erweiterten Fassung in die Gesamtstellungnahme des (Dachverbandes A) zum Referentenentwurf aufgenommen wird", und am
1.3.79 übermittelte der Bauwirtschaftsverband 1 dem Bundeswirtschaftsministerium und dem Bundesjustizministerium eine umfassende Stellungnahme.

Nachdem am 16.3.79 der Arbeitskreis Strafrechtsreform getagt
hatte, übersandte Dr. L/Rechtsabteilung des Wirtschafts-Dachverbandes A am 21.3.79 unter Hinweis "auf unsere am 16. d. Mts.
getroffene Absprache ... die von den jeweils zuständigen Kollegen entworfenen Beiträge" für eine Gesamtstellungnahme von
Spitzenorganisationen der Wirtschaft zum Referentenentwurf. Zu
diesen Beiträgen gehörte u.a. die von Dr. M in seinem Schreiben vom 28.2.79 in Bezug genommene, erweiterte Fassung der
Stellungnahme der Abt. Wettbewerbsordnung des Dachverbandes A
zum § 264a StGB-RefE. Die aus den Beiträgen erstellte Gesamtstellungnahme der Wirtschafts-Dachverbände A, B, C und D wurde
am 29.3.79 "den zuständigen Ressorts" zugeleitet.

Weitere Kommunikations- und Informationsströme zum vorgeschlagenen Tatbestand des Ausschreibungsbetruges waren in den analysierten Akten zu dieser Unterphase 2 nicht mehr verzeichnet.
Die Unterphase 2 endete mit der Vorlage der überarbeiteten Fassung des Tatbestandes des Ausschreibungsbetruges vom 17.7.1979
durch das Bundesjustizministerium.

Unterphase 3: Von der Vorlage der Neufassung des Ausschreibungsbetrugstatbestandes zum Referentenentwurf
- Stand 1980 - (vgl. Abb. 3)

Erneute Aktivitäten des "ökonomischen Sektors" wurden durch
das Bekanntwerden der überarbeiteten Fassung des Tatbestandes
des Ausschreibungsbetruges vom 17.7.1979 ausgelöst.

Der Bauwirtschaftsverband 1, der dem Wirtschafts-Dachverband A
am 19.11.1979 die neueste Fassung des Gesetzgebungsvorschlages
des Bundesjustizministeriums übersandt und am 26.11.79 zusammen mit dem Bauwirtschaftsverband 3 bereits eine eigene Stellungnahme vorgelegt hatte, wandte sich mit Schreiben vom 10.12.
79 an seinen Ehrenpräsidenten und Vizepräsidenten des Wirtschafts-Dachverbandes A, Dr. V. Der Präsident des Bauwirtschaftsverbandes 1, Dr. X, bat darin den Vizepräsidenten des
Dachverbandes A, "diese Angelegenheit" - gemeint ist die Verhinderung der Realisierung des Gesetzgebungsvorschlags - "mit
allem Nachdruck im Präsidium des (Dachverbandes A) vorzutragen
und darauf hinzuweisen, daß der Präsident des (Dachverbandes)
bei den zuständigen Bundesministerien, insbesondere dem Bundesministerium der Justiz, die ablehnende Haltung der Industrie
darlegt". Am 14.12.79 teilte der Bauwirtschaftsverband 1 der
Abteilung Wettbewerbsordnung des Dachverbandes A mit, daß Dr. V
im Präsidium eine Initiative des Wirtschafts-Dachverbandes auf
höchster Ebene fordern werde. Daraufhin holte Dr. M/Abt. Wettbewerbsordnung bei Dr. N und RA O/Hauptgeschäftsführung des
Dachverbandes A die Erlaubnis ein, eine - am 20.12.79 abge-
sandte - Stellungnahme des Dachverbandes zum § 264a StGB-E vor
diesem Termin mit Dr. V im Präsidium dem Bundesjustizministerium und dem Bundeswirtschaftsministerium zugehen zu lassen. In
ihrem Antwortschreiben vom 8.1.1980 an Dr. T, Hauptgeschäftsführer des Bauwirtschaftsverbandes 1, der die Hauptgeschäftsführung des Dachverbandes A darum gebeten hatte, sich der Angelegenheit persönlich anzunehmen, wurde es von Dr. N und RA O
begrüßt, "wenn Herr Dr. (V) bei nächster Gelegenheit im Präsidium die Angelegenheit vortragen würde".

Abb. 3

Ablaufdiagramm zur Unterphase 3:

Von der Vorlage der Neufassung des Tatbestandes des
Ausschreibungsbetruges zum RefE - Stand 1980 - (Ausschnitt)

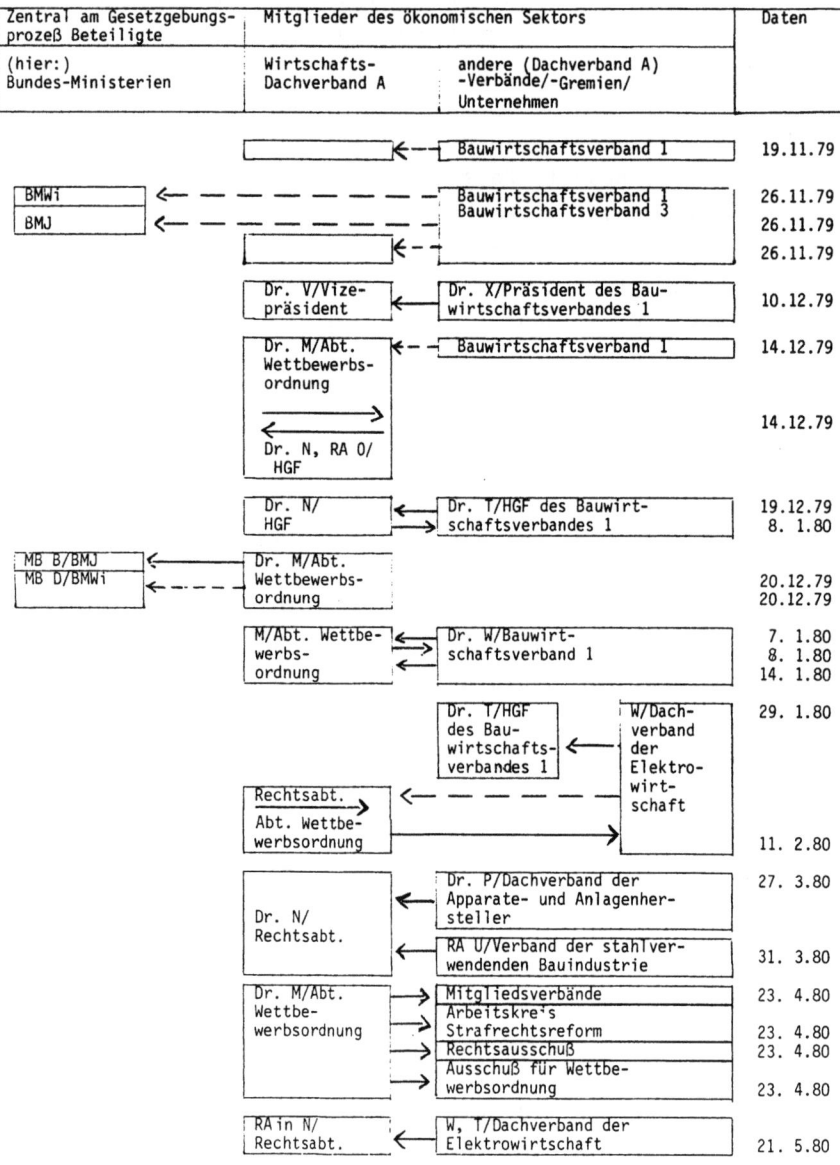

Zentral am Gesetzgebungs-prozeß Beteiligte	Mitglieder des ökonomischen Sektors		Daten
(hier:) Bundes-Ministerien	Wirtschafts-Dachverband A	andere (Dachverband A) -Verbände/-Gremien/ Unternehmen	
		Bauwirtschaftsverband 1	19.11.79
BMWi		Bauwirtschaftsverband 1	26.11.79
BMJ		Bauwirtschaftsverband 3	26.11.79
			26.11.79
	Dr. V/Vize-präsident	Dr. X/Präsident des Bau-wirtschaftsverbandes 1	10.12.79
	Dr. M/Abt. Wettbewerbs-ordnung	Bauwirtschaftsverband 1	14.12.79
	Dr. N, RA O/ HGF		14.12.79
	Dr. N/ HGF	Dr. T/HGF des Bauwirt-schaftsverbandes 1	19.12.79 8. 1.80
MB B/BMJ MB D/BMWi	Dr. M/Abt. Wettbewerbs-ordnung		20.12.79 20.12.79
	M/Abt. Wettbe-werbs-ordnung	Dr. W/Bauwirt-schaftsverband 1	7. 1.80 8. 1.80 14. 1.80
	Dr. T/HGF des Bau-wirtschaftsverbandes 1	W/Dach-verband der Elektro-wirt-schaft	29. 1.80
	Rechtsabt. Abt. Wettbe-werbsordnung		11. 2.80
	Dr. N/ Rechtsabt.	Dr. P/Dachverband der Apparate- und Anlagenher-steller	27. 3.80
		RA U/Verband der stahlver-wendenden Bauindustrie	31. 3.80
	Dr. M/Abt. Wettbe-werbsordnung	Mitgliedsverbände	23. 4.80
		Arbeitskreis Strafrechtsreform	23. 4.80
		Rechtsausschuß	23. 4.80
		Ausschuß für Wettbe-werbsordnung	23. 4.80
	RAin N/ Rechtsabt.	W, T/Dachverband der Elektrowirtschaft	21. 5.80

Fortsetzung nächste Seite

Fortsetzung Abb. 3

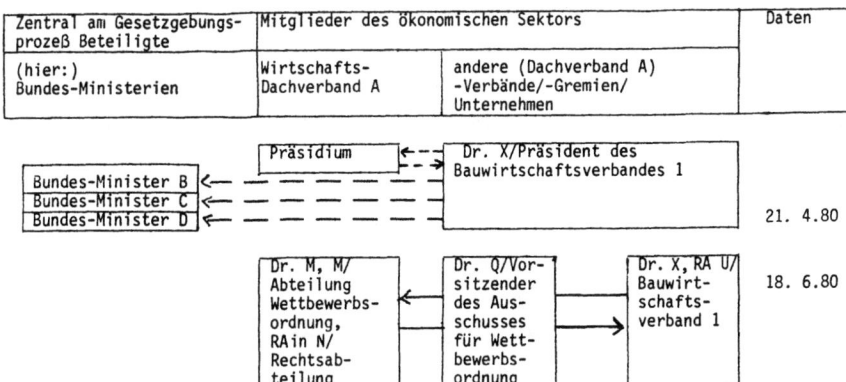

Zentral am Gesetzgebungs-prozeß Beteiligte	Mitglieder des ökonomischen Sektors		Daten
(hier:) Bundes-Ministerien	Wirtschafts-Dachverband A	andere (Dachverband A) -Verbände/-Gremien/ Unternehmen	

Bundes-Minister B
Bundes-Minister C
Bundes-Minister D

Präsidium

Dr. X/Präsident des Bauwirtschaftsverbandes 1

21. 4.80

Dr. M, M/ Abteilung Wettbewerbs-ordnung, RA in N/ Rechtsab-teilung

Dr. Q/Vor-sitzender des Aus-schusses für Wett-bewerbs-ordnung

Dr. X, RA U/ Bauwirt-schafts-verband 1

18. 6.80

Auch auf Abteilungsebene setzte sich der Informationsfluß zwischen dem Bauwirtschaftsverband 1 und dem Wirtschafts-Dachverband A fort (Kommunikationsströme vom 7.1., 8.1., 14.1.1980). Kennzeichnend für die Beteiligung weiterer Verbände an der nachfolgenden Diskussion im "ökonomischen Sektor" bezüglich § 264a StGB-E war aber der Inhalt eines Vermerks eines weiteren Mitarbeiters der Abt. Wettbewerbsordnung des Wirtschafts-Dachverbandes A vom 22.1.1980: "Leider haben sich die übrigen Mitgliedsverbände nicht interessiert gezeigt, wohl in der Annahme, daß "der Kelch an ihnen vorübergehe" und eine Kriminalisierung auf Submissionsabsprachen beschränkt bleiben werde. Das könnte sich als Trugschluß erweisen ... Die Mitgliedsverbände sollten dieser Entwicklung ihre gesteigerte Aufmerksamkeit schenken und uns in der Abwehr unterstützen".

In der Folgezeit (29.1. bis 31.3.1980) beteiligten sich neben dem Bauwirtschaftsverband 1 und dem Wirtschafts-Dachverband A lediglich drei weitere Verbände an den Erörterungen um den Tatbestand des Ausschreibungsbetruges, und nach dem offiziellen Versand der Neufassung des § 264a StGB-E durch Dr. M/Abt. Wettbewerbsordnung erreichte den Wirtschafts-Dachverband A nur ein an die Rechtsabteilung gerichtetes Schreiben des Dachverbandes der Elektrowirtschaft (23.4./21.5.80).

Am 18.6.1980 fand auf Verlangen von Dr. X, des Präsidenten des Bauwirtschaftsverbandes 1, eine Aussprache beim Wirtschafts-Dachverband A mit dem Vorsitzenden des Ausschusses für Wettbewerbsordnung, Dr. Q, und den Herren Dr. X, RA U vom Bauwirtschaftsverband 1 statt (28). Dr. X bedauerte es, daß "die Mehrzahl der Industrieverbände uninteressiert sei, wie er aus dem Echo zu seinen Ausführungen in der Präsidialsitzung des (Wirtschafts-Dachverbandes A) habe entnehmen müssen (Lachen von Herrn Dr. (Y))". Er, Dr. X, habe "mit den Ministern (B), (C) und (D) noch vor kurzer Zeit (mit (D) am 21.4.) Gespräche geführt". Er fordere nunmehr ein stärkeres politisches Engagement des Dachverbandes A. "Dr. (X) erwartet, daß nunmehr der (Wirtschafts-Dachverband A) auf höchster Ebene einer solchen Entwicklung im Vorfeld der Kabinettsvorlage entgegentritt". Dr. M wies darauf hin, "daß ein politischer Einsatz des (Wirt-

schafts-Dachverbandes A) auf höherer Ebene einen Konsens unserer Mitglieder über den hohen Rang dieses Themas voraussetze.
... Die Ebene der Verbandsreferenten sei unzureichend, um einen
solchen Konsens mit hinreichendem Gewicht herzustellen. Es wurde daher für notwendig angesehen, daß das Thema in einem Kreis
von Hauptgeschäftsführern unserer Mitgliedsverbände zu erörtern sei. Herr Dr. (X) wird eine entsprechende Bitte schrift-
lich an den (Wirtschafts-Dachverband A) richten. Auf dieser
Basis sollte dann geklärt werden, in welcher Weise der (Dachverband A) sich politisch einsetzt (z.B. Brief von Herrn Prof.
(P) an die 3 genannten Minister bzw. persönliches Gespräch)".

Diese, von Dr. X zu erstellende, schriftliche Bitte an den
Wirtschafts-Dachverband A blieb aber - wie Dr. M am 12.11.1980
vermerkte - im folgenden aus. Inzwischen hatte die Unterphase 3
durch die Vorlage eines weiteren, vollständigen Referentenent-
wurfes - Stand 1980 - und dessen Bekanntwerden im "ökonomischen
Sektor" ihr Ende gefunden. Im Referentenentwurf enthalten war
ein gegenüber der Fassung vom 17.7.1979 nur leicht revidierter
Tatbestand des Ausschreibungsbetrugs.

Unterphase 4: Vom Referentenentwurf - Stand 1980 - zum Kabi-
            nettsbeschluß vom 2.6.1982 (vgl. Abb. 4)

Am 29.10.1980 versandte die Rechtsabteilung des Dachverbandes A
an die Wirtschafts-Dachverbände B, C und D den Entwurf einer gemeinsamen Stellungnahme zu der inzwischen vom Bundesjustizministerium vorgelegten Neufassung des gesamten Referentenentwurfs
- Stand 1980 -. Diese "Ergänzende Stellungnahme", die sich
ebenfalls erneut kritisch mit dem in dem Referentenentwurf enthaltenen Tatbestand des Ausschreibungsbetruges auseinander-
setzte, wurde am 24.11.1980 dem Bundesministerium der Justiz
und "weiteren betroffenen Ministerien" zugeleitet.

Der Bauwirtschaftsverband 1, der durch Rundschreiben des Wirtschafts-Dachverbandes A vom 1.9.1980 an die Mitgliedsverbände
darüber unterrichtet worden war, daß beabsichtigt sei, sich
erneut mit einer Eingabe an das Bundesjustizministerium zu wenden, hatte dagegen für eine andere Vorgehensweise plädiert.

Abb. 4

Ablaufdiagramm zur Unterphase 4:

Vom RefE - Stand 1980 - zum Kabinettsbeschluß vom 2.6.1982 (Ausschnitt)

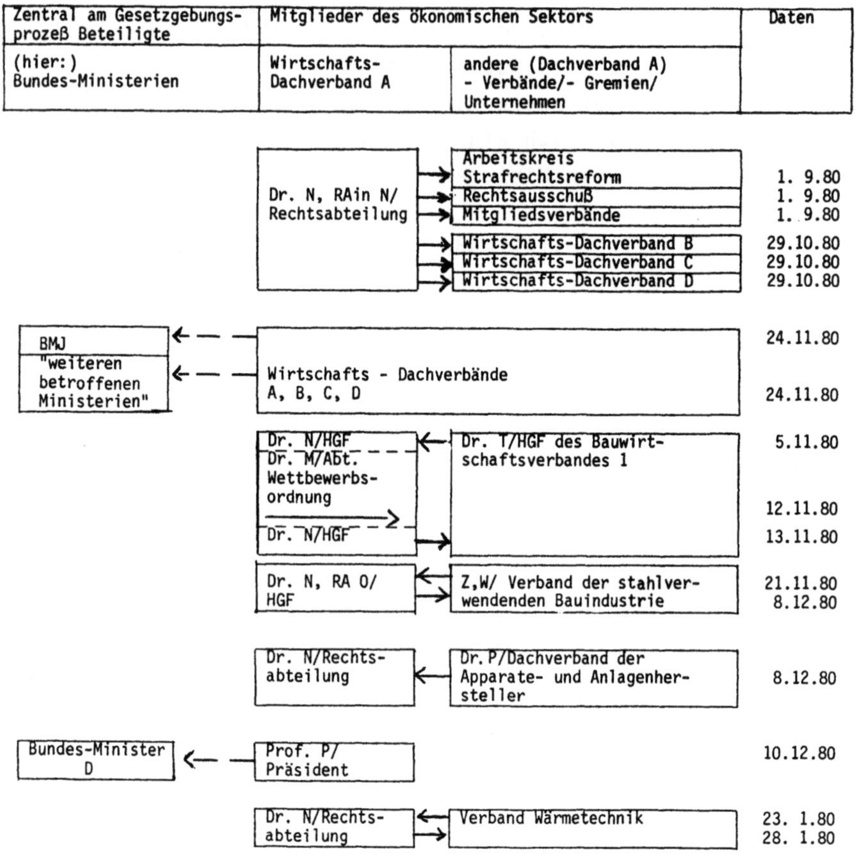

Zentral am Gesetzgebungs-prozeß Beteiligte	Mitglieder des ökonomischen Sektors		Daten
(hier:) Bundes-Ministerien	Wirtschafts-Dachverband A	andere (Dachverband A) - Verbände/- Gremien/ Unternehmen	

	Dr. N, RAin N/ Rechtsabteilung	→ Arbeitskreis Strafrechtsreform	1. 9.80
		→ Rechtsausschuß	1. 9.80
		→ Mitgliedsverbände	1. 9.80
		→ Wirtschafts-Dachverband B	29.10.80
		→ Wirtschafts-Dachverband C	29.10.80
		→ Wirtschafts-Dachverband D	29.10.80

| BMJ | ← | | 24.11.80 |
| "weiteren betroffenen Ministerien" | ← Wirtschafts - Dachverbände A, B, C, D | | 24.11.80 |

Dr. N/HGF Dr. M/Abt. Wettbewerbs-ordnung	← Dr. T/HGF des Bauwirt-schaftsverbandes 1	5.11.80
		12.11.80
Dr. N/HGF ⟩		13.11.80

| Dr. N, RA O/ HGF | ← Z,W/ Verband der stahlver-wendenden Bauindustrie → | 21.11.80 8.12.80 |

| Dr. N/Rechts-abteilung | ← Dr. P/Dachverband der Apparate- und Anlagenher-steller | 8.12.80 |

| Bundes-Minister D | ← Prof. P/ Präsident | 10.12.80 |

| Dr. N/Rechts-abteilung | ← Verband Wärmetechnik → | 23. 1.80 28. 1.80 |

Sein Hauptgeschäftsführer regte am 5.11.80 bei dem Hauptgeschäftsführer des Dachverbandes A an, "daß die ablehnende Haltung des (Wirtschafts-Dachverbandes A) den zuständigen Ministern persönlich vorgetragen" werden sollte. In einem Vermerk
an die Hauptgeschäftsführung des Dachverbandes A schlug Dr. M
von der Abt. Wettbewerbsordnung daraufhin zur Verbreiterung
der Basis der Befürwortung einer solchen politischen Initiative bei den Mitgliedsverbänden vor, einige Hauptgeschäftsführer
interessierter Verbände zu einem Gespräch einzuladen. "Ein Konsens über ein so kräftiges Vorgehen, wie es ein persönliches
Gespräch mit dem Justizminister darstellt, halten wir schon
deshalb für zweckmäßig, weil die Aussichten, den Minister umzu-
stimmen, praktisch gleich Null sind". In dem Antwortbrief der
Hauptgeschäftsführung an Dr. T/Bauwirtschaftsverband 1 wird
aber stattdessen angeführt: "Ich halte es für zweckmäßig, die
neue Legislaturperiode abzuwarten, um zu prüfen, ob das BMJ gegen den Widerstand des BMWi sein ursprüngliches Ziel weiter
verfolgt. Wir sollten dann zu gegebener Zeit darüber sprechen,
ob Gespräche mit den Ministern erfolgversprechend geführt werden können".

Nachträgliche Unterstützung fand der Vorschlag des Bauwirtschaftsverbandes 1, persönliche Gespräche mit den betreffenden
Ministern zu führen, in Schreiben des Verbandes der stahlver-
wendenden Bauindustrie und des Dachverbandes der Apparate- und
Anlagenhersteller. In ihrem Antwortschreiben vom 8.12.1980 an
den ersteren machte die Hauptgeschäftsführung des Wirtschafts-
Dachverbandes A darauf aufmerksam, daß ihr Präsident "im Rahmen eines persönlichen Gespräches mit dem Bundeswirtschaftsmi-
nister über aktuelle dringliche Fragen auch auf dieses Thema
eingehen" werde. In einem dieses Gespräch vorbereitenden Vermerk - ohne Datum, ohne Unterschrift - wurde empfohlen: "(D)
sollte gebeten werden, an seiner ablehnenden Haltung festzuhalten, und zwar auch gegenüber dem Bundesjustizminister".

Die Bedeutung der Situation zu Beginn der 9. Legislaturperio-
de ergibt sich aus einem Briefwechsel zwischen dem Verband
Wärmetechnik und dem Wirtschafts-Dachverband A im Januar 1981.
Auf die geäußerte Befürchtung des Verbandes Wärmetechnik, daß

die beabsichtigte Kriminalisierung des Kartellrechts "doch
noch das Kabinett und von dort aus die Legislative erreichen
könnte", antwortete Dr. N von der Rechtsabteilung des Dachverbandes: "Daß dieser Tatbestand als Teil des RefE demnächst im
Kabinett behandelt werden wird, ist absehbar und nicht mehr zu
verhindern. Im Kabinett wird es darauf ankommen, ob sich das
Bundeswirtschaftsministerium, das sich stets gegen diesen Tatbestand ausgesprochen hat, doch noch gegen das federführende
Justizministerium durchsetzen kann. Wie sich hier der neue
Justizminister (J) verhalten wird, läßt sich nicht vorhersagen".

Der Kabinettsbeschluß zu diesem Gesetzesvorhaben datiert vom
2.6.1982. In den Regierungsentwurf eines 2. Gesetzes zur Bekämpfung der Wirtschaftskriminalität wurde der von den Referentenentwürfen vorgeschlagene Tatbestand des Ausschreibungsbetruges nicht aufgenommen.

6. Die Struktur der Interessenwahrnehmung

Bei einer Analyse der Grundstrukturen der aufgezeigten Ablauf-
diagramme sind signifikante Unterschiede zwischen dem Ablaufdiagramm der Unterphase 1 (von den Vorschlägen der Sachverständigenkommission zum 1. Referentenentwurf) und den Ablaufdiagrammen der Unterphasen 2-4 (vom 1. Referentenentwurf bis
zum Kabinettsbeschluß) zu erkennen. Diese Unterschiede lassen
sich mit den Schlagworten "Einheitsfront" und "Einzelkampf"
kennzeichnen.

Unterphase 1: Das Auftreten der Wirtschaft als "Einheitsfront"

Die Sachverständigenkommission zur Bekämpfung der Wirtschaftskriminalität hatte neben einer strafrechtlichen Erfassung von
"Submissionsabsprachen und ähnlichen Verhaltensweisen" (29),
also des zukünftigen Tatbestandes des Ausschreibungsbetruges,
umfassende Kriminalisierungen auf dem Gebiet der Wettbewerbsbeschränkungen vorgeschlagen (30). Der ökonomische Sektor rea-
gierte als "Einheitsfront" (31). Er überhäufte das bearbeiten-
de Bundesjustizministerium mit Stellungnahmen aus den verschie-
densten Branchen, ließ seine Bedenken in einer umfangreichen

Stellungnahme von einem seiner führenden Wirtschafts-Dachverbände zusammenfassen und machte in einer branchenübergreifen-
den, gemeinsamen Stellungnahme von 16 Spitzenverbänden noch
einmal die geschlossen ablehnende Haltung der deutschen Wirtschaft deutlich. Kennzeichnend für diese Phase ist daher der
Verlauf der Kommunikations- und Informationslinien im Ablaufdiagramm von rechts nach links, von den (Mitglieds-)Verbänden
zum Wirtschafts-Dachverband A und nach außen zu den Entscheidern im "Gesetzgebungssektor".

In den 1. Referentenentwurf vom 20.10.1978 wurde von den Vorschlägen der Sachverständigenkommission bezüglich kartellrecht-
licher Verstöße lediglich ein Tatbestand des Ausschreibungsbetruges aufgenommen. Daß die massive Intervention der Wirtschaft
ursächlich war für die Nichtaufnahme der anderen, von der Sachverständigenkommission vorgeschlagenen Tatbestände, läßt sich anhand der Aktenanalyse zwar nicht beweisen, es ist aber davon auszugehen, daß sie zumindest eine bedeutende Rolle gespielt hat.

Unterphasen 2-4: Der "Einzelkampf" der Bauwirtschaft

Im Widerstand gegen den von den Vorschlägen der Sachverständigenkommission allein übriggebliebenen Tatbestand des Ausschreibungsbetruges mußte nunmehr die Bauwirtschaft, die die vorgeschlagene Kriminalisierung schon früher als gegen sich gerichtet interpretiert hatte und durch die alleinige Zitierung von
Bußgeldfestsetzungen des Bundeskartellamtes gegen die Baubranche in der Begründung des Referentenentwurfs zu diesem
Tatbestand (32) darin bestärkt wurde, eine führende und an-
treibende Rolle übernehmen, weil die übrigen Branchen der
Wirtschaft sich von diesem Tatbestand nicht in ihren Interessen bedroht fühlten. Nicht nur war die "Einheitsfront" der
Wirtschaft, die sich gegen die Gesamt-Vorschläge der Sachverständigenkommission gestemmt hatte, bezüglich dieses Tatbestandes nicht wieder herzustellen, sondern es war auch schwierig, überhaupt andere Verbände außerhalb der Baubranche für
diesen Abwehrkampf zu gewinnen. Speziell durch die Einbeziehung
der von der Abt. Wettbewerbsordnung des Wirtschafts-Dachverbandes A erstellten, ablehnenden Stellungnahmen zu diesem Tatbe-

stand in die jeweiligen gemeinsamen Stellungnahmen der vier
Wirtschafts-Dachverbände sollte nach außen der Eindruck gewahrt
werden, als stünde die Wirtschaft geschlossen gegen diesen Tatbestand (33). In Wirklichkeit spielte sich das weitere Geschehen vorwiegend als "Einzelkampf" der Bauwirtschaft ab, die sich
aber ständig auf der Suche nach Verbündeten für diesen Kampf
befand.

Nach der Vorlage des 1. Referentenentwurfs (Unterphase 2) lag
die Initiative bezüglich des Tatbestandes des Ausschreibungsbetrugs allein beim Bauwirtschaftsverband 1. Da nach einem In-
formationsaustausch mit dem Wirtschafts-Dachverband A offensichtlich war, daß von seiten der Wirtschaft vorerst keine zu-
friedenstellende Unterstützung seines Anliegens zu erwarten
war, suchte der Verband als neues Mittel der Einflußnahme das
persönliche Gespräch mit den zuständigen Ministerialbeamten im
Bundesjustizministerium und Bundeswirtschaftsministerium. Im
letzteren fand er zusätzlich einen Verbündeten. Dessen Hinweise
auf ein koordiniertes Vorgehen gegenüber dem Bundesjustizministerium wurden unter Einbezug des Wirtschafts-Dachverbandes A
umgehend in die Tat umgesetzt.

Zusammenfassend ist daher festzuhalten, daß die in dieser Unterphase im Ablaufdiagramm verzeichneten Kommunikations- und
Informationsströme zu den Entscheidern im "Gesetzgebungssektor"
vorwiegend auf Aktivitäten der Bauwirtschaft selbst oder zumindest mit auf ihrer Initiative beruhen. Die von rechts nach
links laufenden Pfeile zu den Entscheidern im Gesetzgebungsbe-
reich gehen nicht mehr von einer Vielzahl von Verbänden aus,
sondern es dominiert der Bauwirtschaftsverband 1 die Szene.

Nach der Vorlage der überarbeiteten Fassung des Tatbestandes
des Ausschreibungsbetruges vom 17.7.79 durch das Bundesjustizministerium (Unterphase 3) versuchte die Bauwirtschaft, dem
Kampf gegen diesen Tatbestand eine neue Qualität zu vermitteln.
Der Bauwirtschaftsverband 1 drängte den Wirtschafts-Dachverband A als führenden Verband der deutschen Wirtschaft zu einer
Initiative auf höchster Ebene. Offensichtlich in der Annahme,
daß Stellungnahmen der Abteilungsleiter nun nicht mehr genügten,

war die Bauwirtschaft bestrebt, die weitere Interessenwahrneh-
mung (auch) in die Hände des Präsidiums/Präsidenten des Wirtschafts-Dachverbandes A zu legen. Dementsprechend erweiterte
sich die Kommunikation im ökonomischen Sektor zwischen dem Bauwirtschaftsverband 1 und dem Wirtschafts-Dachverband A in diesem Stadium auch auf die Präsidiums- und Hauptgeschäftsführungs-
ebene.

Da es aber nicht genügen konnte, daß ein Verband einen politischen Einsatz auf höchster Ebene für seine Interessen wünschte,
war es für die Bauwirtschaft erforderlich, weitere Wirtschaftsverbände von der Notwendigkeit des Abwehrkampfes zu überzeugen
und diese für die Unterstützung ihres Anliegens zu gewinnen.
Lediglich drei weitere Verbände gaben aber gegenüber dem Wirtschafts-Dachverband A ihre Bedenken zum Tatbestand des Ausschreibungsbetrugs zum Ausdruck, und im Präsidium des Wirtschafts-Dachverbandes A stieß der Präsident des Bauwirtschaftsverbandes 1 auf wenig Gegenliebe. Eine von dem Dachverband A
angebotene weitere Initiative zur Gewinnung von Verbündeten
über eine Konferenz von Hauptgeschäftsführern anderer Verbände
wurde schließlich von dem Bauwirtschaftsverband selbst nicht
mehr wahrgenommen. Es verblieb insoweit bei seinen im Einzelkampf allein durchgeführten Beeinflussungsaktivitäten (u.a. Gespräche mit den Bundesministern B, C, D).

Kennzeichnend für diese Unterphase ist also, daß der "ökonomische Sektor" mehr mit sich selbst beschäftigt ist als mit Maßnahmen gegen diesen Gesetzgebungstatbestand. Diese scheitern
an dem Desinteresse und der mangelnden Solidarität des überwiegenden Teils der anderen Wirtschaftsverbände. Die Diskussion im
"ökonomischen Sektor" spiegelt sich im Ablaufdiagramm wider in
hin und her gehenden Kommunikations- und Informationsströmen,
in deren Mittelpunkt der Bauwirtschaftsverband 1 und der Wirtschafts-Dachverband A stehen.

Die Neufassung des Referentenentwurfs - Stand 1980 - (Unterphase 4) enthielt einen gegenüber der Fassung vom 17.7.79 fast
unveränderten Tatbestand des Ausschreibungsbetruges. Damit
setzte die Diskussion im ökonomischen Sektor über die richtige

Vorgehensweise gegen dieses Gesetzesvorhaben noch einmal ein
(Informationsströme 5.11.80 bis 8.12.80) (34).

Die Bauwirtschaft, der es angesichts der Gefahr, daß es bald
zu einem Kabinettsbeschluß mit anschließendem Oberleiten eines
Regierungsentwurfs mit einem Tatbestand des Ausschreibungsbetruges in den parlamentarischen Raum kommen könnte, nicht ge-
nügte, daß ein ablehnendes Votum erneut in eine gemeinsame
Stellungnahme der vier führenden Wirtschafts-Dachverbände aufgenommen werden sollte, drängte wiederum auf eine weitergehen-
de politische Initiative. Unter Offenlassen der zu entsenden-
den Personen schlug sie als neue Maßnahme vor, dem Wirtschafts-
und dem Justizminister persönlich die ablehnende Haltung vorzutragen. Aber einem persönlichen Gespräch speziell mit dem
Justizminister maß man beim Wirtschafts-Dachverband A eine solche Bedeutung zu, daß man auf eine Rückendeckung durch andere
Verbände nicht verzichten zu können glaubte (Abt. Wettbewerbsordnung) beziehungsweise hinhaltend taktierte (Hauptgeschäftsführung). Als aber die Position des Bauwirtschaftsverbandes 1
durch zwei weitere Verbände unterstützt wurde, fand man einen
Ausweg darin, daß das Thema "Ausschreibungsbetrugstatbestand"
in die Liste der Gesprächsthemen für ein unabhängig von diesem
Gesetzgebungsvorhaben vorgesehenen Treffen zwischen dem Präsidenten des Wirtschafts-Dachverbandes A und dem Bundeswirt-
schaftsminister aufgenommen wurde.

Aufgrund der erneut aufgeflammten Diskussion im ökonomischen
Sektor über die richtige Vorgehensweise entspricht die Struktur der Kommunikations- und Informationsflüsse in dieser Unterphase 4 der der Unterphase 3. Abweichend von jener, in der die
Bemühungen des Bauwirtschaftsverbandes erfolglos blieben, gab
hier der Wirtschafts-Dachverband A dem Drängen zum Teil nach
und wählte den für ihn, angesichts der Aufgeschlossenheit des
Bundeswirtschaftsministeriums für die Bedenken der Bauwirtschaft, unverfänglicheren Weg. Daß diese Maßnahme auch ausreichend war, zeigte sich im weiteren Verlauf des Gesetzgebungsverfahrens.

Als Fazit lassen sich nunmehr u.a. folgende Folgerungen aus diesem von uns analysierten (Einzel-)Fall ziehen:

1. Die Wirtschaftsverbände haben sich massiv an dem Gesetzgebungsverfahren beteiligt, als sie sich konkret in ihren Interessen bedroht wähnten. Das Auftreten der Wirtschaft als "Einheitsfront" wurde dadurch bedingt, daß viele Branchen die Situation in diesem Sinne interpretierten.

2. Die Wirtschaftsverbände haben sich nicht oder nur geringfügig (vertreten durch ihre Dachverbände) an diesem Gesetzgebungsverfahren beteiligt - obwohl es sich um eine Codifizierung auf einem ihren Tätigkeitsbereich regulierenden Rechtssektor (Wirtschaftsstrafrecht) handelte -, als sie keine konkrete Gefährdung ihrer Interessen durch diese Neuregelung sahen.

3. Der Bauwirtschaftsverband 1 hat seine Chancen, als Einzelverband und Einzelbranche der deutschen Wirtschaft auf den Gesetzgebungsprozeß Einfluß nehmen zu können - und damit sein diesbezügliches Machtpotential -, offensichtlich als möglicherweise nicht ausreichend angesehen. Zu dessen Erhöhung glaubte er, zusätzliche Koalitionäre finden zu müssen. Da er dem die Industrie insgesamt repräsentierenden Wirtschafts-Dachverband A ein vergleichsweise höheres Machtpotential zusprach, versuchte er, insbesondere diesen als Verbündeten zu gewinnen.

4. Es deutet aber vieles darauf hin, daß der Bauwirtschaft der entscheidende Machtzugewinn bei der Verfolgung ihres Zieles, die Aufnahme eines Tatbestandes des Ausschreibungsbetruges in den Regierungsentwurf zu verhindern, gelang, indem das Bundeswirtschaftsministerium als "entscheidender" Verbündeter im "Gesetzgebungssektor" für ihre ablehnende Haltung gewonnen werden konnte.

- 232 -

Anmerkungen

(*) Dieser Beitrag ist aus dem gleichen Forschungsprojekt hervorgegangen, aus dem auch J. Savelsberg in diesem Band berichtet (siehe Anm. (*) im Beitrag von Savelsberg). Meine Ausführungen sind gestützt auf eine Archivarbeit bei einem Dachverband der deutschen Wirtschaft. Ich danke den Vertretern dieses Verbandes für die außerordentliche Offenheit, mit der sie mir den Zugang zu ihren Archiven ermöglicht haben. Aus Gründen des Informationsschutzes haben wir alle Namen von Personen, Verbänden und Unternehmen anonymisiert. U. E. schränkt dies den Aussagewert unserer Ergebnisse in keiner Weise ein, da wir auf eine generalisierende soziologische Analyse abzielen.

(1) Vgl. J. J. Savelsberg in diesem Band.

(2) Vgl. H. Haferkamp, H.-G. Heiland (1984).

(3) Ebenda, S. 71.

(4) Vgl. W. J. Chambliss (1964); A. Hopkins (1975); G. M. Sykes (1974).

(5) Vgl. z. B. R. Quinney (1970).

(6) Vgl. K. F. Schumann (1974).

(7) Vgl. zu diesen Positionen mit Literaturhinweisen H. Haferkamp (1980), S. 80-91.

(8) Vgl. P. Waldmann (1979).

(9) Vgl. dazu auch W. G. Carson (1974), der die Existenz solcher Normen als (scheinbare) Widerlegung des Konflikt/ Macht-Modells diskutiert.

(10) Vgl. J. Hagan, J. Leon (1977).

(11) Vgl. J. Hagan (1980).

(12) Vgl. zu der u. E. aber nur begrenzten Repräsentativität dieser Fallstudien aufgrund ihrer Beschränkung auf spezielle Deliktsbereiche J. J. Savelsberg in diesem Band.

(13) Vgl. H. Haferkamp (1980), S. 82.

(14) Eine Zusammenstellung dieser Untersuchungen ist zu finden bei P. Schindler (1981).

(15) Vgl. E. H. M. Lange (1975).

(16) Vgl. R. Fritz (1964).

(17) Vgl. V. G. von Bethusy-Huc (1962).

(18) Vgl. P. A. Philipp (1974).

- 233 -

(19) Vgl. R. Robert (1976).

(20) Vgl. W. Jäckering (1977).

(21) Vgl. zu diesem Punkt die Zusammenfassung von P. A. Philipp (1974), S. 206.

(22) Vgl. dazu im einzelnen unter 5. in diesem Beitrag.

(23) Ausführliche Darstellung des bisherigen Verlaufs des Gesetzgebungsverfahrens in J. J. Savelsberg, P. Brühl, C. Lüdemann (im Erscheinen).

(24) Zur hohen Bedeutsamkeit von Kommunikationsprozessen für das Ergebnis von Entscheidungsprozessen vgl. J. J. Savelsberg in diesem Band.

(25) Die Namen der beteiligten Akteure, Verbände und Unternehmen wurden anonymisiert (zu den Gründen vgl. (*)).

(26) Die im folgenden zitierten Unterlagen (Schreiben, Vermerke) wurden bei unserer Akten- und Archivanalyse bei dem Dachverband der deutschen Wirtschaft erfaßt.

(27) Vgl. Abb. 1, Kommunikationsströme vom 12.11.76, 9./15.11.76. Bei der Stellungnahme des Großhandelsverbandes des Pressewesens (12.11.76) war den Akten nicht zu entnehmen, ob der Wirtschafts-Dachverband B oder der Dachverband des Pressewesens diese an den Wirtschafts-Dachverband A weitergeleitet hat (vgl. auch 19.11.76, wo ebenfalls die Übermittlung der in den Akten vorgefundenen Stellungnahme nicht dokumentiert oder benannt war).

(28) Über den Inhalt des Gesprächs erstellte Dr. M/Abt. Wettbewerbsordnung des Dachverbandes A am 20.6.80 einen Vermerk, aus dem im folgenden zitiert wird.

(29) Vgl. Bundesministerium der Justiz (1976), S. 69 ff.

(30) Ebenda, S. 13 ff.

(31) Vgl. R. Lautmann (1980).

(32) Vgl. Referentenentwurf eines Zweiten Gesetzes zur Bekämpfung der Wirtschaftskriminalität (2. WiKG), Stand: 20. Oktober 1978, S. 59.

(33) Vgl. die Kommunikationsströme 16.3.79 bis 29.3.79 (Abb. 2) und 1.9.80 bis 24.11.80 (Abb. 4).

(34) Vgl. Abb. 4.

Literaturverzeichnis

BETHUSY-HUC, Viola Gräfin von (1962): Demokratie und Interessenpolitik, Wiesbaden

BUNDESMINISTERIUM DER JUSTIZ (Hrsg.) (1976): Sachverständigenkommission zur Bekämpfung der Wirtschaftskriminalität, Tagungsberichte, X. Band, Bonn

CARSON, Wesley G. (1974): The Sociology of Crime and the Emergence of Criminal Laws. In: Paul Rock und Mary McIntosh (Hrsg.), Deviance and Social Control, London, S. 67-90

CHAMBLISS, William J. (1964): A Sociological Analysis of the Law of Vagrancy, Social Problems 2, S. 67-77

FRITZ, Rudolf (1964): Der Einfluß der Parteien und Geschädigtenverbände auf die Schadensfeststellung im Lastenausgleich, Diss., Berlin

HAFERKAMP, Hans (1980): Herrschaft und Strafrecht. Theorien der Normentstehung und Strafrechtsetzung, Opladen

HAFERKAMP, Hans/Hans-Günther HEILAND (1984): Herrschaftsverfall und Machtrückgewinn. Zur Erklärung von Paradoxien des Wohlfahrtsstaates. In: H. Haferkamp (Hrsg.), Wohlfahrtsstaat und soziale Probleme, Opladen, S. 60-104

HAGAN, John (1980): The Legislation of Crime and Delinquency. A Review of Theory, Method and Research, Law and Society Review 14, S. 603-628

HAGAN, John/Jeffrey LEON (1977): Rediscovering Delinquency: Social History, Political Ideology and the Sociology of Law, American Sociological Review, Vol. 42 (August), S. 587-598

HOPKINS, Andrew (1975): On the Sociology of Criminal Law, Social Problems 22, S. 608-619

JÄCKERING, Werner (1977): Die politischen Auseinandersetzungen um die Novellierung des Gesetzes gegen Wettbewerbsbeschränkungen (GWB), Berlin

LANGE, Erhard H. M. (1975): Wahlrecht und Innenpolitik. Entstehungsgeschichte und Analyse der Wahlgesetzgebung und Wahlrechtsdiskussion im westlichen Nachkriegsdeutschland 1945-1956, Meisenheim am Glan

LAUTMANN, Rüdiger (1980): Die institutionellen Bedingungen der Gesetzgebung. In: F. Rotter, G. Dux und R. Lautmann (Hrsg.), Rechtssoziologie Examinatorium, Heidelberg, S. 131-142

PHILIPP, Peter Alexander (1974): Die Offenlegung des Einflusses von Interessenverbänden auf die Staatswillensbildung in der BRD. Vier Fallstudien zum Wettbewerbsrecht, Diss., Bonn

QUINNEY, Richard (1970): The Social Reality of Crime, Boston

ROBERT, Rüdiger (1976): Konzentrationspolitik in der Bundesrepublik. Das Beispiel der Entstehung des Gesetzes gegen Wettbewerbsbeschränkungen, Berlin

SAVELSBERG, Joachim/Peter BRÜHL/Christian LÜDEMANN (im Erscheinen): Genese des Zweiten Gesetzes zur Bekämpfung der Wirtschaftskriminalität, erste Ergebnisse einer empirischen Untersuchung. In: K. Liebl(Hrsg.), Internationale Forschungsergebnisse auf dem Gebiet der Wirtschaftskriminalität, Pfaffenweiler

SCHINDLER, Peter (1981): Einzelfallstudien zum Zustandekommen von Bundesgesetzen, Zeitschrift für Parlamentsfragen 3/81, S. 451-454

SCHUMANN, Karl F. (1974): Gegenstand und Erkenntnisinteressen einer konflikttheoretischen Kriminologie. In: Arbeitskreis Junger Kriminologen (Hrsg.), Kritische Kriminologie, München, S. 69-84

SYKES, Gresham M. (1974): The Rise of Critical Criminology, The Journal of Criminal Law and Criminology, Bd. 65, Nr. 2, S. 206-213

WALDMANN, Peter (1979): Zur Genese von Strafrechtsnormen, Kriminologisches Journal 2, S. 102-123

ÖFFENTLICHKEIT, KRIMINALPOLITIK UND STRAFRECHTSANWENDUNG -
ZUR GENESE UND IMPLEMENTATION EINES GESETZES ZUR STRAFAUS-
SETZUNG FÜR 'LEBENSLÄNGLICHE'*

Christian Lüdemann

1. Einleitung

Bei grundlegenden kriminalpolitischen Entscheidungen wie der
Abschaffung der Todesstrafe und der Reform der lebenslangen
Freiheitsstrafe geht es immer und nicht zuletzt um die Frage,
inwieweit der Staat sein Gewalt- und Strafmonopol gegenüber
dem Individuum ausdehnt bzw. einschränkt und in welchem Ausmaß sich der Staat in Gestalt des Gesetzgebers dabei von der
Mehrheitsauffassung innerhalb der Bevölkerung leiten läßt. Im
folgenden wollen wir versuchen, die Beziehungen zwischen kriminalpolitischen Entscheidungen, der jeweiligen Rechtsauffassung in der Bevölkerung und Implementationsproblemen zu analysieren und zu erklären.

Im zweiten Abschnitt werden wir zunächst die einzelnen Bestandteile der neuen strafrechtlichen Regelung zur Strafaussetzung für 'Lebenslängliche' kurz vorstellen und die Bedeutung dieses neuen Gesetzes erläutern. Der dritte Abschnitt
befaßt sich mit Milderungen und Verschärfungen des Strafrechts, die sich auf die Bedingungen der Verhängung und des
Vollzugs der lebenslangen Freiheitsstrafe beziehen. In einem
vierten Abschnitt zeigen wir, daß die Abschaffung der Todesstrafe in der Bundesrepublik, England und Frankreich jeweils
gegen die mehrheitliche Rechtsauffassung der Bevölkerung beschlossen wurde. Der fünfte Abschnitt thematisiert den immerwiederkehrenden Ruf nach der Todesstrafe, die Entwicklung der
Einstellung innerhalb der Bevölkerung gegenüber dieser Strafe
und formuliert ein Mehrvariablenmodell zur Erklärung der Ein-

stellung. Im sechsten Abschnitt widmen wir uns dem Einfluß
der Öffentlichkeit auf das Gesetzgebungsverfahren zum § 57a
StGB. Der letzte und siebte Abschnitt ist schließlich der
Diskussion von drei Problemen vorbehalten, die sich bei der
Implementation und Anwendung dieses neuen Gesetzes ergeben.

2. Die neue strafrechtliche Regelung zur Strafrestaussetzung bei 'Lebenslänglichen' (§ 57a StGB)

Das 20. Strafrechtsänderungsgesetz vom 8.12.81 stellt die Möglichkeit der Aussetzung des Strafrestes bei lebenslanger Freiheitsstrafe auf eine gesetzliche Grundlage. Mit dieser Einbeziehung der lebenslangen Freiheitsstrafe in das System der bedingten Entlassung wurde die immerwiederkehrende kriminalpolitische Forderung nach einer Reform dieser Strafe endlich ein-
gelöst (1).

Die lebenslange Freiheitsstrafe (2), die durch die Abschaffung
der Todesstrafe im Jahr 1949 zur schärfsten Strafsanktion im
Strafrecht der Bundesrepublik wurde (3), konnte bis 1982 nur
im Rahmen von Gnadenverfahren (4) ausgesetzt werden. Eine vorzeitige Entlassung aus der Strafhaft bei lebenslanger Freiheitsstrafe war also im Gegensatz zur zeitigen Freiheitsstrafe
bis zur Einführung des § 57a StGB (5) gesetzlich nicht geregelt. Dem Wesen der Gnade entsprechend hatte der zu lebenslanger Freiheitsstrafe Verurteilte keinen rechtlichen Anspruch
darauf, vorzeitig entlassen zu werden. Das 1982 in Kraft getretene Gesetz (§ 57a StGB) ermöglicht es, zusätzlich zur
Gnadenlösung, die durch dieses Gesetz nicht ersetzt werden
soll, die Vollstreckung des Restes einer lebenslangen Freiheitsstrafe zur Bewährung auszusetzen (6), wenn (7):

- 15 Jahre der Strafe bereits verbüßt sind
  (Mindestverbüßungsdauer)
- nicht die besondere Schwere der Schuld
  die weitere Vollstreckung gebietet
  (Schuldschwere-Klausel)
- verantwortet werden kann, zu erproben, ob
  der Verurteilte außerhalb des Strafvollzugs
  keine Straftaten mehr begehen wird
  (Prognose-Klausel)

- der Verurteilte einwilligt
  (Einwilligungs-Klausel)

Auch wenn der Kreis der von diesem neuen Gesetz Betroffenen
relativ klein ist (8), darf der hohe Symbolwert der lebenslangen Freiheitsstrafe und eines Gesetzes, das deren Aussetzung regelt, nicht unterschätzt werden. Die lebenslange Freiheitsstrafe hat mit der Einführung einer gesetzlich fixierten
Chance, bedingt entlassen zu werden, endgültig den Charakter
einer Eliminationsstrafe verloren. Die Einführung dieser gesetzlich verankerten Möglichkeit einer Strafrestaussetzung
bedeutet also in letzter Konsequenz eine Milderung dieser
schärfsten deutschen strafrechtlichen Sanktion.

3. Verschärfende und mildernde strafrechtliche Änderungen,
   die Vollzug und Verhängung der lebenslangen Freiheitsstrafe betreffen

In diesem Abschnitt wollen wir auf zwei gegensätzliche gesetzgeberische Entscheidungen hinweisen, die von nicht zu
unterschätzender Bedeutung für Verhängung und Vollzug der
lebenslangen Freiheitsstrafe sind. Dabei zeigt sich, daß die
eine legislative Entscheidung (Aufhebung der Mordverjährung)
eher verschärfende, die andere Entscheidung (Einführung des
Strafvollzugsgesetzes) eher mildernde Züge trägt.

Eine strafrechtliche Änderung, die gezielt die Gruppe der NS-
Gewalttäter im Auge hatte, bestand in der 1979 eingeführten
Aufhebung der (Verfolgungs-)Verjährung für Mord (§ 78 Abs. 2
StGB), d.h. für jenes Delikt, für das das Strafrecht (§ 211
StGB) die lebenslange Freiheitsstrafe als Sanktion vorsieht
(9). Diese legislative Entscheidung, die durch das 16. Straf-
rechtsänderungsgesetz vom 16.7.1979 eingeführt wurde, stellt
nun eindeutig keine Milderung, sondern eine Verschärfung des
Strafrechts dar. Mit der Aufhebung der Verjährungsfrist woll-
te der Gesetzgeber damals verhindern, daß die Verfolgung von
NS-Morden am 31.12.1979 nach 30-jähriger Frist verjährte (10).
Diese gesetzgeberische Entscheidung, der eine heftige öffentliche Diskussion vorausgegangen war, orientierte sich dabei an

dem Gedanken, daß die Länge der Verjährungsfrist von der Schwere des Unrechts- und Schuldgehalts der Tat abhängig ist und daß Mord als schwerste Form strafrechtlichen Unrechts daher unverjährbar sein sollte.

Als Milderung und Entschärfung muß dagegen das am 1.1.1977 in Kraft getretene Strafvollzugsgesetz (StVollzG) für 'Lebenslängliche' interpretiert werden, das das Vollzugsziel der Resozialisierung auch für 'Lebenslängliche' formuliert. Durch das neue StVollzG sollte auch der Vollzug der lebenslangen Freiheitsstrafe in das Behandlungssystem einbezogen werden. Bis zum StVollzG diente der Vollzug bei 'Lebenslänglichen' nur der Sicherung und Sühne (11). Das StVollzG enthält nun eine Reihe von Regelungen (Angleichung des Vollzugslebens an die Lebensverhältnisse in Freiheit, Urlaubsregelung, Überweisung in den offenen Vollzug, Entgegenwirken schädlicher Vollzugsfolgen, Förderung von Außenkontakten, Entlassungsvorbereitung), die auch und vielleicht gerade für 'Lebenslängliche' von großer existenzieller Bedeutung sind. Dieses Gesetz orientiert damit auch die Behandlung und den Vollzug 'Lebenslänglicher' am Gedanken der Wiedereingliederung des Verurteilten und ist insofern ein deutliches Zeugnis humaner und fortschrittlicher Kriminalpolitik in der Bundesrepublik.

4. Sanktionsverzicht gegen den Mehrheitswillen der Bevölkerung: Die Abschaffung der Todesstrafe

Die Abschaffung der höchsten Strafsanktion - der Todesstrafe (12) - in der Bundesrepublik liegt nun fast 35 Jahre zurück. Seit Inkrafttreten des Grundgesetzes am 24.5.1949 ist die Todesstrafe in der Bundesrepublik ohne jede Einschränkung abgeschafft. In der entscheidenden Abstimmung im Parlamentarischen Rat stimmte damals die Mehrheit der Abgeordneten für die Abschaffung der Todesstrafe. Dagegen stimmten nur vier FDP-Mitglieder und einige CDU-Abgeordnete, unter ihnen übrigens der spätere Bundeskanzler Adenauer (13). Die überwältigende Mehrheit der Bevölkerung - nämlich 74 % - war jedoch im März 1949, d.h. vor der Schlußabstimmung im Parlamentarischen Rat, noch

<u>für</u> die Beibehaltung der <u>Todesstrafe</u> (14). Auch ein gutes Jahr
später, im Juli 1950, waren es immer noch 55 % der Bevölkerung,
die für diese Strafe votierten (15). Die Abschaffung dieser
schärfsten strafrechtlichen Sanktion fand also gewissermaßen
<u>gegen</u> die Mehrheitsauffassung der Bevölkerung statt (16).

Daß die Abschaffung dieser Strafe auch bei unseren größeren
Nachbarn gegen eine breite Mehrheitsauffassung innerhalb der
Bevölkerung stattgefunden hat, zeigt ein kurzer Blick in die
Strafrechtshistorie Englands und Frankreichs.

So war in <u>England</u> z.B. die Todesstrafe erst 1957 auf spezifische Mordtaten beschränkt worden. Im Jahre 1965 billigten das
Ober- und Unterhaus die Abschaffung der Todesstrafe durch ein
Gesetz, das bis zum 31.7.1970 Geltung hatte. 1969 beschloß
dann das britische Unterhaus die Abschaffung dieser Strafe in
Großbritannien auf unbestimmte Zeit, obwohl <u>84 %</u> der Leser
bei einer Leserumfrage des 'Daily Express', einer großen englischen Tageszeitung, noch <u>für die Todesstrafe</u> votierten. In
dieser Zeit unterzeichneten auch über eine Million Briten eine
Petition, in der die Wiedereinführung der Todesstrafe gefordert wurde. Die Abschaffung der Todesstrafe stieß also in der
Öffentlichkeit auf erhebliche <u>Widerstände</u> und entsprach offen-
bar nicht dem Rechtsgefühl der Mehrheit der Bevölkerung. Nach
dem Sieg der Konservativen 1979 wollten diese die Todesstrafe
wieder einführen. Eine Mehrheit der Abgeordneten sprach sich
jedoch gegen die Wiedereinführung aus. Mit dieser Entscheidung
hat das britische Unterhaus bereits zum 7. (!) Male seit 1965
gegen die Wiedereinführung dieser Strafe votiert (17).

In <u>Frankreich</u> hatte Giscard d'Estaing im Wahljahr 1974 die Abschaffung der Todesstrafe versprochen, falls er Staatspräsident werden würde. Während seiner Regierungszeit löste er jedoch dieses Wahlversprechen nie ein. Dies tat erst Mitterand,
als er 1981 neuer Staatspräsident wurde. Auch diese Entscheidung scheint jedoch eine Entscheidung gegen die Meinung der
Mehrheit der Öffentlichkeit gewesen zu sein, da <u>61 %</u> der Fran-
zosen noch <u>für</u> die Beibehaltung der <u>Todesstrafe</u> votierten (18).

In der Bundesrepublik, England und Frankreich können wir also
feststellen, daß die schärfste denkbare Strafsanktion gegen
die Mehrheitsmeinung der Öffentlichkeit abgeschafft wurde. In
England und Frankreich fand diese Abschaffung überdies erst
sehr spät statt.

5. Der Ruf nach dem starken Staat: Der Ruf nach der Todesstrafe

Obwohl die Todesstrafe seit Inkrafttreten des Grundgesetzes in
der Bundesrepublik ohne jede Einschränkung abgeschafft ist, war
sie bis weit in die 60er Jahre hinein immer wieder Thema und
Gegenstand parlamentarischer und öffentlicher Debatten.

So sprachen sich im parlamentarischen Bereich z.B. noch in den
60er Jahren bei der CDU/CSU die Bundestagsabgeordneten Jaeger
(CSU) und Süsterhenn (CDU) wiederholt für eine Wiedereinführung der Todesstrafe aus, was zu heftigen Auseinandersetzungen mit der SPD führte. Auch in den 70er Jahren sprachen sich
noch Politiker wie Dregger (CDU) und Jaeger (CSU) anläßlich
der Entführung des Berliner CDU-Vorsitzenden Lorenz öffentlich erneut für die Todesstrafe aus (19).

In der Öffentlichkeit zeichnet sich aufgrund der regelmäßig durchgeführten demoskopischen Erhebungen ein langfristi-
ger Trend der Abnahme der Befürwortung der Todesstrafe ab (20).
Seit 1950 ist also in der Bundesrepublik ein Rückgang der Befürwortung dieser Sanktion zu verzeichnen. Dieser Trend unterliegt jedoch zuweilen erheblichen Schwankungen. So ist der
Prozentsatz der Befürworter dieser Strafe oft dann hoch, wenn
über bestimmte Ereignisse, wie die Öffentlichkeit erregende
Gewaltdelikte, in den Massenmedien berichtet wird. Bei besonders spektakulären Tötungsdelikten erreicht das Bundesjustizministerium zwar immer noch eine große Zahl von Eingaben und
Briefen, in denen die Wiedereinführung der Todesstrafe gefordert wird, die Zahl derartiger Eingaben und Proteste hat jedoch auch hier im Laufe der Jahre immer mehr abgenommen.

Erstaunlicherweise hat der Terrorismus der 70er Jahre offen-

bar keinerlei Einfluß auf die Einstellung der Öffentlichkeit
zur Todesstrafe gehabt, da die Befürwortung dieser Sanktion
bereits vor den spektakulären Schleyer- und Buback-Mordan-
schlägen anstieg und danach keineswegs weiter zunahm (21).
Reuband vermutet, daß zu dieser Zeit bereits das Reservoir
jener ausgeschöpft war, die sich durch Terrorakte zur Befürwortung der Todesstrafe verleiten lassen (22).

Eine befriedigende und empirisch abgesicherte Erklärung des
kurz- und langfristigen Wandels der Einstellung gegenüber der
Todesstrafe ist nun leider nicht möglich, da die erklärungsre-
levanten unabhängigen Variablen für die Einstellung und damit
den Einstellungswandel nicht erhoben wurden. Gleichwohl scheinen hier eine Reihe von Einflußgrößen eine Rolle zu spielen.
Einige dieser unabhängigen Variablen nennt Reuband (23):

- Glaube an die Abschreckungswirkung
  der Todesstrafe (Generalprävention)
- Vergeltungsdenken
- Kriminalitätsfurcht

Wenn wir nun die positive Einstellung gegenüber der Todesstrafe als Prozentsatz der Befürworter dieser Sanktion operationa-
lisieren und als abhängige und erklärungsbedürftige Variable
betrachten, so ergibt sich folgendes Einflußmodell:

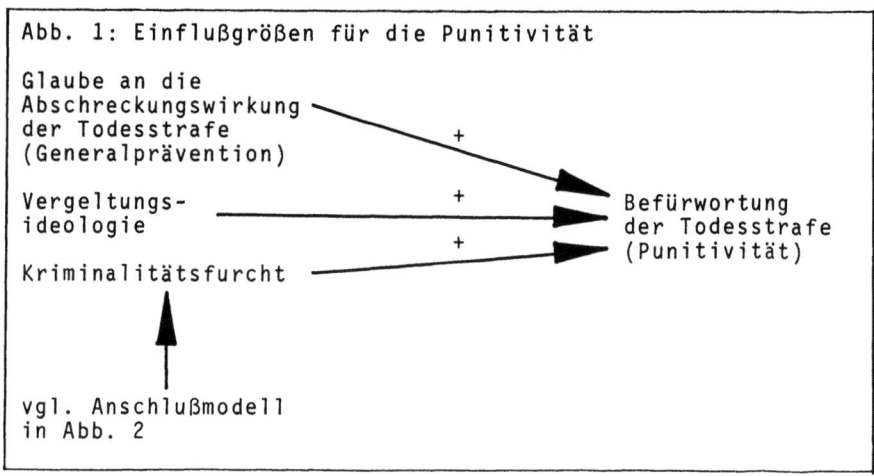

Abb. 1: Einflußgrößen für die Punitivität

Glaube an die
Abschreckungswirkung
der Todesstrafe   +
(Generalprävention)

Vergeltungs-   +   Befürwortung
ideologie   der Todesstrafe
                               +   (Punitivität)
Kriminalitätsfurcht

vgl. Anschlußmodell
in Abb. 2

Anders formuliert, bezieht sich die abhängige Variable dieses
Modells auf das Strafbedürfnis oder Strafverlangen ('Punitivität') der Bevölkerung (24). Die entsprechenden verbalen Formulierungen der in diesem Mehrvariablen-Modell repräsentierten
Hypothesen lauten folgendermaßen:

- je stärker der subjektive Glaube an die abschreckende (generalpräventive) Wirkung der
  Todesstrafe ist, desto eher wird die Todesstrafe befürwortet;
- je intensiver Vergeltung, Sühne und Schuld-
  ausgleich als vorrangiges Ziel des Strafrechts
  betrachtet wird, desto eher wird die Todesstrafe befürwortet;
- je stärker die Angst ist, ein Opfer von
  Gewaltverbrechen zu werden, desto eher wird
  die Todesstrafe befürwortet.

Diese drei Hypothesen lassen sich nun alle im Rahmen sozial-
psychologischer Instrumentalitätstheorien (25) rekonstruieren.
Diese Theorien gehen - grob gesagt - davon aus, daß die Einstellung einem Sachverhalt (hier: der Todesstrafe) gegenüber
um so positiver ist, je eher dieser Sachverhalt zu Konsequenzen führt, die positiv bewertet bzw. die erwünscht sind. Die
entsprechenden Konsequenzen wären in unserem Anwendungsfall:

- Abschreckung potentieller Mörder;
- angemessene Vergeltung für eine
  Gewalttat mit hohem Schuldgehalt;
- Verminderung der Angst, ein Opfer
  von Gewaltverbrechen zu werden.

Die Einstellung der Todesstrafe gegenüber wird also um so positiver sein, je stärker eine Person glaubt, daß diese Strafe
zu den oben genannten Konsequenzen führt, und je positiver
sie das Auftreten dieser Konsequenzen bewertet.

Zwei weitere Einflußvariablen, die Reuband zwar nicht nennt,
die jedoch gerade bei der Erklärung der zeitweilig immerwiederkehrenden Forderung nach Wiedereinführung der Todesstrafe eine
Rolle spielen dürften, sind die beiden folgenden Variablen:

- Art der Berichterstattung über Gewaltdelikte in den Massenmedien;
- Überschätzung der relativen (im Vergleich zu anderen Deliktarten) sowie
  absoluten Bedeutung (absolute Häufigkeit) von Tötungsdelikten.

So scheint gerade bei der immerwiederkehrenden Forderung nach
Wiedereinführung der Todesstrafe, die Art der Berichterstattung
über Gewaltdelikte in den Massenmedien eine Rolle zu spielen.
So zeigen eine Reihe von Untersuchungen (26), daß Kriminalität
von der Presse nach folgenden Prinzipien dargestellt wird:

- Überrepräsentation von Mord und Totschlag
- Fixierung auf Gewalttaten
- einseitige Selektion dramatischer Fälle
- Sensationsaspekt

Durch eine derartig einseitige und verzerrende Berichterstattung entsteht nun in der Öffentlichkeit ein unzutreffendes,
dramatisiertes und unrealistisches Bild der Kriminalität, insbesondere der Gewalt- und Tötungskriminalität. Die Diskrepanz
zwischen der tatsächlichen Kriminalitätsentwicklung und jener
durch die Massenmedien produzierten und von der Bevölkerung
perzipierten Kriminalität führt dann zu Überschätzungen der
tatsächlichen Gewaltkriminalität durch die Öffentlichkeit.
Personen überschätzen, wie dies empirische Studien (27) zeigen, dabei die faktische Tötungskriminalität erheblich und
zwar besonders hinsichtlich ihres absoluten Umfangs; aber auch
im Hinblick auf ihre relative Bedeutung im Vergleich zu anderen Deliktarten wird die Tötungskriminalität durch die Bevölkerung überschätzt. Diese Studien belegen des weiteren, daß
die Überschätzung von Tötungsdelikten wiederum positiv mit
stark punitiven, d.h. auf Strafverschärfung abzielenden Einstellungen, verknüpft ist (28). Die beiden entsprechenden An-
schlußhypothesen lauten also:

- je stärker die Dramatisierung der Medienberichterstattung über Gewaltdelikte, desto
  stärker wird die absolute Häufigkeit und
  die relative Bedeutung von Tötungsdelikten
  überschätzt;

- je stärker die Überschätzung von Tötungsdelikten, desto größer ist die Kriminalitätsfurcht.

Wenn wir die Variable 'Kriminalitätsfurcht' aus unserem an-
fangs formulierten Modell in Abb. 1 als intervenierende Variable berücksichtigen, so ergibt sich folgende Kausalkette
(29), die in unser erstes Modell zu integrieren wäre:

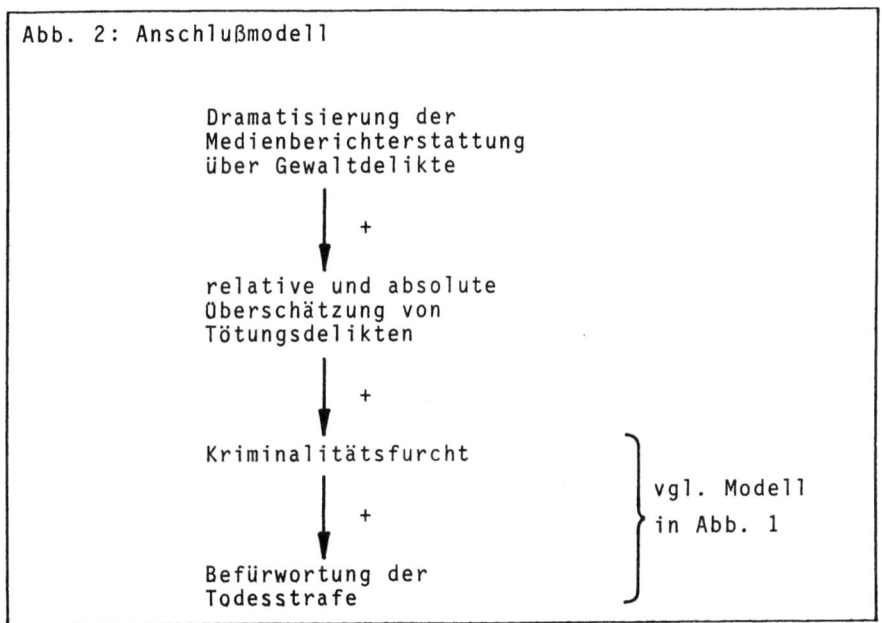

Abb. 2: Anschlußmodell

Da nun leider keine Längsschnitterhebungen (30) vorliegen, die
sich auf die unabhängigen Variablen unserer beiden Modelle beziehen, sind wir gezwungenermaßen auf mehr oder weniger plausible theoretische Spekulationen über die Veränderungen dieser
Variablen über den Zeitablauf hinweg angewiesen.

Der Glaube an die generalpräventive Wirkung der Todesstrafe
innerhalb der Bevölkerung scheint relativ unerschüttert und
unverändert stark zu sein, da die Ergebnisse und Informationen
zur Ineffizienz der Todesstrafe als generalpräventives Instrument kaum in die Öffentlichkeit diffundiert sein dürften und
die Diskussion dieser Forschungsergebnisse lediglich wissen-

schaftsintern stattfand (31). Aufgrund der öffentlichen Diskussion in den Medien über Ziele und Probleme des Strafvollzugs ist es dagegen denkbar, daß das Vorherrschen einer Vergeltungsideologie in der Bevölkerung langsam über die Jahre
hinweg abgenommen und dem Resozialisierungsgedanken einen ge-
wissen Raum verschafft hat (32). Kurzfristig starken Schwankungen scheint uns jedoch besonders die Kriminalitätsfurcht
unterworfen zu sein, da Medienberichte anläßlich spektakulä-
rer Verbrechen (Taxi-, Sexualmord, Terrorakte) immer wieder
in spezifischer Weise über derartige Verbrechen berichten und
damit indirekt (d.h. über die Überschätzung von Tötungsdelikten und die dadurch bedingte Kriminalitätsfurcht) die Punitivität innerhalb der Bevölkerung beeinflussen (33).

6. Der Einfluß der öffentlichen Meinung auf den Gesetzge-
bungsprozeß zum § 57a StGB

Im folgenden Abschnitt wollen wir die Wechselwirkungen zwischen
der öffentlichen Meinung und den rechtsgestaltenden Kräften des
Wohlfahrtsstaates anhand des Gesetzgebungsprozesses zum § 57a
StGB exemplarisch illustrieren.

In den 60er Jahren wäre z.B. in unserem Fall eine gesetzliche
Regelung der Strafaussetzung für 'Lebenslängliche' politisch
nicht durchsetzbar gewesen. Zum einen waren damals noch größere Teile der Bevölkerung in der Bundesrepublik für die Wiedereinführung der Todesstrafe, wie die Umfrageergebnisse aus dieser Zeit deutlich zeigen (34). So waren 1960: 54 %, 1963: 50 %,
1964: 57 % und 1967: 50 % für die Wiedereinführung dieser Strafe.

Auch in den 70er Jahren beeinflußten eine Reihe terroristischer
Gewaltakte die öffentliche Meinung und damit indirekt den Gesetzgeber. So führten Terroranschläge, die in die Zeit nach
der Vorlage des ersten Referentenentwurfs (35) von 1974 einer
Strafaussetzung bei lebenslanger Freiheitsstrafe fielen, dazu,
daß dieser Entwurf nicht weiter verfolgt wurde (36). Rechtsän-
derungen zugunsten von Tätern, die Tötungsdelikte, zu denen

u.a. auch Terrorakte zählen, begangen haben, wären damals also
angesichts der Stimmung innerhalb der Bevölkerung politisch
nicht durchzusetzen gewesen. Auch bei den späteren Beratungen
dieses Gesetzes übte das Terrorismusproblem latent einen Einfluß auf Formulierungen innerhalb dieses Gesetzes aus, da sich
die SPD und das Bundesjustizministerium dem Vorwurf gegenüber-
sahen, man wollte die Entlassung für Terroristen kalkulierbar
machen.

Das Bundesland Hessen, das 1973 eine eigene Gesetzesvorlage
zur Strafaussetzung für 'Lebenslängliche' im Bundesrat eingebracht hatte, verfolgte diesen Vorschlag - nachdem dieser im
Bundesrat abgelehnt worden war - ebenfalls nicht weiter, da
man im hessischen Landesjustizministerium der Auffassung war,
daß eine derartige Regelung in der Bevölkerung unpopulär sei.

Auch eine eingehende Erörterung einer derartigen Regelung im
Sonderausschuß des Bundestages für die Strafrechtsreform
(1966-1969) führte zu der Einschätzung, daß eine solche Regelung der Öffentlichkeit noch nicht zuzumuten sei, da die Abschaffung der Todesstrafe noch nicht lange genug zurückliege.

Erst als der Gesetzgeber vom Bundesverfassungsgericht 1977 in
seiner Entscheidung zur Vereinbarkeit der lebenslangen Freiheitsstrafe mit dem Grundgesetz (37) explizit dazu aufgefor-
dert wurde, eine rechtliche Regelung zur Strafaussetzung für
'Lebenslängliche' einzuführen, erhielt der Gesetzgeber eine
gewisse 'Rückendeckung' und legte einen (zweiten) Referentenentwurf im Oktober 1978 vor (38).

Da nun die öffentliche Meinung bei der Festsetzung einer so
öffentlichkeitssensiblen Teilregelung wie der Mindestverbüßungsdauer eine wichtige Rolle spielte, konnte man diese
Dauer nicht zu niedrig ansetzen. Die Berücksichtigung potentieller Wählerreaktionen hat jedoch vermutlich eher bei der
CDU/CSU-Opposition eine Rolle gespielt, als diese auf ihrer
Forderung nach einer Mindestverbüßungsdauer von 20 Jahren
verharrte und nicht auf 15 Jahre heruntergehen wollte, wie

sie der Referenten- und Regierungsentwurf vorschlugen. Im Bundesjustizministerium war man sich durchaus darüber im klaren, daß die öffentliche Meinung eine solche gesetzliche Regelung nicht forderte und daß ein derartiges Gesetz nicht populär sein würde und möglicherweise Wählerstimmen kosten könne. Das Bundesjustizministerium war jedoch der Auffassung, daß eine reformorientierte Rechtspolitik nicht möglich gewesen wäre, wenn man sich immer nach der Mehrheitsmeinung innerhalb der Bevölkerung gerichtet hätte. Diese Auffassung hängt nun sicher mit der von der SPD und dem Ministerium vertretenen rechtspolitischen Ansicht zusammen, daß Kriminalpolitik und das Recht dem Rechtsbewußtsein in der Bevölkerung immer ein Stück vorauszugehen habe und nicht einfach den Bevölkerungswillen 'kopieren' solle. Allerdings dürfe man sich dabei nicht zu weit vom herrschenden Rechtsbewußtsein entfernen, so daß es die Bevölkerung nicht mehr mitträgt.

Der Regierungsentwurf enthielt nun eine weitere Klausel - die Schuldschwere-Klausel -, die die 'besondere Schwere der Schuld' als Ausschließungsgrund für eine Strafaussetzung festlegte. Die Einführung dieser Klausel war nun gezielt auf die Verminderung öffentlicher Kritik (39) gerichtet, die bei Entlassungen von NS-Gewaltverbrechern (40) oder Terroristen zu erwarten gewesen wäre, deren Taten einen besonders hohen Unrechtsgehalt aufweisen und insofern eine besondere Schwere der Schuld indizieren.

Vergleicht man nun die beiden legislativen Entscheidungen der Abschaffung der Todesstrafe einerseits und der Reformierung der lebenslangen Freiheitsstrafe durch Einführung einer gesetzlich fixierten Strafaussetzungsmöglichkeit andererseits, so ergeben sich folgende Differenzen, aber auch Parallelen. Die Todesstrafe wurde im Jahr 1949 vom Gesetzgeber abgeschafft, obwohl sich damals die Mehrheit der Bevölkerung noch für diese Sanktion aussprach. Der Gesetzgeber orientierte sich also bei dieser Entscheidung damals nicht an der Mehrheitsauffassung innerhalb der Bevölkerung. In den 60er Jahren dagegen hielt der Gesetzgeber eine Reformierung der lebenslangen Freiheits-

strafe zunächst nicht für realisierbar, da sich noch größere
Teile der Bevölkerung für die Todesstrafe aussprachen. Auch
in den 70er Jahren wagte der Gesetzgeber nicht, die gesetzliche Möglichkeit einer Strafaussetzung für 'Lebenslängliche'
einzuführen, da terroristische Gewaltakte zu einem repressiven
kriminalpolitischen Klima in der Öffentlichkeit beitrugen. In
den 60er und 70er Jahren orientierte sich der Gesetzgeber
durchaus an mehrheitlichen Meinungen innerhalb der Bevölkerung
und dem Klima, das in der Öffentlichkeit herrschte. In den
späten 70er Jahren agierte der Gesetzgeber jedoch wiederum relativ unabhängig von der Bevölkerungsmeinung, indem er das Gesetz zur Strafaussetzung für 'Lebenslängliche' auf den Weg
brachte, obwohl er genau wußte, daß dieses Gesetz unpopulär sein
würde und daher Wählerstimmen kosten könne. D.h. im Endstadium
der Gesetzgebung zu § 57a StGB orientierte sich der Gesetzgeber in nur sehr geringem Maße an der Mehrheitsauffassung innerhalb der Bevölkerung.

Eine Orientierung der Kriminalpolitik und damit der Gesetzgebung bei Entscheidungen im strafrechtlichen Bereich an der
mehrheitlichen Meinung innerhalb der Bevölkerung scheint uns
aus folgenden Gründen problematisch zu sein (41). Erstens
wird die Bevölkerung - wie wir bereits gezeigt haben - durch
die Massenmedien in unzutreffender und verzerrender Weise über
die tatsächliche Kriminalitätsentwicklung informiert, so daß
bei den Bürgern ein falsches Bild und damit eine Fehleinschät-
zung des Ausmaßes und der Struktur von Kriminalität entsteht.
Würde sich nun die Kriminalpolitik und damit die (Straf-)Ge-
setzgebung nach der Mehrheitsmeinung richten, die sich aufgrund verzerrender Medienberichterstattung in der Bevölkerung
gebildet hat, wäre dies sicher kaum zu befürworten. Zweitens
scheint es weiter nicht sinnvoll zu sein, Kriminalpolitik an
Bevölkerungsmeinungen zu orientieren, die starken Fluktuatio-
nen und kurzfristigen Schwankungen aufgrund singulärer Ereignisse (Taximord, terroristische Gewaltakte) unterworfen sind,
wie dies z.B. Longitudinalstudien zur Einstellung gegenüber
der Todesstrafe belegen (42). Drittens schließlich stellt gerade der Schutz des Rechtsbrechers vor der öffentlichen Mei-

nung und d.h. den Reaktionen der Bevölkerung einen Grund-
pfeiler westlicher Rechtssysteme dar, der es problematisch
erscheinen läßt, den Rechtsbrecher gesetzlichen Regelungen zu
unterwerfen, die aufgrund repressiver und punitiver Strömungen
innerhalb der Bevölkerung zustandegekommen sind.

7. Implementationsprobleme des neuen Gesetzes

Da die Normgenese einerseits und die Implementation dieser Normen durch die entsprechenden Durchführungsinstanzen andererseits Phasen eines umfassenden Politikprozesses darstellen und
die Implementation oft als eine spezifische Form der Politik
im Sinne einer Interpretation bzw. Reformulierung gesetzgeberischer Ziele betrachtet werden muß, wollen wir im folgenden
einige Implementationsprobleme dieses neuen Gesetzes disku-
tieren. Dabei bezieht sich der Begriff der 'Implementation'
auf die Durchführung bzw. Anwendung des im Prozeß der Politik-
entwicklung entstandenen Gesetzes (43).

Ein spezifisches Anwendungsproblem, das der Gesetzgeber bewußt und absichtlich (dies geht aus den Gesetzgebungsmateria-
lien deutlich hervor) bei der Formulierung der neuen Regelung
unberücksichtigt gelassen hat (während des Gesetzgebungsverfahrens wiesen jedoch Gross 1979 und der Bundesrat auf dieses
Problem hin), ergibt sich in jenen Fällen, in denen lebenslange und zeitige oder mehrere lebenslange Freiheitsstrafen bei
einem Mehrfachtäter zusammentreffen (44). Die neugeschaffene
Regelung läßt nämlich völlig offen, ob an die gesetzlich fest-
gelegte Mindestverbüßungsdauer von 15 Jahren auch dann anzu-
knüpfen ist, wenn der Verurteilte wegen mehrerer Taten mehrfach
zu lebenslanger Freiheitsstrafe verurteilt wurde oder ob ein
aufeinanderfolgender Vollzug von jeweils 15 Jahren entsprechend der Zahl der verhängten lebenslangen Freiheitsstrafen
stattzufinden hat. Ein weiteres Problem ergibt sich in solchen
Fällen, in denen Mehrfachtäter zu lebenslanger und zeitiger
Freiheitsstrafe verurteilt wurden. In derartigen Fällen legt
das neue Gesetz nicht fest, ob eine verbüßte Freiheitsstrafe
auf die Mindestverbüßungsdauer anzurechnen oder um wieviele

Jahre die Mindestverbüßungsdauer zu überschreiten ist. Zwar versucht der Gesetzgeber auf diese 'Regelungslücke' durch die Formulierung eines § 57b StGB (45) zu reagieren, bis eine derartige ergänzende Regelung jedoch in Kraft tritt, übernimmt die Rechtsprechung der Gerichte die Orientierungsfunktion für die weitere Anwendung des § 57a StGB. Auf diese Weise sind divergierende gerichtliche Entscheidungen sozusagen vorprogrammiert, und zwar gerade in jenen Fällen, die in der Sache am schwierigsten sind und unter Umständen die Öffentlichkeit am stärksten interessieren (46).

Der Gesetzgeber hat also im § 57a StGB seinen verfassungsgerichtlichen Auftrag nur unzureichend erfüllt. Eine strikte Anwendung des bestehenden Rechts ist damit also nicht zufriedenstellend und problemlos gewährleistet. Da die Gerichte im Falle der Mehrfachtäterproblematik die vom Gesetzgeber gelassene Regelungslücke gewissermaßen 'ausfüllen', dienen diese gerichtlichen Entscheidungen den Implementationsinstanzen fortan in ähnlich gelagerten Fällen als Richtschnur, ohne jedoch selbst offiziell Teil des Gesetzes zu sein (47).

Ein weiteres Implementationsproblem besteht in der Wiedereinführung des vom Gesetzgeber explizit abgelehnten entlassungshemmenden Merkmals der 'Verteidigung der Rechtsordnung' durch die Rechtsprechung. In einer Entscheidung des Oberlandesgerichts Nürnberg (48) wird die "Störung des Rechtsbewußtseins der Allgemeinheit" als entlassungshemmendes Kriterium in einem Anwendungsfall des neuen Gesetzes eingeführt. Mit der Heranziehung dieses Merkmals verfälscht die Rechtsprechung jedoch u.E. den ausdrücklichen Willen des Gesetzgebers, der expressis verbis darauf verzichtet hat, das Merkmal der 'Verteidigung der Rechtsordnung' als entlassungshemmendes Merkmal in das Gesetz aufzunehmen. Die Streichung dieses Merkmals ging im Rechtsausschuß des Deutschen Bundestages auf die Argumente des CDU-Mitglieds Erhard zurück, der kritisierte, daß eine derartige Formulierung "nicht justiziabel" d.h. gerichtlich überprüfbar sei und damit willkürliche Entscheidungen ermögliche. Sofern sich nun die weitere Spruchpraxis der Gerichte an der

Entscheidung des OLG Nürnberg orientiert, besteht u.E. die Gefahr, daß sich die Rechtsprechung und damit eine 'herrschende
Meinung' herausbildet, die die ursprünglichen gesetzgeberischen Intentionen durch eine bestimmte Rechtsanwendung unter-
läuft und verfälscht.

Wenn wir die neu eingeführte strafrechtliche Regelung zur
Strafaussetzung implementationstheoretisch als (kriminalpo-
litisches) 'Programm' auffassen, so liegt hier eine Differenz
zwischen der Programmsetzung durch den Gesetzgeber und der
Programmrealisation durch die Implementationsinstanzen der
Gerichte vor. Dabei drängt sich in diesem Fall die Vermutung
auf, daß die Implementation hier als eine spezifische Form
der angewandten (Rechts-)Politik praktiziert wird, indem die
Implementationsinstanzen gesetzgeberische Vorstellungen und
Ziele teilweise ignorieren und dafür andere Ziele und Kriterien einführen.

Ein weiteres Implementationsproblem bezieht sich auf die Praxis der Gutachtenerstellung im Sinne der vom Gesetzgeber geforderten Legalprognose, in der Angaben über die einschlägige,
d.h. auf Tötungsdelikte bezogene Rückfallgefahr formuliert
werden müssen (49).

In den vergangenen Jahren sind nun einige wenige Fälle aufge-
treten, in denen aufgrund einer positiven gutachterlichen Legalprognose entlassene Mörder erneut ein schweres Tötungsde-
likt begangen haben. In derartigen Fällen sind die betroffenen
Sachverständigen einer starken Kritik und heftigen Angriffen
ausgesetzt. So kritisierte z.B. der Soziologieprofessor Helmut
Schoeck in der vom Weissen Ring – einem Verband zur Unterstützung von Kriminalitätsopfern – herausgegebenen Verbandszeit-
schrift (50), daß aufgrund positiver Gutachten entlassene Gewalttäter häufig erneut ein schweres Verbrechen begangen hätten.
Daher forderte Schoeck, daß Gutachter, die verhängnisvolle
Fehlgutachten erstellen, indem sie "menschliche Zeitbomben" im
Rahmen von "fahrlässigen Resozialisierungsexperimenten" auf
die Bevölkerung loslassen, künftig für ihre Irrtümer haftbar

gemacht werden sollten. Schoeck verspricht sich dabei von der
Möglichkeit, Schadensersatzklagen gegen Gutachter erheben zu
können, daß Gutachter ihre Expertisen und Prognosen vorsichti-
ger und gewissenhafter erstellen.

Kritisch anzumerken ist hier, daß Schoeck nicht zwischen ent-
lassenen 'Lebenslänglichen', die in Gefängnissen untergebracht
waren und nachweislich (51) eine extrem geringe einschlägige
(d.h. auf Tötungsdelikte bezogene) Rückfallquote haben, und
solchen Personen differenziert, die aufgrund verminderter
Schuldfähigkeit in ein psychiatrisches Krankenhaus eingelie-
fert und aus diesem entlassen bzw. beurlaubt wurden, wie dies
überwiegend für Sexualmörder und Triebtäter zutrifft (52).

Heftige öffentliche Kritik, Vorwürfe und Angriffe, wie sie
sich insbesondere in den Massenmedien und hier besonders in
der Boulevard-Presse in derartigen Fällen finden, können nun
zu folgenden vom Gesetzgeber sicher nicht intendierten uner-
wünschten Folgen führen. Gutachter, und zwar nicht nur jene,
die in diesen spektakulären Fällen eine Fehlprognose gestellt
haben, können in Zukunft dazu tendieren (53), aus Vorsicht
auch in jenen Fällen negative Gutachten abzugeben, in denen
sie sonst ein positives Gutachten formuliert hätten. Angst
vor öffentlicher Kritik und die Furcht, sich eine berufliche
Karriere durch eine mögliche Fehlprognose zu ruinieren, führen zu einer Gutachterpraxis, die auf Kosten der betroffenen
'Lebenslänglichen' sowie der wissenschaftlichen Redlichkeit
persönliche Ziele in den Vordergrund stellt. In diesem Zusammenhang ist die Einschätzung des Rechtsmediziners Schewe von
Interesse, der bei Einführung einer Sachverständigenhaftung
für Fälle der Verletzung der Grundrechte auf Leben und Gesund-
heit durch freigelassene Straftäter - wie sie Schoeck gerade
fordert - folgende Vermutung äußert:

> "Da aber nur günstige Prognosen sich durch
> Rückfall des Freigelassenen als falsch er-
> weisen könnten, nicht aber ungünstige Prog-
> nosen, würde ein Haftungsdruck auf den
> Sachverständigen wohl zur Zunahme ungün-
> stiger Prognosen ... führen." (54)

Die Zusammenhänge zwischen den verschiedenen Bedingungen und
Konsequenzen, die im Rahmen der Gutachterproblematik eine Rolle
spielen, sind in dem folgenden Schaubild noch einmal zusammengefaßt:

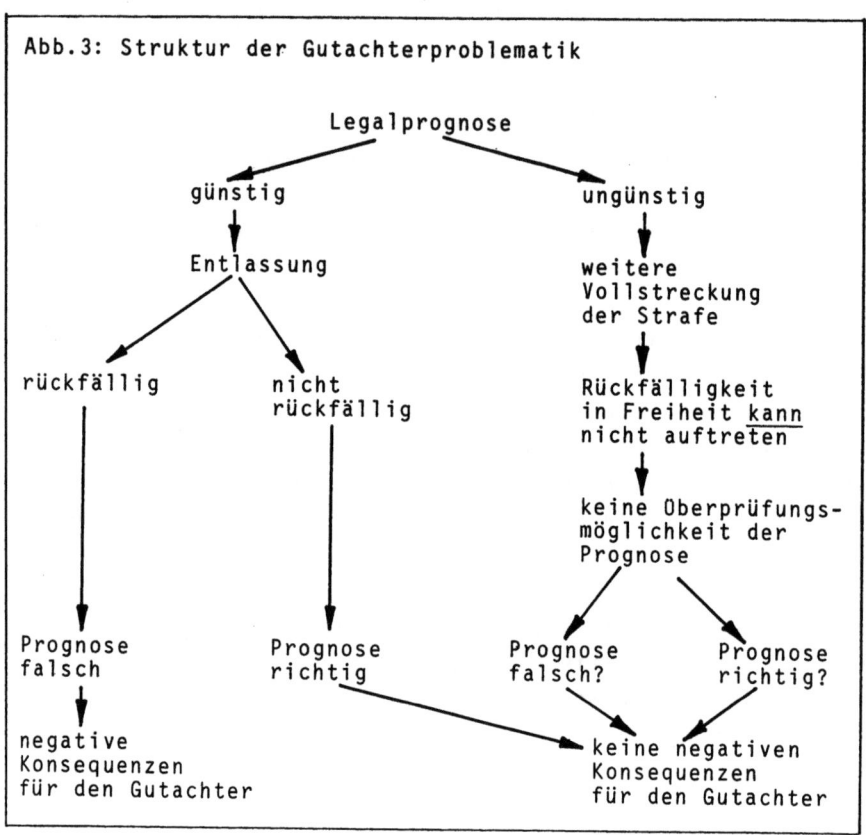

Abb.3: Struktur der Gutachterproblematik

Wie man der Abb. 3 leicht entnehmen kann, sind günstige Prognosen für Gutachter mit einem persönlichen Risiko in Form un-
angenehmer sozialer Konsequenzen im Fall einschlägiger Rückfälligkeit verknüpft. Ungünstige Prognosen sind dagegen für
Gutachter mit keinerlei unangenehmen sozialen Konsequenzen,
d.h. mit keinem persönlichen Risiko verbunden (55).

Wenn wir nun einmal unterstellen, daß die in Abb. 3 dargestell-

ten Zusammenhänge den Gutachtern in Gestalt subjektiver Kausal-
kognitionen (56), d.h. als kognitive Struktur bekannt sind, und
wenn wir weiter davon ausgehen, daß sich Gutachter nutzenmaxi-
mierend bzw. verlustminimierend verhalten, läßt sich die von
uns kritisierte Gutachterpraxis entscheidungstheoretisch erklären: Gutachter formulieren solche Gutachten bzw. Prognosen, die
ceteris paribus (d.h. bei sonst gleichen Informationsgrundlagen
hinsichtlich des zu beurteilenden Falles) mit den geringsten
persönlichen Risiken für sie selbst verknüpft sind.

Betrachten wir die drei genannten Implementationsprobleme hinsichtlich ihrer Vorhersehbarkeit bzw. Vorhersagbarkeit durch
den Gesetzgeber, so ergibt sich folgendes Bild.

Die Mehrfachtäterproblematik hatte der Gesetzgeber zunächst
durchaus antizipiert, deren Regelung jedoch bewußt der Zukunft
überlassen und damit eine Regelungslücke geschaffen. Ein Praxistest des Gesetzesentwurfs im Sinne einer Vorabkontrolle bzw.
Gesetzeserprobung, wie er von Böhret und Hugger für Gesetze im
Entwurfsstadium konzipiert und angewendet wurde (57), hätte die
Probleme der Anwendung dieses Gesetzes bei Mehrfachtätern deutlich werden lassen. Erfahrene Rechtsanwender (Richter) hätten
im Rahmen eines derartigen Praxistests anhand realer oder hy-
pothetischer Rechtsfälle die Handhabung der vorgeschlagenen
Regelung überprüft. Dabei hätten sich die im Falle von Mehrfachtätern auftretenden Anwendungsprobleme früh- und damit
rechtzeitig ermitteln lassen und den Gesetzgeber unter Umständen zur Schließung dieser Regelungslücke motiviert. Im Gegensatz zur Mehrfachtäterproblematik konnte die Verwendung und
Heranziehung gesetzesfremder Kriterien wie der 'Verteidigung der
Rechtsordnung' und generalpräventiver Aspekte durch die Rechtsprechung sicher ebensowenig vom Gesetzgeber vorhergesehen und
erwartet werden, wie das Gutachterproblem, das sich in der Praxis ergab, obwohl die Gutachterproblematik dem Gesetzgeber aufgrund der prinzipiellen Schwierigkeiten (nur günstige Legal-
prognosen können sich als Fehlprognosen erweisen; ungünstige
haben keine Chance, widerlegt zu werden) sowie einiger Praxis-
fälle hätte bekannt sein können.

Wollen wir eine 'Schuld'- oder <u>Ursachenattribution</u> der Implementationsprobleme durchführen, so ist der <u>Gesetzgeber</u> sicher für das Auftreten der Mehrfachtäterproblematik verantwortlich zu machen. Demgegenüber muß für die Heranziehung gesetzesfremder Kriterien und die Gutachterproblematik die Spruchpraxis der <u>Gerichte</u> bzw. das individuelle Verhalten von <u>Gutachtern</u> verantwortlich gemacht werden.

Auch in unserem Fall zeigt sich also deutlich, wie bereits in anderen Fällen (58), daß es nicht ausreicht, wenn der Gesetzgeber einen gesetzgeberischen 'Erfolg' <u>allein</u> durch eine erfolgreich abgeschlossene Gesetzesformulierung und Ratifizierung durch parlamentarische Gremien definiert, <u>ohne</u> die Probleme bei der Implementation dieses Gesetzes zu berücksichtigen bzw. zu antizipieren (59). Rechtspolitische Programme (hier: Strafrechtsnormen) bestimmen eben nur unvollständig die Ergebnisse des Justizsystems, da ihre Wirkung wesentlich von der Art ihrer Durchführung abhängt. Berechtigte Zweifel am 'Gesetzgebungserfolg' sind solange angebracht, wie Rechtsnormen noch überwiegend in der 'Retorte' entwickelt werden und ihre voraussichtliche Bewährung und Handhabbarkeit nicht schon im Entwurfsstadium durch Konfrontation mit der späteren Rechtswirklichkeit (z.B. durch einen Praxistest des Gesetzesentwurfs) geprüft werden.

- 257 -

Anmerkungen

(*) Für kritische Anmerkungen und Hinweise danke ich Simone Fox, Hans-Günther Heiland, Dennis Pēcic, Joachim Savelsberg und Werner Schulte.

(1) Zu Reformforderungen vgl. H. Einsele, J. Feige, H. Müller-Dietz (1972). Zur Reformdiskussion vgl. auch H.-J. Kerner (1974).

(2) Zur lebenslangen Freiheitsstrafe und deren Problematik vgl. K. F. Röhl (1969); H. Einsele, J. Feige, H. Müller-Dietz (1972).

(3) Zur Geschichte der Abschaffung der Todesstrafe in der Bundesrepublik vgl. B. Düsing (1952).

(4) Zur Kritik der Gnadenpraxis vgl. O. Triffterer (1978); H. Müller-Dietz (1978). Zur Fragwürdigkeit der Gnadenpraxis und der Gnadenkompetenz vgl. O. Bachof (1983).

(5) Für eine ausführliche Analyse der Genese dieser strafrechtlichen Regelung vgl. C. Lüdemann (1985). Zu dieser neuen gesetzlichen Regelung vgl. auch K. H. Kunert (1982); B. Haffke (1982); M. Krökel (1982); R. Deckers (1982); H. Beckmann (1983).

(6) Zur Problematik einer richterlichen Strafaussetzung bei lebenslanger Freiheitsstrafe und für die Beibehaltung der Entscheidung im Gnadenwege vgl. E. Dreher (1976).

(7) Strenggenommen gehört zu diesem Bündel von Voraussetzungen die neu in die Strafprozeßordnung (StPO) eingeführte Vorschrift, daß das Gericht vor seiner Entscheidung das Gutachten eines Sachverständigen über den Verurteilten einzuholen hat (§ 454 Abs. 1, Satz 5 StPO). Dieses Gutachten soll sich insbesondere der Frage widmen, ob die durch die Tat des Verurteilten zutage getretene Gefährlichkeit fortbesteht, d.h. wie groß die einschlägige Rückfälligkeit einzuschätzen ist. Zur Gutachterproblematik vgl. unsere Ausführungen in Abschnitt 7.

(8) Die Zahl der Strafgefangenen, die eine lebenslange Freiheitsstrafe verbüßen, blieb über die Jahre hinweg relativ konstant und liegt bei ca. 1 000 Personen in der Bundesrepublik.

(9) Die lebenslange Freiheitsstrafe hat sich überwiegend auf Fälle des § 211 StGB (Mord) konzentriert; vgl. G. Arzt (1978); W. Heinz (1981).

(10) Zur Verjährungsdebatte vgl. z. B. die kontroversen Standpunkte von H.-J. Vogel (1979); H. Eyrich (1979).

(11) Vgl. hierzu G. Kaiser, H.-J. Kerner, H. Schöch (1982), S. 231.

(12) Zum Ursprung und zur Geschichte der Todesstrafe vgl. K. B. Leder (1980).

(13) Vgl. B. Düsing (1952), S. 285 f.

(14) Ebenda, S. 294.

(15) Vgl. E. Noelle-Neumann, E. Piel (1983), S. 312.

(16) Vgl. zu dieser Einschätzung auch G. Schmidtchen (1961), S. 141, 220.

(17) Zur Todesstrafenproblematik in England vgl. H. Flieger (1982), S. 49 ff.

(18) Zur Situation in Frankreich vgl. H. Flieger (1982), S. 51 ff.

(19) Vgl. hierzu T. Müller (1977), S. 199.

(20) Für eine detaillierte Analyse des Einstellungswandels gegenüber der Todesstrafe innerhalb verschiedener sozialer Schichten und Kohorten vgl. K.-H. Reuband (1980).

(21) Vgl. K.-H. Reuband (1980), S. 545.

(22) Ebenda.

(23) Vgl. K.-H. Reuband (1980).

(24) Zur Analyse der Kriminalitätsfurcht in der Bundesrepublik und den U.S.A. vgl. auch G. Arzt (1976).

(25) Vgl. zu diesen Theorien z. B. M. Fishbein, I. Ajzen (1975), S. 28-32; M. Fishbein (1965).

(26) Zu diesen Untersuchungen vgl. als Überblick M. Förster, J. Schenk (1984); J. Garofalo (1981).

(27) Vgl. hierzu die empirische Studie von M. Killias (1982).

(28) Vgl. M. Killias (1982).

(29) Ein ähnliches theoretisches Modell vertritt auch H. J. Schneider (1980). Zu den Zusammenhängen in unserem Anschlußmodell vgl. auch J. H. Rankin (1979).

(30) Auch repräsentative Querschnitterhebungen zu den uns interessierenden unabhängigen Variablen liegen kaum vor. Vgl. die Querschnitterhebungen zur Funktion einer Freiheitsstrafe, zur inneren Sicherheit und zur Verbrechensbekämpfung bei E. Noelle-Neumann, E. Piel (1983), S. 311, 314, 336.

(31) Zur wissenschaftlichen Diskussion über die Unwirksamkeit der Todesstrafe als Abschreckungsmittel vgl. W. Köberer (1982).

(32) Interessanterweise zeigte sich kürzlich in einer amerikanischen Studie, daß nur die Hälfte der Befürworter der Todesstrafe Vergeltung für das wichtigste Strafziel hielten. Die andere Hälfte der Befürworter dieser Sanktion hielt andere Strafziele für wichtiger. Das Vorherrschen einer Vergeltungsideologie kann also die Befürwortung der Todesstrafe nur teilweise erklären. Andererseits war die Hälfte derjenigen, die Resozialisierung (ein mit der Todesstrafe logisch völlig inkompatibles Strafziel) für das wichtigste Strafziel hielten, für die Todesstrafe! Vgl. hierzu M. Warr, M. Stafford (1984).

(33) Vgl. hierzu auch G. Kaiser (1980), S. 291.

(34) Vgl. E. Noelle-Neumann, E. Piel (1983), S. 312.

(35) Zur Kritik dieses Referentenentwurfs vgl. O. Triffterer, H. Bietz (1974).

(36) Zu dieser Vermutung vgl. auch E. Dreher (1976), S. 326.

(37) In seiner Entscheidung vom 21.6.1977 hatte das Bundesverfassungsgericht beschlossen, daß grundsätzlich auch dem zu lebenslanger Freiheitsstrafe Verurteilten die Chance verbleiben müsse, vor seinem Tod wieder in Freiheit zu gelangen. Die Hoffnung auf Begnadigung genügt nicht alleine. Der Gesetzgeber solle die Voraussetzungen, unter denen die lebenslange Freiheitsstrafe ausgesetzt werden kann, und das dabei anzuwendende Verfahren gesetzlich regeln. Vgl. BVerfGE 45, S. 187 ff. Zu diesem Urteil vgl. die Stellungnahme von H. Beckmann (1979a).

(38) Zur Kritik dieses Referentenentwurfs vgl. K.-H. Gross (1979); H. Beckmann (1979); E. Horn (1980).

(39) Auch die Gnadenpraxis war und ist in einzelnen Fällen nicht frei von öffentlicher Kritik. Vgl. hierzu z. B. H. Müller-Dietz (1978), S. 218 f. So wurde z. B. Ende der 70er Jahre in Hamburg sogar eine Bürgerinitiative ins Leben gerufen, um die Begnadigung eines NS-Verbrechers zu verhindern. Zur potentiellen Abhängigkeit der Gnadenentscheidungen von parteipolitischen und wahltaktischen Erwägungen vgl. O. Triffterer (1978), S. 196 f.

(40) NS-Täter genießen hinsichtlich Vollstreckungsdauer sowie Begnadigungshäufigkeit durchaus eine bevorzugende Sonderbehandlung im Vergleich zu anderen 'Lebenslänglichen'. Vgl. hierzu U.-D. Oppitz (1977); P.-A. Albrecht (1977), S. 151. Daß diese Sonderbehandlung mit der sozialen Unauffälligkeit von NS-Tätern (= positive Sozialprognose) und der fehlenden Wiederholbarkeit der Tatsituation (= positive Legalprognose) zu tun hat, bleibt eine unbewiesene, jedoch plausible Vermutung. Weiter können hier unter Umständen das hohe Alter bei Vollzugsbeginn sowie Vollzugsuntauglichkeit von NS-Tätern eine Rolle spielen. Vgl. hierzu auch B. R. Wulf (1979), S. 280, 301.

(41) Vgl. hierzu M. Warr, M. Stafford (1984), S. 107.

(42) Vgl. K.-H. Reuband (1980); J. H. Rankin (1979).

(43) Zur Implementationsforschung vgl. R. Mayntz (1980, 1983).

(44) Zur Problematik des Mehrfachtäters im Zusammenhang mit
     diesem Gesetz vgl. K. Böhm (1982); K. Lackner (1983); K.
     Laubenthal (1984), S. 474. Sogar 'Der Spiegel' (Nr. 15
     vom 8.4.1985, S. 32) hat im Zusammenhang mit den Verur-
     teilungen der Terroristen Klar und Mohnhaupt zu je fünf-
     mal lebenslanger Freiheitsstrafe und einer weiteren
     Freiheitsstrafe von 15 Jahren auf dieses Problem hinge-
     wiesen.

(45) Dieser Arbeitsentwurf eines § 57b StGB wird kritisiert
     bei E. v. Bubnoff (1982).

(46) Zu Lösungsvorschlägen bezüglich dieser Regelungslücke
     vgl. K. Lackner (1983).

(47) Vgl. hierzu R. Mayntz (1983a), S. 60.

(48) Vgl. 'Neue Zeitschrift für Strafrecht' (1982), S. 509-
     511 mit Anmerkungen von K. H. Kunert.

(49) Vgl. hierzu die in Abschnitt 2 zitierte Prognoseklausel
     sowie die Gutachter-Vorschrift in § 454 Abs. 1, Satz 5
     StPO, die wir in Anm. 7 erläutert haben.

(50) Vgl. 'Weisser Ring' (1980), März, S. 2.

(51) So liegt die einschlägige Rückfallquote von begnadigten
     'Lebenslänglichen' in der Bundesrepublik Deutschland für
     die Zeit von 1945 bis 1975 bei nur 0.6 %, d.h. bei etwa
     einem halben Prozent, was einer absoluten Zahl von 4
     entspricht. Vgl. hierzu H. Müller-Dietz (1978), S. 220,
     Anm. 48.

(52) Leider liegen uns keine Informationen über die einschlä-
     gige Rückfallquote von entlassenen bzw. beurlaubten Sexu-
     almördern oder Triebtätern vor. Zu vermuten ist jedoch,
     daß die Rückfallquote dieser Personengruppen höher als
     die 'normaler Lebenslänglicher' ist.

(53) Derartige Entwicklungen zeichnen sich zur Zeit bereits
     ab. Entsprechende Informationen liegen dem Verfasser vor.

(54) G. Schewe (1980), S. 163, (Hervorh. C. L.).

(55) Zur Gutachterproblematik vgl. auch die Äußerungen des
     forensischen Psychiaters E. Schorsch in der Zeitschrift
     'Der Spiegel' (Nr. 52 vom 24.12.1984), S. 75: "Man kann
     ... die Unsicherheitszone (bezüglich der Rückfälligkeit
     im Falle einer günstigen Prognose, C. L.) umgehen - und
     manche Psychiater tun dies -, indem man sich einseitig
     mit dem Sicherungsaspekt identifiziert. Eine solche Ein-

stellung ist zwar persönlich risikolos; es kann nie etwas passieren. Solche Psychiater haben ... immer recht mit ihren negativen Prognosen, weil das Gegenteil: eine positive Entwicklung eines Patienten in Freiheit, nie bewiesen werden kann, weil er dazu die Chance nie erhält. Nur ist dies eine unärztliche Haltung, die sich mit einer therapeutischen Identität und Haltung nicht vereinbaren läßt."

(56) Vgl. hierzu den erweiterten nutzentheoretischen Ansatz von K. Kaufmann (1978, 1981). Weitere Anwendungsbeispiele für diese Theorie finden sich bei K. Kaufmann, P. Schmidt (1976); C. Lüdemann (1981).

(57) Zur Methode und Anwendung von Praxistests von Gesetzesentwürfen vgl. C. Böhret, W. Hugger (1980a), S. 59-73 u. (1980).

(58) Implementationsprobleme des Umweltstrafrechts behandelt z. B. H.-J. Albrecht (1983).

(59) Vgl. W. Bohnert, W. Klitzsch (1980), S. 213.

- 262 -

Literaturverzeichnis

ALBRECHT, Hans-Jörg (1983): Probleme der Implementierung des Umweltstrafrechts. In: Monatsschrift für Kriminologie und Strafrechtsreform, S. 278-294

ALBRECHT, Peter-Alexis (1977): Zur sozialen Situation entlassener 'Lebenslänglicher'. In: Monatsschrift für Kriminologie und Strafrechtsreform, S. 133-152

ARZT, Gunther (1976): Der Ruf nach Recht und Ordnung. Ursachen und Folgen der Kriminalitätsfurcht in den USA und in Deutschland, Tübingen

ARZT, Gunther (1978): Zu den Auswirkungen der tatbestandlichen Ausgestaltung des § 211 StGB. In: H. H. Jescheck und O. Triffterer (Hrsg.), Ist die lebenslange Freiheitsstrafe verfassungswidrig? Dokumentation über die mündliche Verhandlung vor dem BVerfG am 22. und 23.3.1977, Baden-Baden, S. 141-155

BACHOF, Otto (1983): Über Fragwürdigkeiten der Gnadenpraxis und der Gnadenkompetenz. In: Juristenzeitung, S. 469-475

BECKMANN, Heinrich (1979): Die bedingte Entlassung aus der Strafhaft bei 'lebenslanger' Freiheitsstrafe. In: Deutsche Richterzeitung, S. 145-146

BECKMANN, Heinrich (1979a): Ist die lebenslange Freiheitsstrafe noch ein verfassungsrechtliches Problem? Zum Urteil des Bundesverfassungsgerichts vom 21.6.1977. In: Goltdammer's Archiv für Strafrecht, S. 441-459

BECKMANN, Heinrich (1983): Die Aussetzung des Strafrestes bei lebenslanger Freiheitsstrafe. In: Neue Juristische Wochenschrift, S. 537-543

BÖHM, Klaus (1982): Zusammentreffen von lebenslanger Freiheitsstrafe mit anderen Strafen und freiheitsentziehenden Maßregeln. In: Neue Juristische Wochenschrift, S. 135-141

BÖHRET, Carl/Werner HUGGER (1980): Der Praxistest von Gesetzesentwürfen, Baden-Baden

BÖHRET, Carl/Werner HUGGER (1980a): Test und Prüfung von Gesetzentwürfen. Verwaltung und Fortbildung - Sonderheft 5, Köln/Bonn

BÖNNER, Karl Heinz/Wolfgang de BOOR (Hrsg.) (1982): Antrieb und Hemmung bei Tötungsdelikten. Zur Frage der bedingten Aussetzung lebenslanger Freiheitsstrafen, Basel

BOHNERT, Werner/Wolfgang KLITZSCH (1980): Gesellschaftliche Selbstregulierung und staatliche Steuerung. Steuerungstheoretische Anmerkungen zur Implementation politischer Programme. In: R. Mayntz (Hrsg.), Implementation politischer Programme. Empirische Forschungsberichte, Königstein i. Ts., S. 200-215

BUBNOFF, Eckhart v. (1982): Zur Problematik des Mehrfachtäters im Rahmen des § 57a StGB. In: Juristische Rundschau, S. 441-446

DECKERS, Rüdiger (1982): Zur Frage der Aussetzung des Strafrestes zur Bewährung bei lebenslanger Haft. In: K. H. Bönner und W. de Boor (Hrsg.), Antrieb und Hemmung bei Tötungsdelikten. Zur Frage der bedingten Aussetzung lebenslanger Freiheitsstrafen, Basel, S. 102-111

DREHER, Eduard (1976): Richterliche Aussetzung des Strafrestes auch bei lebenslanger Freiheitsstrafe? In: Festschrift für R. Lange, hrsg. von G. Warda u.a., Berlin/New York, S. 323-345

DÖSING, Bernhard (1952): Die Geschichte der Abschaffung der Todesstrafe in der Bundesrepublik Deutschland, Offenbach a. M.

EINSELE, Helga/Johannes FEIGE/Heinz MÜLLER-DIETZ (1972): Die Reform der lebenslangen Freiheitsstrafe, Stuttgart

EYRICH, Heinz (1979): Auch die Verfolgung von Mord soll verjähren. In: Zeitschrift für Rechtspolitik, S. 49-54

FISHBEIN, Martin (1965): A consideration of beliefs, attitudes, and their relationship. In: I. D. Steiner und M. Fishbein (Eds.), Current Studies in Social Psychology, New York, S. 107-120

FISHBEIN, Martin/Icek AJZEN (1975): Belief, Attitude, Intention and Behavior. An Introduction to Theory and Research, Reading

FLIEGER, Herbert (1982): Todesstrafe. 'Die Würde des Menschen ist unantastbar', Schaffhausen

FÖRSTER, Michael/Josef SCHENK (1984): Der Einfluß massenmedialer Verbrechensdarstellungen auf Verbrechensfurcht und Einstellung zu Straftätern. In: Monatsschrift für Kriminologie und Strafrechtsreform, S. 90-104

GAROFALO, J. (1981): Crime and the mass media: A selective review of research. In: Journal of Research in Crime and Delinquency, S. 319-350

GROSS, Karl-Heinz (1979): Aussetzung der lebenslangen Freiheitsstrafe. Zum Entwurf eines 17. Strafrechtsänderungsgesetzes. In: Zeitschrift für Rechtspolitik, S. 133-137

HAFFKE, Bernhard (1982): 'Besondere Schwere der Schuld' und 'Verteidigung der Rechtsordnung' in den Gesetzesentwürfen zur Aussetzung des Strafrestes bei lebenslanger Freiheitsstrafe. In: K. H. Bönner und W. de Boor (Hrsg.), Antrieb und Hemmung bei Tötungsdelikten. Zur Frage der bedingten Aussetzung lebenslanger Freiheitsstrafen, Basel, S. 19-88

HEINZ, Wolfgang (1981): Entwicklung, Stand und Struktur der Strafzumessungspraxis. In: Monatsschrift für Kriminologie und Strafrechtsreform, S. 148-173

HORN, Eckhard (1980): Wie lange dauert der Strafrest beim Widerruf einer ausgesetzen Lebenszeit-Strafe?. In: Zeitschrift für Rechtspolitik, S. 62-64

JESCHECK, Hans-Heinrich/Otto TRIFFTERER (Hrsg.) (1978): Ist die lebenslange Freiheitsstrafe verfassungswidrig? Dokumentation über die mündliche Verhandlung vor dem BVerfG am 22. und 23.3.1977, Baden-Baden

KAISER, Günther (1980): Kriminologie. Ein Lehrbuch, Heidelberg

KAISER, Günther/Hans-Jürgen KERNER/Heinz SCHÖCH (1982): Strafvollzug. Ein Lehrbuch, Heidelberg

KAUFMANN, Klaus (1978): Kognitiv-hedonistische Theorie menschlichen Verhaltens, Bern

KAUFMANN, Klaus (1981): Grundzüge einer kognitiv-hedonistischen Theorie menschlichen Verhaltens. In: H. Lenk (Hrsg.), Handlungstheorien - interdisziplinär, Bd. 3, München, S. 123-189

KAUFMANN, Klaus/Peter SCHMIDT (1976): Theoretische Integration der Hypothesen zur Erklärung der Diffusion von Innovationen durch Anwendung einer allgemeinen kognitiv-hedonistischen Verhaltenstheorie. In: P. Schmidt (Hrsg.), Innovation, Hamburg, S. 313-386

KERNER, Hans-Jürgen (1974): Kriminologische Gesichtspunkte bei der Reform der lebenslangen Freiheitsstrafe. In: H. E. Ehrhardt und H. Göppinger (Hrsg.), Kriminologische Gegenwartsfragen 11, Stuttgart, S. 85-93

KILLIAS, Martin (1982): Zum Einfluß der Massenmedien auf Wissen und Meinungen über Tötungsdelikte. In: Monatsschrift für Kriminologie und Strafrechtsreform, S. 18-31

KÖBERER, Wolfgang (1982): Läßt sich Generalprävention messen? Zur neueren Diskussion der abschreckenden Wirkung von Strafe - am Beispiel der Todesstrafe in den USA. In: Monatsschrift für Kriminologie und Strafrechtsreform, S. 200-218

KRÖKEL, Michael (1982): Die vorzeitige Entlassung Lebenslanger. In: K. H. Bönner und W. de Boor (Hrsg.), Antrieb und Hemmung bei Tötungsdelikten. Zur Frage der bedingten Aussetsung lebenslanger Freiheitsstrafen, Basel, S. 89-101

KUNERT, Karl Heinz (1982): Gerichtliche Aussetzung des Restes der lebenslangen Freiheitsstrafe kraft Gesetzes. In: Neue Zeitschrift für Strafrecht, S. 89-96

LACKNER, Karl (1983): Zur rechtlichen Behandlung der Mehr-
fachtäter bei Aussetzung des Restes einer lebenslangen
Freiheitsstrafe. In: H.-J. Kerner, H. Göppinger und F.
Streng (Hrsg.), Kriminologie - Psychiatrie - Strafrecht.
Festschrift für H. Leferenz, Heidelberg, S. 609-628

LAUBENTHAL, Klaus (1984): § 57a StGB - Aussetzung des Straf-
rests der lebenslangen Freiheitsstrafe. In: Juristische
Arbeitsblätter, S. 471-475

LEDER, Karl Bruno (1980): Todesstrafe - Ursprung, Geschichte,
Opfer, München

LÜDEMANN, Christian (1981): Alltagstheorien und Gesetzgebung
- Eine Präzisierung und sozialwissenschaftliche Kritik ge-
setzgeberischer Argumente zur Neufassung des § 218 StGB,
Diss.,Hamburg

LÜDEMANN, Christian (1986): Gesetzgebung als Entscheidungsprozeß. Zur Genese der strafrechtlichen Regelung zur Straf-
(rest)-aussetzung bei lebenslanger Freiheitsstrafe (§ 57a
StGB), Opladen

MAYNTZ, Renate (Hrsg.) (1980): Implementation politischer Programme. Empirische Forschungsberichte, Königstein i. Ts.

MAYNTZ, Renate (Hrsg.) (1983): Implementation politischer Programme II, Opladen

MAYNTZ, Renate (1983a): Implementation regulativer Politik.
In: dies.,Implementation politischer Programme II, Opladen,
S. 50-74

MÜLLER, Thea (1977): Die Haltung der Parteien zu den Problemen
von Strafe und Strafvollzug, Frankfurt a. M.

MÜLLER-DIETZ, Heinz (1978): Welche Vor- und Nachteile haben
das bisherige Gnadenverfahren und eine etwaige gesetzliche
Regelung der Strafaussetzung zur Bewährung hinsichtlich
der zu lebenslanger Freiheitsstrafe verurteilten Mörder?.
In: H. H. Jescheck und O. Triffterer (Hrsg.), Ist die lebenslange Freiheitsstrafe verfassungswidrig? Dokumentation
über die mündliche Verhandlung des BVerfG am 22. und 23.3.
1977, Baden-Baden, S. 211-231

NOELLE-NEUMANN, Elisabeth/Edgar PIEL (Hrsg.) (1983): Allensbacher Jahrbuch der Demoskopie 1977-1983, Bd. VIII, München

OPPITZ, Ulrich-Dieter (1977): Der Vollzug der lebenslangen
Freiheitsstrafe bei NS-Gewaltverbrechern. In: Monatsschrift
für Kriminologie und Strafrechtsreform, S. 152-159

RANKIN, Joseph H. (1979): Changing Attitudes Toward Capital
Punishment. In: Social Forces, 58, 1, S. 194-211

REUBAND, Karl-Heinz (1980): Sanktionsverlangen im Wandel. Die Einstellung zur Todesstrafe in der Bundesrepublik Deutschland seit 1950. In: Kölner Zeitschrift für Soziologie und Sozialpsychologie, S. 535-558

RÜHL, Klaus Friedrich (1969): Ober die lebenslange Freiheitsstrafe, Berlin

SCHEWE, G. (1980): Die Verantwortung des Sachverständigen. In: H. Göppinger und P. H. Bresser (Hrsg.), Tötungsdelikte, Stuttgart, S. 153-168

SCHMIDTCHEN, Gerhard (1961): Die befragte Nation. Ober den Einfluß der Meinungsforschung auf die Politik, 2. Auflage, Freiburg

SCHNEIDER, Hans Joachim (1980): Das Geschäft mit dem Verbrechen. Massenmedien und Kriminalität, München

TRIFFTERER, Otto (1978): Welche Vor- und Nachteile haben das bisherige Gnadenverfahren und eine etwaige gesetzliche Regelung der Strafaussetzung zur Bewährung hinsichtlich der zu lebenslanger Freiheitsstrafe verurteilten Mörder?. In: H. H. Jescheck und O. Triffterer (Hrsg.), Ist die lebenslange Freiheitsstrafe verfassungswidrig? Dokumentation über die mündliche Verhandlung vor dem BVerfG am 22. und 23.3.1977, Baden-Baden, S. 193-210

TRIFFTERER, Otto/Hermann BIETZ (1974): Strafaussetzung für 'Lebenslängliche'? Zum Gesetzesentwurf für eine Aussetzung des Strafrestes bei lebenslanger Freiheitsstrafe nach 12 bzw. 15 Jahren. In: Zeitschrift für Rechtspolitik, S. 141-148

VOGEL, Hans-Jochen (1979): Mord sollte nicht verjähren. In: Zeitschrift für Rechtspolitik, S. 1-5

WARR, Mark/Mark STAFFORD (1984): Public Goals of Punishment and Support for the Death Penalty. In: Journal of Research in Crime and Delinquency, 21, 2, S. 95-111

WULF, Bernd Rüdiger (1979): Kriminelle Karrieren von 'Lebenslänglichen', München

MIX
Papier aus verantwortungsvollen Quellen
Paper from responsible sources
FSC® C105338

If you have any concerns about our products,
you can contact us on
ProductSafety@springernature.com

In case Publisher is established outside the EU,
the EU authorized representative is:
Springer Nature Customer Service Center GmbH
Europaplatz 3, 69115 Heidelberg, Germany

Printed by Libri Plureos GmbH
in Hamburg, Germany